KB195263

국어사전이 왜곡한 한국사의 장면들

국어사전이 왜곡한 한국사의 장면들

박 일 환 지음

새로운눈®^^

박일환

1997년『내일을 여는 작가』에 시 추천을 받아 등단. 시집『등 뒤의 시간』,『귀를 접다』, 청소년시집 『우리들의 고민상담소』를 비롯해『청소년을 위한 시 쓰기 공부』,『진달래꽃에 갇힌 김소월 구하기』 와 『국어사전에서 캐낸 술 이야기』,『맹랑한 국어사전 탐방기』,『문학 시간에 영화 보기1,2』,『문학 과 영화로 만나는 아프가니스탄』,『시를 즐기는 법』등 여러 책을 썼다.
연락처: 010-8206-2430 / pih66@naver.com

국어사전이 왜곡한 한국사의 장면들
2024년 12월 24일 초판 1쇄 발행

지은이 박 일 환
펴낸이 이 춘 호

편집주간 유 종 화
편집위원 오 철 수 김 청 미
디자인 이 지 현
마케팅 장 기 봉

펴낸곳 새로운눈®^^

등 록 2002. 2. 22. 제2-4295호
주 소 서울시 중구 퇴계로32길 34-5(예장동)
전 화 (02) 2272-6603
팩 스 (02) 2272-6604
이메일 dangre@dangre.co.kr

ⓒ박일환. 2024

ISBN 9788993779042

1. 근대 이전의 역사

2. 근대 이후의 역사

역사 이해는 사실과 해석을 양 축으로 한다. 이때 우선되는 건 당연히 사실이다. 사실 자체가 틀리면 엉뚱한 해석이 나오기 마련이므로. 역사는 기록자에 따라 같은 사건이라도 각자의 관점에 따라 달리 기록할 수 있다. 그러므로 문헌 자체가 완벽한 사실이 아닐 수 있음을 염두에 두어야 한다. 그렇다면 진짜 사실은 어디에 있는가. 이럴 때 비판적 접근이 필요하지만 그것도 쉬운 일은 아니다. 그래도 최소한의 오류를 피하자면 같은 인물이나 같은 사건을 다룬 다양한 기록을 찾아 비교 검토하는 게 필요하다. 뒤늦게 발견된 사료를 통해 보완이나 정정하는 작업도 필수적이고. 그런 과정을 통해 기존에 사실로 인정되었던 게 오류로 밝혀지기도 한다. 이렇듯 역사를 기록하고 해석한다는 건 무척 어려운 일이다.

사전은 정확성이 생명이다. 그래서 정확한 사실로 확인된 자료를 바탕으로 해야 하고, 소수의 학설보다는 다수가 합의한 통설을 따라야 한다. 물론 통설도 틀릴 가능성이 있으므로 통설을 바탕으로 기록한 다음 소수 의견을 부기할 수는 있다. 나아가 통설이 틀렸다고 판명되면 수정해야 한다. 개정판이 계속 나와야 하는 이유다.

국어사전 안에 역사와 관련한 표제어가 무척 많고 그와 관련한 인명을 지나치다 싶을 정도로 많이 수록했다. 국어사전이 백과사전 흉내를 내는 바람에 그렇게 됐을 텐데 바람직하지 못한 현상이다. 더구나 국어사전 편찬자들이 역사학자가 아닌 탓에 풀이를 하면서 수많은 오류를 생산했다. 이래서는 사전이라는 이름을 붙이기 어려울 정도다.

그렇게 된 데는 몇 가지 이유가 있을 것이다. 우선 『한국민족문화대백과사전』을 비롯한 여러 백과사전에도 오류가 많지만 그걸 그대로 가져온 경우가 많다. 국어사전이라는 특성상 핵심만 짧게 요약할 수밖에 없는데, 그 과정에서 잘못 요약한 것도 많이 보인다. 2차 사료는 오류가 섞였을 가능성이 많으므로 반드시 1차 사료를 통해 확인해야 한다. 삼국시대를 다룬 내용이라면 『삼국사기』나 『삼국유사』 원본을 봐야 하고, 마찬가지로 『고려사』나 『조선왕조실록』만 들춰봐도 오류를 상당히 줄일 수 있다. 그걸 언제 일일이 살펴보고 있느냐고 한다면 그냥 한숨만 쉬는 도리밖에 없다. 편찬자가 바쁘고 힘들면 감수자를 통해서라도 그런 과정을 꼭 거쳐야 한다.

한 가지 덧붙이자면 역사 용어까지는 몰라도 인명이나 지명은 표제어에서 모두 빼면 좋겠다. 그렇게만 해도 국어사전 안에 담긴 수많은 오류 중에서 절반은 줄일 수 있을 거라 믿는다. 감당하지 못할 부분은 과감히 생략하고, 국어사전은 국어사전답게 만들 수 있기를 바란다. 최근에 국립국어원이 『표준국어대사전』 개정 작업을 진행하며 표제어 항목에서 전문 용어를 대폭 줄이기로 했다는 말을 들었다. 바람직한 방향이라고 생각한다.

나름대로 내 눈에 띈 것들만 정리했지만 그 밖에도 더 많은 오류가 있을 것이다. 국어사전이 낱말 창고가 아니라 오류 창고가 되어서는 안 된다는 건 하나 마나 한 소리일 테다. 단순히 오류만 지적하는 데 머물지 않도록 간략하게나마 관련 사실들에 대한 설명을 덧붙였으며, 그래서 이 책이 역사 공부에 도움이 되면 좋겠다는 생각도 한다. 책에 실린 글들을 바탕 삼아 관련 역사책들을 찾아 공부하고 싶다는 마음까지 들게 한다면 좋겠지만 그건 과욕일 테고. 다만 역시 기록이란 엄정한 사실로부터 출발해야 한다는 사실과 국어사전의 기술 역시 엄밀함과 정확성을 갖춰야 한다는 사실을 잊지 않으면 좋겠다.

국어사전 안에 담긴 오류들을 찾아 정정하느라 모처럼 역사 공부를 할 수 있었다. 고마운 일이긴 하나 그보다는 제대로 된 방식의 공부를 하고 싶다. 제대로 된 역사를 탐구하고자 애쓰는 연구자들에게 늘 고마움을 갖고 있다. 좋은 국어사전을 만들기 위해 애쓰는 분들이 많다는 것도 알고 있으나 조금 더 분발해 주시기를 바라는 마음도 갖고 있다. 내가 하고 있는 작업들이 국어사전 편찬 역사에 작은 발자국이라도 남길 수 있기를 바랄 뿐이다.

내가 들여다본 국어사전은 인터넷에서 검색이 가능한 『표준국어대사전』과 『고려대한국어대사전』을 중심으로 하면서 다른 국어사전들을 일부 참고했다. 특별한 설명이 없는 한 『표준국어대사전』에 나온 풀이를 바탕으로 했고, 같은 표제어를 나란히 실을 때는 『표준국어대사전』에 이어 『고려대한국어대사전』의 순서로 했다.

박일환 씀

9

1.

근대 이전의 역사

부여라는 나라를 둘러싼 이야기들

고대의 건국 신화는 말 그대로 신화여서 실제 사실이라기보다 후대에 국가의 정통성을 강조하기 위해 만든 이야기들이다. 그러다 보니 각종 역사서에 기록되어 있는 내용에 조금씩 차이가 있고, 서로 어긋나는 부분도 있다. 그런 부분을 감안해서 받아들여야 한다.

¶금와(金蛙/金蝸): 동부여의 왕. 고대 난생 설화상의 인물로, 부여왕 해부루에게 발견되어 그의 태자가 되었으며, 유화를 아내로 맞아 고구려의 시조 주몽을 낳게 하였다.

『표준국어대사전』의 풀이인데, '난생 설화상의 인물'이라는 표현이 모호하다. 난생은 알에서 태어난다는 뜻이므로 풀이대로 하면 금와가 알에서 태어난 것처럼 받아들일 소지가 다분하다. 알다시피 알에서 태어난 건 주몽이다. 주몽의 탄생 설화에 금와가 등장해서 그렇게 표현했을 수는 있으나 적절치 못한 기술이다. 금와는 동부여의 시조 해부루가 늦도록 자식을 얻지 못해 산천에 기도를 드리다 곤연(鯤淵)이라는 곳에 이르러 큰 돌 밑에서 온몸이 금빛으로 빛나는 개구리 모양의 아이를 발견해서 태자로 삼았다고 한다.
뒷부분의 기술도 엉성하긴 마찬가지다. 마치 금와가 유화와 결혼하고, 그 사이에서 주몽이 태어난 것처럼 오해할 수 있기 때문이다. 주몽은 하백에게서 쫓겨난 유화(柳花)가 해모수를 만나 관계를 맺어 잉태한 자식이다. 금와는 그런 유화를 거두어서 궁정에 거처하도록 했을 뿐 아내로 삼았다는 기록도 없다.

¶ **해모수(解慕漱):** 북부여의 시조(始祖)(?~?). 전설상의 인물로, 흘승골성에 도읍하고 나라를 세워 국호를 북부여라 칭하였다. 천제(天帝)의 아들로 하백(河伯)의 딸 유화와 사통하여 고구려의 시조 주몽을 낳았다고 한다.

¶ **흘승골성(紇升骨城):** 고구려의 시조 주몽이 도읍한 성. 북부여(北扶餘)에서 도망하여 이곳에 와서 건국한 것인데, 지금의 만주 훈장강(渾江江) 유역의 환런(桓仁) 지방으로 추정된다.

해모수가 도읍한 곳도 흘승골성이고, 주몽이 도읍한 곳도 흘승골성이라고 했다. 어찌 된 걸까? 『고려대한국어대사전』의 해모수 풀이에는 흘승골성이라는 말이 안 나온다. 부여라는 나라가 건국한 정확한 연도는 알 수 없다. 그리고 동부여가 생긴 다음 본래의 부여를 흔히 북부여라고 부른다. 해모수가 흘승골성에 도읍했다는 건 『삼국유사』에 나온다. 그러나 『삼국사기』와 중국 진나라 때 지은 『삼국지』의 〈위지 동이전 고구려〉 편에는 주몽이 흘승골성에 도읍했다고 기록했다. 어느 게 맞을까? 고구려 건국 신화와 부여 건국 신화가 겹치는 부분이 많은 데다 훗날 고구려가 부여를 병합했기 때문에 빚어진 혼선이 아닐까 싶고, 『삼국유사』보다는 『삼국사기』의 기록이 신빙성이 높아 보인다. 해모수 자체가 전설상의 인물이거니와 북부여가 언제 국가를 건립했는지도 정확하지 않은 상황이라 흘승골성에 도읍했다는 사실을 입증하기 어렵게 만든다.

주몽이 도읍한 곳을 보통 졸본(卒本)이라 부르며(광개토대왕비에는 홀본(忽本)으로 나온다), 그래서 초기 고구려를 졸본부여라 부르기도 했다. 졸본의 위치에 대해 일부 다른 의견도 있긴 하지만 대부분의 학자는 흘승골성 풀이에 있는 환런(桓仁) 지방으로 보고 있다. 그곳에 고구려가 쌓은 오녀산성(五女山城)이 있으며, 이곳이 흘승골성일 것으로 추정하고 있다. 현재 중국이 관리하고 있으며, 유네스코 세계문화유산으로 지정되어 있다.

¶**유화(柳花)**: 고구려 시조 동명 성왕의 어머니(?~?). 하백(河伯)의 딸로, 동부여 왕 금와의 궁정에서 갇혀 있다가 큰 알을 낳았는데 이 알에서 주몽이 태어났다는 전설이 전한다.

사망 연도를 미상으로 처리했는데, 『삼국사기』에 따르면 기원전 24년에 사망한 것으로 나온다. 유화가 사망하자 금와왕이 태후(太后)의 예로 장사 지내고 신묘(神廟)를 건립해 주었다고 한다. 왕후(王后)가 아닌 태후(太后)의 예를 갖췄다고 한 건 유화가 금와왕의 부인이 아니라 해모수의 부인으로 대우했기 때문이었을 것이다. 보통 유화부인이라고 부르며, 하백녀(河伯女)라고도 한다.
해부루가 건국했다는 동부여가 대무신왕 풀이에 나온다.

¶**대무신왕(大武神王)**: 고구려의 제3대 왕(4~44). 이름은 무휼(無恤). 동부여(東夫餘)·개마국(蓋馬國)을 쳐서 병합하고 낙랑군을 정벌하여, 국토를 살수(薩水) 이북까지 확대하였다. 재위 기간은 18~44년이다.
개마국을 병합한 건 맞지만 동부여는 병합하지 못했다. 『삼국사기』

에 대무신왕이 경솔하게 부여를 정벌하여 비록 그 왕은 죽였으나 나라를 멸망시키지 못하고 우리 군사를 많이 잃었으니 이는 나의 과오라고 했다는 말이 기록되어 있다. 이때 죽인 동부여의 왕이 금와왕의 맏아들인 대소로, 주몽을 해치려 해서 부여를 떠나도록 했던 인물이다.

내친김에 동부여는 국어사전에서 어떻게 풀이하고 있는지 보자.

¶**동부여(東扶餘):** 두만강(豆滿江) 유역 부여 동쪽에 있었던 나라 (59~ 410). 부여의 해부루(解夫婁)가 북부여에서 나와 세운 나라로, 410년 고구려의 광개토왕에게 정복되었다.

『고려대한국어대사전』의 풀이인데, 『표준국어대사전』에는 건국 연도 표시가 없다. 동부여가 59년에 건국된 게 맞을까? 대무신왕이 동부여를 침공해서 대소왕을 죽인 게 22년의 일이므로 그 전에 이미 동부여가 존재했음을 알 수 있다.

그렇다면 59년이라는 연도는 대체 어디서 가져온 걸까? 『삼국유사』에 기원전 59년에 해모수가 북부여를 세웠다는 기록이 있는데, 동부여와 북부여를 헷갈린 데다 그걸 기원전이 아닌 기원 59년으로 잘못 기록했을 것이다. 최근 학설에서는 북부여에서 동부여가 갈라져 나온 건 먼 훗날이고, 대소왕이 다스릴 때까지도 동부여가 아닌 그냥 북부여였을 것으로 보기도 한다. 고구려 후기에 등용된 동부여 출신들이 자신들의 역사와 선조를 미화하기 위해 동부여 건국 시기를 끌어올렸고, 그게 후기 사가(史家)들에게 그대로 받아들여졌을 거라는 얘기다. 고대 국가들에 대해서는 워낙 사료가 빈약해서 지금도 많은 논란을 낳고 있는 중이다.

연개소문과 안시성

연개소문은 능력이 뛰어난 장군이었던 건 맞지만 위대한 장군이라고 하기에는 선뜻 동의하기 어려운 지점들이 있다. 연개소문은 할아버지와 아버지가 모두 고구려에서 최고 직함인 막리지(莫離支)를 지낸 명문가 집안에서 태어났다.

¶**연개소문(淵蓋蘇文)**: 고구려의 정치가 · 장군(?~665). 대대로(大對盧)가 된 후 영류왕을 죽이고 보장왕을 추대하고 스스로 대막리지(大莫離支)가 되어 정권을 장악하였다. 보장왕 4년(645)에 당태종의 17만 대군을 안시성에서 격파하였다.

¶**연개소문(淵蓋蘇文)**: 고구려의 정치가 · 장군(?~666). 영류왕과 귀족들이 자신을 살해하려 하자 영류왕을 시해하고 보장왕을 옹립한 후 대막리지가 되어 정권을 장악했다. 당나라의 침입을 막아 내기도 하였다.

사전들의 풀이처럼 연개소문은 영류왕을 죽이고 보장왕을 내세운 다음 대막리지라는 직책을 만들어 국정의 전권을 휘두를 수 있는 최고 권력자가 되었다. 연개소문은 왜 쿠데타를 일으켰을까? 『삼국사기』에 따르면 연개소문의 아버지가 죽은 다음 연개소문이 뒤를 이어 대대로(大對盧) 자리에 올라야 하는데 연개소문의 성정이 포악하다는 이유로 대신들이 반대했고, 그러자 연개소문이 머리를 숙여 사죄함으로써 간신히 대대로 자리에 오를 수 있었다고 한다. 일찍부터 반대 세력과 알력이 있었음을 짐작하게 하며, 연개소문의 힘과 세력이 커지자 위기의식을 느낀 반대파에서 영류왕과 합세하여 연개소문을 죽이려고 했다(살해가 아니라 천리장성의 수비 책임자로 삼아 변방으로 보내려 했다는 설도 있다.). 이런 사실을 알게 된 연개소문은 군대 열병식을 한다며 대신들을 초대한 다음 모두 죽여버렸다. 그리고 곧바로 궁궐로 쳐들어가 영류왕까지 죽였는데, 사지를 몇 동강 내어 개울에 던져버렸다고 할 정도로 잔인했다.

두 사전의 앞부분에 있는 풀이는 자세하진 않지만 사실 관계는 그대로다. 문제는 뒷부분의 풀이다. 『고려대한국어대사전』은 '당나라의 침입을 막아 내기도 하였다'라고 단순하게 처리한 반면 『표준국어대사전』은 '당태종의 17만 대군을 안시성에서 격파하였다'라고 기술했다. 이 대목에서 많은 독자들이 의아심을 가질 법하다. 안시성 전투는 양만춘이라는 이름을 가진 장군이 이끌었다는 게 상식처럼 되어 있기 때문이다. 우선 두 국어사전이 양만춘을 어떻게 다루고 있는지부터 살펴보자.

¶양만춘(楊萬春): 고구려의 명장(?~?). 보장왕 4년(645) 안시성에서 중국 당태종의 30만 대군을 맞아 격전 끝에 이를 물리쳤다.

¶양만춘(楊萬春): 고구려의 장군(?~?). 연개소문이 정변을 일으키고 공격을 해 왔을 때, 안시성에서 끝까지 싸워 성주의 지위를 유지하였다. 당나라 태종이 공격해 왔을 때도 이를 물리쳤다.

양만춘은 실체가 명확지 않은 이름이다. 『삼국사기』 등 초기 문헌에는 당태종과 맞서 싸운 안시성의 성주 이름이 나오지 않는다. 역사학자 이병도가 『삼국사기』에 주석을 달며, 조선 후기에 송준길(宋浚吉)이 지은 『동춘당선생별집(同春堂先生別集)』과 박지원(朴趾源)이 쓴 『열하일기(熱河日記)』에 양만춘이라는 이름이 나온다고 했다. 근래의 연구자들은 명나라 때 웅대목(熊大木)이 쓴 『당서지전통속연의(唐書志傳通俗演義)』라는 소설에 양만춘이라는 이름이 처음 등장했다고 한다. 소설을 쓰면서 작가가 끌어온 가공의 이름을 송준길이나 박지원 같은 사람이 전해 듣고 옮겼다는 거다.

『표준국어대사전』의 풀이는 뻥튀기가 심하다. 연개소문 항목에서는 당나라 군사의 규모를 17만이라고 했다가, 양만춘 항목에서는 30만으로 늘렸다. 하지만 다수의 사서에는 10만 정도로 나온다. 어디서 17만과 30만이라는 숫자를 가져왔는지 몰라도 근거가 희박하다.

연개소문과 안시성의 관계는 역사 기록에 두 차례 등장한다. 『고려대한국어대사전』의 양만춘 풀이에 나오는 대목을 보면 연개소문이 안시성을 공격했음을 알 수 있다. 연개소문은 영류왕을 죽이고 보장왕을 내세운 뒤 각 지역의 군벌들을 자신의 휘하에 복종시키고자 했다. 하지만 안시성을 비롯한 일부 지역의 성주들은 연개소문을 인정하려 들지 않았다. 연개소문이 안시성을 공격하게 된 이유다. 하지만 연개소문은 안시성 공략에 실패했고, 서로 타협하여 연개소문은 안시성 성주의 지위를 인정하고 안시성 성주도 연개소문이 차지한 권력자 위치를 용인하기로 했다. 당나라의 대군을 물리치기 전에 이미 연개소문의 공격을 막아낼 만큼 안시성 성주의 지략과 용맹이 대단했음을 알 수 있다.

영류왕은 수나라를 몰아내고 새로 중원을 차지한 당나라의 힘이 막강하다는 사실을 알고 재위 중에 화평책을 썼으나 연개소문은 당나라를 무시하는 태도를 보였다. 그 무렵 세력이 약한 편이었던 신라가 당나라에 지원을 요청하자 당태종은 신라를 침범하지 말 것을 고구려 조정에 요구했다. 연개소문은 그런 당태종의 요구를 들어주기는커녕 당태종이 보낸 사신을 감옥에 가둬버렸다 당태종이 분노하는 건 당연한 일이었고, 마침내 군사를 일으켜 고구려를 정벌하기로 결정했다. 당나라의 신하들이 예전 수나라가 고구려 침공 때당한 사실을 들어 만류했으나 당태종은 다른 이민족들을 제압해서영토를 넓힌 경험을 통해 자신감이 충만한 상태였다. 그래서 자신이 직접 대군을 이끌고 고구려로 진격했다. 보장왕 4년인 645년의일이었다. 결과는 다들 아는 대로 안시성 싸움에서 패한 뒤 자존심에 상처만 안은 채 돌아가야 했다.

『표준국어대사전』은 연개소문이 안시성에서 당나라 군대를 격파한것처럼 서술했는데, 심각한 오류다. 당의 군대가 고구려로 침공해오자 연개소문은 고연수(高延壽)와 고혜진(高惠眞) 두 장수에게 당나라 군사보다 많은 15만 대군을 주어 안시성을 엄호하고 당나라군대를 물리치도록 명령했다. 두 장수의 이름과 함께 다른 이름 하나가 더 『표준국어대사전』에 나온다.

¶**고정의(高正義)**: 고구려의 대신(?~?). 보장왕 4년(645)에 당나라가 쳐들어왔을 때, 안시성 싸움에 나가는 고연수에게 당나라 군대의 예봉을 꺾기 힘들다고 하고 필승의 전략을 제시하였으나, 고연수가 이를 무시하여 당나라에게 패하였다.

고정의는 고연수에게, 성급하게 전면전을 벌이지 말고 시간을 끌면서 적의 후방 보급로를 기습해서 끊는 작전을 쓰라고 했다. 당나라 군대가 강할 뿐만 아니라 원정에 나선 군대는 보급이 끊기면 유지될 수 없다는 걸 알고 제안한 계책이었다. 하지만 고연수는 고정의의 제안을 무시했고, 안시성 근처에서 전면전을 벌이다 당태종의 유인 작전에 말려들어 대패했다. 2만여 명이 전사했으며, 고연수와 고혜진은 3만 6천여 명의 군사를 데리고 당태종에게 항복한 다음 그 휘하로 들어가서 오히려 고구려 공격에 앞장섰다. 고연수는 안시성 전투에서 당나라가 패한 뒤 탄식하다가 죽었고, 고혜진은 당태종을 따라 당나라로 들어가 그의 신하로 살았다. 그러므로 연개소문은 안시성 전투와 관련이 없을뿐더러 오히려 그가 파견한 군대는 대패했다는 게 제대로 된 사실이다. 지원군 15만이 허무하게 무너진 상황에서도 고립된 성안에서 당태종의 군대를 물리치고 방어에 성공한 안시성 성주의 위대함이 돋보이는 대목이기도 하다.

연개소문은 언제 죽었을까? 『표준국어대사전』은 665년, 『고려대한국어대사전』은 666년이라고 했다. 어느 게 맞을까? 연개소문의 사망 시기는 사서마다 사망 연도가 다르게 나와 지금도 논란이 되고 있다. 중국 측 기록인 『당서』와 김부식의 『삼국사기』에는 666년에 사망했다고 나온다. 『일본서기』에는 663년으로 나오고, 일부 사학자들은 연개소문의 장남 연남생의 묘비에 적힌 내용을 근거로 연남생이 대막리지가 된 665년을 사망 시기로 추정한다. 아버지가 죽기 전에 아들이 아버지의 자리인 대막리지에 오를 수는 없었을 거라는 게 추론의 근거다. 단재 신채호는 654년 아니면 657년에 죽었을 거라는 주장을 펴기도 했다. 이렇듯 사망 시기에 대한 합의가 이루어지지 않은 상황이라면 차라리 사망 연도 불상으로 처리하는 게 오류를 범하지 않는 방법이 될 수 있다.

안시성 전투 이후에도 당나라는 몇 차례에 걸쳐 고구려를 침범했는데, 연개소문이 계속 당나라의 신경을 자극했기 때문이다. 당나라의 재침공과 관련한 인물이 『표준국어대사전』에 나온다.

¶**계필하력(契苾何力):** 중국 당나라의 장군(?~?). 고구려 보장왕 때에, 두 차례에 걸친 고구려 원정에 참전하였으며 제2차 원정 때 연개소문의 아들 연남생에게 크게 패하였다.

제2차 원정이라는 건 보장왕 20년인 661년 때의 침공을 말하며, 그때 당나라 황제는 태종의 뒤를 이은 고종이었다. 이때 연개소문의 아들 연남생이 당나라 군을 크게 물리쳤다는 서술 역시 사실을 뒤집은 왜곡이다.

당나라는 이전의 실패를 만회하고 고구려를 다시 정벌하기 위해 치밀한 계획을 짰다. 당나라 군대는 소정방과 계필하력 등을 장수로 삼아 육지를 피해 바다를 건너 대동강과 압록강 등지로 밀고 들어왔다. 이때 압록강 하류 쪽을 지키던 고구려 측 장수가 연남생이다. 마침 겨울이 닥쳐 압록강이 얼어 있는 상태였으며, 계필하력이 이끄는 당나라 군사들은 얼음 위로 물밀듯이 치고 들어와 연남생의 군대를 격파했다. 이때 고구려군 3만 명이 죽었으며, 연남생은 간신히 자기 몸만 피해 빠져나갔다. 이후 소정방은 평양성을 포위했고, 고구려로서는 큰 위기에 처했다. 하지만 다행스럽게도 대륙 안에서 철륵(鐵勒)이라고 부르던 튀르크계 북방 민족의 반란이 일어나는 바람에 고구려 정벌에 나섰던 군사들을 본국으로 소환해야 했다. 계필하력 부대가 먼저 돌아가자 평양성을 포위하고 있던 소정방 부대가 고립되는 상황이 되면서 전투 의지를 잃고 퇴각할 수밖에 없었다.

그 후 나당연합군에 의해 고구려가 멸망하게 되는데, 그런 패망의 길로 접어들게 된 이유로 흔히 연개소문 아들들끼리 권력 다툼을 벌이면서 내부 분열이 일어났다는 사실을 든다. 연개소문에게는 연남생, 연남건, 연남산 세 아들이 있었고, 장남인 연남생이 권력을 차지한 다음 두 동생이 반기를 들었다. 연남생이 지방 순시에 나선 틈을 타 평양성을 장악한 뒤 연남생의 아들마저 죽였다. 힘을 잃은 연남생은 당나라에 투항해서 고구려 정벌에 앞장섰고, 이런 상황에서 나당연합군과 맞서는 건 승산이 없다고 본 연개소문의 동생 연정토(淵淨土)는 신라로 투항했다. 그러니 고구려가 패망의 길로 가는 건 정해진 순서나 마찬가지였다.

화랑(花郎)과 원화(源花)

신라 시대에 화랑이라는 세도는 언제 생겼을까? 일단 '화랑' 항목을 보자.

¶**화랑(花郎):** 1. 신라 때에 둔, 청소년의 민간 수양 단체. 문벌과 학식이 있고 외모가 단정한 사람으로 조직하였으며, 심신의 단련과 사회의 선도를 이념으로 하였다. 2. 화랑의 지도자. 3. 광대와 비슷한 놀이꾼의 패. 옷을 잘 꾸며 입고 가무와 행락을 주로 하던 무리로 대개 무당의 남편이었다.

『표준국어대사전』의 풀이인데 『고려대한국어대사전』의 풀이도 비슷하다. 문제는 '민간 수양 단체'라고 한 부분이다. '민간'이라고 하면 일반인들이 자발적으로 조직한 단체라고 보기 쉽다. 조직과 운영에 있어 상당 부분 자율성을 부여했을 수는 있지만 순수한 민간 단체가 아니라 국가가 나서서 만들고 관리한 단체라고 할 때 '민간'이라는 말을 붙이기는 어렵지 않을까? 이어서 살펴볼 '원화' 항목의 풀이를 통해서도 국가가 관리하고 통제한 조직이었음을 알 수 있다.

¶**원화(源花/原花):** 신라 때에, 사회의 전통적 가치와 질서를 익히며 예절과 무술을 닦던 청소년 단체. 또는 그 우두머리. 화랑(花郎)의 전신(前身)으로서, 진흥왕 때 귀족 출신의 처녀 두 명을 뽑아

단체의 우두머리로 삼고 300여 명의 젊은이를 거느리게 하였으나 서로 시기하는 폐단 때문에 폐지하고 남성을 우두머리로 하는 화랑으로 고쳤다.

¶**원화(源花):** 신라 때, 화랑의 전신(前身)이었던 청소년 단체. 576 (진흥왕 37)년 종래의 청소년 단체를 확대, 개편하여, 미모의 두 처녀를 우두머리로 삼은 것이다. 그러나 두 우두머리 사이에 질투로 살인 사건이 일어나자, 청년을 우두머리로 하는 화랑(花郞) 제도로 개편되었다.

『표준국어대사전』이 두 개의 한자 표기를 실은 건, 『삼국사기』에는 '源花', 『삼국유사』에는 '原花'로 되어 있기 때문이다. 『고려대한국어대사전』에서 576년을 명기한 건 『삼국사기』에 따른 것이며, 『삼국유사』에는 진흥왕 때라고만 했을 뿐 구체적인 시기는 나오지 않는다. 두 사서에 공히 원화를 폐지하고 이후 남자를 우두머리로 내세운 화랑을 세웠다고 하는 내용이 나온다. 그런데 이상한 건 사다함이라는 인물이다.

¶**사다함(斯多含):** 신라의 화랑(?~?). 성은 김(金). 진흥왕 23년(562)에 가야국 정벌에 종군하여 큰 공을 세웠으며, 무관랑(武官郞)과의 우정으로 유명하다.

562년이면 『삼국사기』에서 말하는 576년 이전, 즉 원화가 생기기 전이다. 사다함은 『삼국사기』에 등장하는 인물인데, 사람들이 '화랑'으로 받들기를 청해서 마지못해 응했으며, 그를 따르는 낭도가

천여 명이었다고 했다. 그렇다면 화랑 제도 혹은 화랑이라는 명칭이 원화 이전에 이미 존재하고 있었다는 얘기 아닌가. 화랑이라는 제도가 원화 이전부터 있었고, 원화를 도입했다가 다시 화랑으로 되돌린 건 아닐까?

사다함은 평소 무관랑과 죽어도 변치 않을 우정을 나누기로 약속했는데 갑자기 무관랑이 죽자 몹시 슬퍼하며 통곡하다 7일 만에 죽었다. 그때 사다함의 나이 열일곱이었다.

¶**준정(俊貞)**: 신라 진흥왕 때의 원화(源花)(?~?). 일명 교정(姣貞). 같은 원화인 남모(南毛)를 질투하여 죽이고 사형을 당하였는데, 이후로 원화가 폐지되고 화랑이 생겼다.

¶**남모(南毛)**: 신라의 원화(源花)(?~?). 진지왕 1년(576)에, 준정(俊貞)과 함께 청소년 360여 명을 모아 화랑도를 조직하여 그 중심적 역할을 하였다.

『삼국사기』에는 준정(俊貞), 『삼국유사』에는 교정(姣貞)이라는 이름으로 나온다. 그렇다면 출처를 명확히 밝혀주는 게 국어사전 이용자들을 배려하는 자세일 것이다. '남모'는 『표준국어대사전』만 표제어로 올렸는데, 풀이에서 진지왕 1년은 왜 나왔을까? 진흥왕은 576년에 사망했고, 진지왕이 뒤를 이어 즉위했다. 그러므로 576년은 진흥왕과 진지왕의 재위가 겹치는 해다. 『삼국사기』에는 576년 봄에 원화를 조직했다고 나오며, 진흥왕은 그해 8월에 사망했다. 따라서 원화가 등장한 건 진지왕 즉위 이전이므로 진지왕을 끌어들여 연도를 표시한 건 잘못이고, 원화가 아닌 화랑도를 조직했다는 식으로 기술한 것도 적절치 못하다. 360여 명이라는 기술도 마찬가지다. 사서에는 삼사백 명이라고 되어 있는데, 360이라는 구체적인 숫자가 왜 나왔는지 모르겠다.

남모의 죽음에 대해 『삼국사기』에서는 사형에 처해졌고, 『삼국유사』에서는 남모를 따르는 무리에게 죽임을 당했다고 기록되어 있다. 『삼국유사』보다 『삼국사기』가 정사에 가까워서 그랬을 테지만, 둘 다 후세에 기록된 사서라 어느 게 사실인지 확인할 길은 없다.

신라의 여왕들

우리나라에서 여자가 왕위에 오른 건 신라 때뿐이다. 선덕여왕, 진덕여왕, 진성여왕이 그들인데, 고려 때까지는 대부분의 기록에서 그냥 왕이라고 호칭했으나 그 후 여자라는 사실을 부각시켜 여왕이라고 부르기 시작했다. 신라 때 여왕이 탄생하게 된 배경이 있을 텐데 이유가 무엇일까?

¶**선덕여왕(善德女王)**: 신라 제27대 왕(?~647). 성은 김(金). 이름은 덕만(德曼). 김춘추에게 중국 당나라의 원군을 청하게 하여 백제를 침공하고, 9년(640)에는 당나라에 유학생을 보내어 그 문화를 받아들였다. 재위 기간은 632~647년이다.

¶**선덕여왕(善德女王)**: 신라 제27대 왕(?~647, 재위 632~647). 성은 김(金), 이름은 덕만(德曼)이다. 진평왕이 후사가 없이 죽자 백성들의 옹립으로 왕위를 계승하였다. 당나라의 문화를 수입하였다.

『고려대한국어대사전』에서는 '백성들의 옹립으로 왕위를 계승하였다'라고 했는데, 과연 그 당시에 백성들에게 왕을 옹립할 수 있는 권한이 있었을까? 상식적으로 납득하기 어려운 풀이다. 『삼국사기』에서 선덕여왕 즉위 사실을 기록하며 '국인립덕만(國人立德曼)'이라고 했다. 여기 나오는 '국인(國人)'을 글자 그대로 백성이라고 풀이한 건데, 그건 자구에만 매달린 해석에 지나지 않는다. 백성이 아니라 화백회의에서 추대했다고 하는 게 합리적인 해석 아닐까? 부족장 내지 귀족 출신들인 화백이 백성들의 의사를 대표 혹은 대리하는 직책일 수는 있으나, 요즘과 같은 민주주의 체제에 따라 백성들의 의견을 직접 수렴하는 것과는 거리가 멀었을 거라는 점도 분명하다. 진평왕에게는 대를 이을 아들이 없었기에 맏딸인 선덕여왕이 왕위에 오르게 되었다. 신라는 골품제라는 신분제도가 있었고, 그중 첫 번째가 부모 양쪽이 왕족 출신인 성골(聖骨)이었다. 그때까지만 해도 왕은 성골 출신에서만 나와야 했다.

『표준국어대사전』에서는 김춘추로 하여금 당나라에 원군을 청하게 했다고 하는데, 이것도 사실관계에 맞지 않는다. 그 무렵 신라는 고구려와 백제에게 협공당하고 있었고, 국력도 강한 편이 아니었다. 그러다 보니 비굴할 정도로 당나라에게 의존하며 도움을 요청해야 했다. 선덕여왕이 643년에 당나라에 사신을 보내 원병을 요청한 건 맞지만 사료에는 당시 사신의 이름이 기록되어 있지 않다. 그 무렵 신라는 백제 의자왕의 침공을 받아 40여 개의 성을 빼앗길 정도였다. 국가 존망의 위기에서 나라를 구하는 게 우선이었으며 백제를 침공할 여력이 없었다. 선덕여왕 당시 김춘추가 외부의 힘을 빌리기 위해 찾아갔던 건 642년 고구려 방문이었다. 하지만 당시 고구려의 보장왕과 실세 연개소문은 진흥왕(眞興王) 때에 신라가 점령한 죽령(竹嶺) 이북의 한강 유역을 반환할 것을 내세웠고, 원군 요청은 불발로 그쳤다.

선덕여왕은 친당(親唐) 정책을 통해 외환(外患)을 극복하고자 했으며 동시에 불교의 힘으로 민심을 안정시키고 내부 결속을 이루고자 했다. 재임 중에 자장 율사를 내세워 황룡사, 분황사, 통도사, 영묘사 등 스무 개가 넘는 사찰을 세웠을 정도다. 첨성대를 세운 것도 선덕여왕 때였다.

¶**진덕여왕(眞德女王)**: 신라 제28대 왕(?~654). 성은 김(金). 이름은 승만(勝曼). 연호를 태화(太和)로 정하고, 648년 김춘추를 당나라에 보내 군사 원조를 받았으며 김유신을 기용하여 국력을 키워 삼국 통일의 기초를 닦았다. 재위 기간은 647~654년이다.

¶**진덕여왕(眞德女王)**: 신라 제28대 왕(?~654, 재위 647~654). 성은 김(金), 이름은 승만(勝蔓)이다. 당나라를 본떠 복제(服制)를 개편하였고 당나라와의 친교에 힘을 기울였으며, 김유신(金庾信) 등을 통해 국력을 튼튼히 하여 삼국 통일의 토대를 닦았다.

진덕여왕의 이름인 승만의 한자가 『표준국어대사전』은 '勝曼', 『고려대한국어대사전』은 '勝蔓'으로 되어 있는데, 『표준국어대사전』이 맞는다.
선덕여왕과 마찬가지로 진덕여왕도 친당 외교에 주력했고, 김춘추를 당나라에 사신으로 보냈다. 당나라를 본떠 복제를 개편했다는 건, 김춘추가 당나라에 다녀온 뒤 건의한 것에 따른 조치였다. 선덕여왕의 사촌이라는 이유로 왕위에 오른 진덕여왕은 실권이 없었고, 김춘추와 김유신이 국정을 이끌어가는 실세였다. 따라서 진덕여왕 당시에 시행된 정책들은 김춘추가 제안하고 실행한 것이라고 봐도 무방하다.
연호를 태화(太和)로 정했다는 풀이는 부가 설명이 필요하다. 우선 국어사전 표제어에 있는 '태화'의 풀이부터 보자.

¶**태화(太和):** 신라 진덕 여왕 때의 연호(647~650). 신라의 마지막 연호이다.

¶**태화(太和):** 신라 진덕 여왕(眞德女王)의 연호(年號). 진덕 여왕 원년인 647년부터 650년까지 쓰이다가 중국 연호를 사용하면서 폐지되었다.

『표준국어대사전』의 풀이에 나오는 '신라의 마지막 연호'라는 건 오해의 소지가 많다. 『고려대한국어대사전』의 풀이를 보면 태화(太和)라는 연호를 사용하다 중국 연호를 사용하면서 폐지했다는 말이 나온다. 신라가 독자적으로 사용한 마지막 연호라고 했어야 한다. 연호는 보통 새로운 왕이 즉위하면 바뀌게 마련인데, 신라 때는 전대의 연호를 이어받아 사용한 경우가 많았다. 선덕여왕도 진평왕 때 사용하던 연호인 건복(建福)을 즉위 초기에는 그대로 썼으며, 나중에 인평(仁平)이라는 연호를 만들어 사용하기 시작했다.

¶**인평(仁平):** 신라 선덕 여왕 때의 연호(634~646). 진덕 여왕 4년(650) 이전까지는 중국의 연호를 쓰지 않고 독자적인 연호를 썼다.

신라가 독자적인 연호를 사용하다 폐기한 건 당나라와의 관계 때문이다. 왜 당나라 연호를 따르지 않느냐고 질책하는 바람에 태화라는 연호를 버려야 했다. 고구려와 백제의 침공에 맞설 힘이 약했던 신라로서는 당나라의 협조가 절실했던 상황이라 그렇게라도 할 수밖에 없었던 처지가 그대로 드러나는 대목이다. 진덕여왕이 사망하면서 김춘추가 왕위를 이어받아 태종 무열왕이 되었다. 이때부터 처음으로 성골 출신이 아닌 진골 출신이 왕위에 오르기 시작했다.

¶**진성여왕(眞聖女王):** 신라의 제51대 왕(?~897). 성은 김(金). 이름은 만(曼). 재위 기간 중에 나라가 혼란에 빠졌으며 후삼국으로 다시 나누어지게 되었다. 888년 각간 위홍과 대구 화상에게 향가집 ≪삼대목≫을 편찬하게 하였나. 새위 기간은 887~897년이다.

¶**진성여왕(眞聖女王):** 〈역사〉 신라 제51대 왕(?~897, 재위 887~897). 성은 김(金), 이름은 만(曼)으로 경문왕의 딸이다. 각간(角干) 위홍(魏弘)과 대구 화상(大矩和尙)에게 향가집 『삼대목(三代目)』을 편찬하게 했으나 지금은 전하지 않는다. 재위 기간 동안 음행(淫行)을 일삼고, 병제(兵制)는 퇴폐하여 나라가 혼란에 빠졌다.

두 여왕 이후 한참 뒤에 등장한 진성여왕은 경문왕의 딸로, 신라의 마지막 여왕이다. 경문왕에게는 2남 1녀가 있었는데, 두 아들이 각각 헌강왕과 정강왕이 되었고, 마지막으로 막내인 진성여왕이 등극했다. 두 오빠인 헌강왕과 정강왕에게는 서자 말고 적통 왕자가 없었기 때문이다.
진성여왕 재임 시기는 신라가 쇠퇴의 길로 접어들 무렵이었으며, 진성여왕에게는 그런 난국을 타개할 만한 역량이 없었다. 오히려 『고려대한국어대사전』에 나오는 풀이처럼 부정적인 평가가 많은데, 음행(淫行)을 일삼았다는 건 삼촌인 각간 위홍과 남녀 관계를 맺었다는 것과 젊은 청년들을 궁궐로 불러들여 놓았다는 『삼국사기』 등의 기록에 따른 것이다. 하지만 삼국시대에는 근친혼이 흔했고, 위홍이 죽은 뒤 혜성대왕(惠成大王)이라는 칭호를 내린 걸 보면 불륜이 아니라 남편으로 대우했을 거라는 견해도 있다. 진성여왕이 여자라는 이유로 일부러 깎아내리기 위한 과장된 서술일 수도 있다는 얘기다. 그럼에도 진성여왕이 특별한 업적을 남기지 못한 건 분명하고, 지방에서 반란이 거듭되자 897년 6월에 스스로 왕위를 내려놓으면서 헌강왕의 서자인 요(嶢)를 왕으로 삼아 효공왕이 되도록 했다. 그런 다음 북궁(北宮)에 머물다 그해 12월에 사망했다.

¶나니가(羅尼歌): 신라 때의 가요. 제51대 진성 여왕이 나라의 기강을 어지럽히던 무리로부터 왕권을 지켜 내기 위하여 다라니(陀羅尼)의 은어로 이 노래를 지어 세상에 퍼지게 하였다는 내용만 전한다. 작자와 연대는 알 수 없다.

두 사전의 풀이가 비슷한데, 납득하기 어렵게 서술되어 있다. 풀이를 문맥대로 따라가면 진성여왕이 왕권을 지키기 위해 지어서 세상에 퍼뜨린 걸로 보이지만, 반대로 백성 중의 누군가가 진성여왕과 위홍 등 권력자들의 그릇된 행태를 비판하기 위해 지은, 일종의 반체제 성격을 띤 노래였다.

일본으로 건너간 백제인들

삼국시대에 일본과 가장 활발하게 교류한 건 백제다. 고구려와 신라 사람도 일본으로 건너갔지만 기록에 따르면 백제 사람이 가장 많이 건너갔다. 그런데 이런 사실은 우리 측 기록보다는 일본 측 기록에 더 많이 나온다. 그래서 고구려 사람으로 일본으로 건너가서 호류사(法隆寺) 금당벽화를 그렸다고 알려진 승려 담징(曇徵)에 대한 기록도 『일본서기』에 나올 뿐 우리 기록에는 없다. 담징이 금당벽화를 그렸다는 것도 구전으로만 전해지던 것이며, 호류사는 담징이 죽은 뒤 불이 나 완전히 타버렸다는 기록이 있어 금당벽화는 담징이 아니라 호류사를 재건한 뒤 다른 누군가가 그렸을 거라고 보는 게 정설이다. 이런 식으로 정확하지 못한 내용들이 마치 사실인 것처럼 퍼져 있으며, 국어사전의 담징 항목도 그렇게 서술하고 있다. 사실대로 바로잡아야 한다.

백제에서 일본으로 건너갔다는 사람들 여러 명이 『표준국어대사전』에 나와 있는데, 아마도 많은 사람들이 왕인이라는 사람부터 떠올릴 듯싶다.

¶**왕인(王仁)**: 백제 근초고왕 때의 학자(?~?). 397년에 일본의 오진(應神) 천황의 초청으로 『천자문』과 『논어』 10권을 가지고 일본에 건너가 일본에 한학을 알리는 한편, 태자의 사부가 되었다.

왕인에 대한 기록 역시 우리 사서(史書)에는 나오지 않는다. 일본 측 사서인 『일본서기(日本書紀)』와 『고사기(古事記)』에 기록되어 있는데, 근초고왕 때라고 한 건 『고사기』의 기록이고 『일본서기』에는 수십 년 뒤인 아신왕 말기라고 되어 있다. 따라서 근초고왕 혹은 아신왕 대의 사람이라고 양쪽 기록을 함께 기술해 주었어야 한다. 도래 시기는 불명확하지만 왕인이 일본으로 건너간 건 분명하며, 현재 일본 오사카(大阪)의 히라카타(枚方) 시에 왕인 무덤이 있다. 이 무덤도 진짜가 아니라는 주장이 있어 논란이 되고 있지만 왕인의 일본 도래 사실 자체를 부정하지는 않는다.

왕인의 행적과 관련해서 가장 논란이 되는 건 『천자문』을 가지고 간 게 맞냐는 부분이다. 우리가 아는 천자문은 중국 남북조 시대의 양나라 사람 주흥사(周興嗣)가 지은 책인데, 주흥사는 468(혹은 470)년에 태어나 521년에 사망한 것으로 알려져 있다. 따라서 왕인 사후에 존재했던 사람이라는 얘기이므로 왕인이 천자문을 가져갔다는 사실 자체가 성립될 수 없다는 거다. 다만 주흥사의 천자문 이전에 다른 천자문이 존재했다는 설도 있어 여전히 논란이 되고 있는 중이다.

¶난파약사(難波藥師): 일본의 오사카(大阪) 부근에 살고 있던 백제의 이민. 백제 개로왕 때 일본에서 의원을 보내 달라는 요청을 받고 약사 덕래(德來)가 일본에 건너갔는데, 그 후손들이 한곳에 모여 살면서 의약 관계의 일을 세습적으로 해 온 데에서 유래한다.

¶덕래(德來): 고구려의 명의(?~?). 459년에 일본으로 건너가 난파(難波) 약사라는 존칭을 받으며 의업을 하여, 일본 약계의 원조가

되었다.

난파(難波)는 오사카 부근 지역을 옛날에 일컫던 지명이다. 두 낱말의 차이를 잘 보면 난파약사 항목에서는 백제의 이민이라 했고, 덕래 항목에서는 고구려 사람이라 했다. 덕래가 고구려 출신인 건 맞다. 하지만 후에 백제로 이주해서 살았고, 그런 다음 다시 일본으로 건너가서 귀화했다. 하나 더 지적하자면 덕래가 난파약사라는 칭호를 받은 건 아니고, 덕래의 5세손인 혜일(惠日)이 당나라에 건너가서 배워온 의술을 전파한 이후부터 의약업에 종사하는 그 집안 사람들을 난파약사라고 부르기 시작했다.

참고로 난파(難波)라는 지명은 일본에 한학을 전해준 백제의 왕인(王人)이 붙였다는 설이 있으며, 2009년에 일본인과 재일교포들이 오사카의 미유키모리(御幸森) 신사에 왕인 박사를 기리는 '난바 나루터의 노래(難波津の歌)'라는 제목의 노래비를 건립했다.

¶**반양풍(潘量豊)**: 백제 말기의 채약인(?~?). 위덕왕 1년(554)에 일본 긴메이(欽明) 천황의 초청을 받고 왕유릉타(王有陵陀), 고덕(固德), 정유타(丁有陀) 등과 함께 일본으로 가 백제 의약을 일본에 소개하였다.

백제가 망한 건 660년이고, 반양풍이 일본으로 건너간 건 554년이라고 했다. 약 100년의 시차가 있는데 백제 말기라고 서술한 건 어폐가 있고, 백제 후기 정도로 표현하는 게 좋겠다. 채약인이라는 말을 썼는데, 기록에는 채약사(採藥師)라고 나오며, 백제에 그런 직책이 있었다. 따라서 제대로 된 명칭을 썼어야 한다.

『일본서기』에 일본의 요청에 따라 백제가 의박사인 나솔(奈率) 왕
유릉타(王有陵陀)와 채약사인 시덕(施德) 반량풍(潘量豊), 고덕(固
德) 정유타(丁有陀)를 보내왔다는 기록이 있다. 이 기록에 나오는
나솔(奈率), 시덕(施德), 고덕(固德)은 백제의 벼슬 등급을 나타내는
용어다. 반양풍 풀이에서 고덕(固德)을 마치 사람 이름처럼 처리했
는데, 정유타라는 사람의 벼슬명이다. 품계로 보면 의박사인 왕유
릉타가 높은 직책을 가졌는데, 『표준국어대사전』은 왜 세 명 중 반
양풍만 실었는지 알 길이 없다.
사람 이름처럼 취급한 고덕이 따로 표제어에 있는데, 왜 그런 착오
를 일으켰을까?

¶**고덕(固德)**: 백제의 십육 관등 가운데 아홉째 등급. 붉은색의 공
복에 붉은 띠를 둘렀다.

참고로 나솔(奈率)은 여섯째, 시덕(施德)은 여덟째 등급이었다.

¶**도장(道藏)**: 백제 말기의 승려(?~?). 670~680년 일본으로 건너
가 나라(奈良)에서 입적하였다. 저서에 『성실론(成實論)』이 있다.

백제가 660년에 망했고, 도장은 이후에 활동한 사람이므로 백제 유
민이라고 했어야 한다. '670~680년 일본으로 건너가'라는 기술도
모호하다. 정확한 도래 시기를 몰라서 그랬을 텐데, 그렇다면
'670~ 680년 무렵'이라는 식으로 서술했어야 한다. 『한국민족문화
대백과사전』에서는 684년 전후에 건너갔을 거라고 서술하고 있다.
구체적인 기록으로는 688년에 일본에 큰 가뭄이 들자 일본 왕의

부탁을 받고 비가 내려줄 것을 빌어 큰비가 오도록 했다는 내용이 있다.

저서에 『성실론(成實論)』이 있다는 건 오류다. 『성실론(成實論)』은 인도 사람이 지은 책으로 이후 중국으로 건너가 한문으로 번역되었으며, 도장이 이 『성실론』을 일본에 소개했다. 이 책의 교리를 바탕으로 중국과 일본에서 성실종(成實宗)이라는 종파가 생겼다. 도장이 지은 책은 『성실론(成實論)』을 풀어서 설명한 『성실론소(成實論疏)』이며, 모두 16권으로 되어 있다.

¶**한인지(韓人池)**: 백제 사람들이 일본에 건너가서 백제의 발달된 농사법을 가르치기 위하여 만든 저수지.

『표준국어대사전』과 『고려대한국어대사전』이 똑같이 백제 사람들이 건너가 만든 저수지라고 풀이했다. 『일본서기』에 한인지(韓人池)가 등장한다. 거기에 고려인, 백제인, 임나인(任那人), 신라인 등 여러 한인(韓人)들을 인솔해서 저수지를 만든 다음 '한인지'라고 했다는 기록이 있다. 그러므로 백제 사람으로 한정한 건 잘못된 서술이다. 고대 일본에 백제 사람들이 만든 저수지가 따로 있었으며, 이름은 '백제지'였다.

평제탑과 소정방

국보인 '부여 정림사지 오층 석탑'을 달리 부르는 명칭이 국어사전에 실려 있다. 먼저 『표준국어대사전』에 실린 풀이부터 보자.

¶**평제탑(平濟塔):** 충청남도 부여군 부여읍 동남리에 있는 5층 석탑. 백제 말기에 건립된 것으로 추정되며, 창의적이고 정제된 기풍으로 후세 석탑의 모범이 되었다. 탑의 1층 옥신에 '대당평백제국비명(大唐平百濟國碑銘)'이라는 글귀가 새겨져 있어 이렇게 이른다. 우리나라 국보로, 국보 정식 명칭은 '부여 정림사지 오층 석탑'이다.=부여 정림사지 오층 석탑.

비교적 충실하게 풀이했으나, 예전에 잘못 부르던 이름이라고 했어야 한다는 아쉬움이 남는다. 국가유산청 홈페이지에서 이 탑을 설명한 부분에 다음과 같은 대목이 나온다.

▶"신라와의 연합군으로 백제를 멸망시킨 당나라 장수 소정방이 '백제를 정벌한 기념탑'이라는 뜻의 글귀를 이 탑에 남겨놓아, 한때는 '평제탑'이라고 잘못 불리어지는 수모를 겪기도 하였다."

『표준국어대사전』의 풀이에서 하나 더 아쉬움을 찾는다면 '1층 옥신'이라고 한 부분이다. '옥신'은 표제어에도 없는 말이며, 탑신이라고 했어야 한다.

이보다 더 심각한 건 『고려대한국어대사전』의 풀이이다.

¶**평제탑(平濟塔)**: 소정방(蘇定方)이 백제를 평정한 것을 기념하여 세운 탑이라는 뜻으로, '부여 정림사지 오층 석탑(扶餘定林寺址五層石塔)'을 일상적으로 이르는 말.

'백제를 평정한 것을 기념하여 세운 탑'이라는 설명은 틀렸다. 기념하기 위한 건 맞지만 세운 건 아니기 때문이다. 이 탑은 소정방이 백제에 들어오기 전부터 있었으며, 이미 있던 탑에다 소정방이 권회소라는 사람을 시켜 글귀를 새겼을 뿐이다. '대당평백제국비명(大唐平百濟國碑銘)'이라는 제목뿐만 아니라 총 2,126자에 걸쳐 의자왕의 항복을 받아내고 왕자인 부여융 등을 포로로 잡았다는 내용부터 전투에 참여한 인물들의 공적까지 새겨 놓았다.

평제탑이라는 명칭은 부끄러운 역사를 상기시키는 오명(汚名)이 분명하다. 그래서 일부 사람들은 '백제탑'이라는 말로 부르기도 했으며, 백제탑도 국어사전 표제어에 있다. 그러므로 '일상적으로 이르던 말'은 평제탑이 아니라 백제탑 풀이에 넣었어야 할 구절이다. 평제탑이라는 용어를 벗어버리게 된 건 일본인 덕분이었다. 1942년에 후지사와 가즈오(藤澤一夫)가 절터 발굴 조사를 하다 기와 조각 하나를 발견했는데, 거기 '태평팔년무진정림사대장당초(太平八年戊辰定林寺大藏當草)'이라는 문구가 적혀 있었다. 그 문구로 인해 탑이 있던 절 이름이 정림사였다는 사실이 밝혀졌으며, 그 후로 정림사지 오층 석탑이라는 이름을 얻게 됐다. 태평 8년은 고려 현종 19년(1028년)으로, 그때 정림사를 중수(重修)했음을 알 수 있다.

소정방이 탑에다 글귀를 새긴 건 시간이 없어서 새로 탑을 세우거나 비석으로 삼을 만한 커다란 돌을 구하는 게 어려웠기 때문이다. 소정방의 당나라군이 의자왕을 사로잡은 건 660년 7월 18일이고, 탑에 비문을 새긴 건 8월 15일이다. 그리고 당나라군의 주력 부대가 본국으로 철수한 게 9월 3일이었으므로, 짧은 시간 안에 자신들의 공적을 남기려다 보니 눈에 잘 띄는 곳에 서 있던 정림사지 오층 석탑을 택하게 되었다. 뛰어난 조형미를 갖춘 탑을 소정방이 훼손한 셈인데, 그런 오욕의 역사마저도 교훈으로 삼을 필요는 있다. 다만 국어사전이 그런 사실을 정확하게 알지 못한 채 내용을 왜곡하고 있다면 그게 더 부끄러운 일이다. 일부에서는 소정방이 새긴 글귀 때문에 '소정방탑'이라 부르기도 했는데, 그런 말이 표제어로 실리지 않았다는 것만 해도 천만다행이라는 생각이 든다.

이 탑은 '백제 오층 석탑'과 '부여 오층탑'이라고도 하며, 둘 다 국어사전 표제어에 있다. 『고려대한국어대사전』은 '백제 오층 석탑'을 이렇게 풀이하고 있다.

¶백제 오층 석탑(百濟五層石塔): 〈고유〉 충청남도 부여군 부여읍(扶餘邑) 동남리(東南里)에 있는 오층 석탑. 백제 말기에 화강암으로 만든 것으로, 목조 양식의 모방에서 탈피하여 세련되고 창의적인 양식을 보여 준다. 전체가 장중하고 명쾌하며 격조 높은 기품으로 후세 석탑의 모범이 되었다. 국보 제9호이다.

여기서는 소정방과 관련한 내용을 싣지 않았다. 국보 제9호라고 했지만, 지금은 모든 국보에 지정번호를 사용하지 않는다. 문화재는 중요도와 가치의 우열을 가리기 힘든 법인데, 지정번호가 그런 평가를 바탕으로 한 순위인 것처럼 오해할 수 있다는 비판이 있었다. 그런 지적을 받아들여 2021년 11월 19일 문화재보호법(현재는 문화유산의 보존 및 활용에 관한 법률) 시행령을 개정하면서 기존 번호를 모두 삭제했다.

북망산에 묻힌 흑치상지와 고선지

사람이 죽는 걸 흔히 '북망산 간다'라고 하는데, 북망산은 중국에 실재하는 산이다. 그런데 이 산에 우리나라 사람들이 꽤 많이 묻혀 있다. 무슨 사연이 있는 걸까? 백제와 고구려가 멸망할 때 많은 이들이 당나라로 끌려가거나 스스로 투항한 다음 당의 신하가 되었다. 끌려간 이들은 백제의 의자왕, 고구려의 보장왕 등이고, 신하가 된 사람은 연개소문의 장남인 연남생, 백제 부흥 운동을 펼쳤던 흑치상지 등이다. 이들은 모두 북망산에 묻혔다.

북망산(北邙山)을 『표준국어대사전』에서는 '무덤이 많은 곳이나 사람이 죽어서 묻히는 곳을 이르는 말. 중국의 베이망산에 무덤이 많았다는 데서 유래한다.'라고 풀이했는데, 불친절한 서술이다. 『고려대한국어대사전』에서는 '옛날 중국의 북망산에 제왕(帝王)이나 명사(名士)들의 무덤이 많았다는 데서 온 말이다.'라고 해서 단순히 묘지가 많은 곳만은 아니었다는 사실을 알려준다. 북망산은 국가에서 관리한, 요즘으로 치면 국립묘지 같은 성격을 띤 곳이었다고 할 수 있다. 그래서 비록 패망한 나라 출신들이지만 왕족이나 귀족들이었기에 당나라 조정이 그에 맞게끔 대우를 해준 셈이다.

그중 흑치상지에 대해 알아보자.

¶흑치상지(黑齒常之): 백제 말기의 장군(?~?). 백제가 망하자 임존성에서 백제 부흥 운동을 일으켰으며, 중국 당나라 고종의 초청을

받아 토번과 돌궐을 정벌하고 그 공으로 대총관(大摠管)이 되었다. 후에 조회절(趙懷節)의 반란에 참여하였다는 무고를 입어 옥사하였다.

『표준국어대사전』의 풀이인데, 역시 실망스러운 서술이다. '당나라 고종의 초청을 받아 토번과 돌궐을 정벌하고'라는 구절은 마치 흑치상지를 모셔갔다는 말처럼 들린다. 『고려대한국어대사전』에서는 다음과 같이 서술했다.

¶흑치상지(黑齒常之): 백제 말기의 장군(?~?). 백제가 멸망하자, 임존성(任存城)을 근거로 백제 부흥 운동을 펼쳐 군세를 떨쳤다. 당나라 고종(高宗)이 보낸 사신의 초유(招諭)를 받고 유인궤(劉仁軌)에게 투항하였으며 여러 전쟁에서 공을 세웠다. 주흥 등에 의해 무고를 당해 옥사했다.

여기서는 '초청' 대신 '초유'라는 표현을 썼다. 『삼국사기』에 실린 '흑치상지 열전'에 '견사초유(遣使招諭)'라고 되어 있으므로 『고려대한국어대사전』의 풀이가 정확하다. '초유(招諭)'는 불러서 타이른다는 뜻이어서 '초청'과는 뜻의 차이가 크다. 회유와 비슷한 의미를 지닌 말이라고 보아야 한다. 흑치상지가 백제 부흥 운동을 일으킨 초반에는 꽤 기세를 올렸으나, 함께 싸우던 동료 복신이 도침을 죽이고 복신은 다시 부여풍에게 살해당하는 등 내분이 일어나면서 궁지에 몰리고 있었다. 그런 상황에서 당 고종이 누군가를 흑치상지에게 보내 그만 항복하라고 권유했을 것이다. 전의를 상실한 흑치상지는 어쩔 수 없이 투항했고, 그런 다음 칼날을 되돌려 당나라 군대와 합세해 임존성을 함락시켰다. 그런 공으로 흑치상지는 당나라로 들어가 높은 벼슬을 얻을 수 있었다. 당나라 장수가 된 흑치상지는 토번과 돌궐군을 물리치는 전공을 세움으로써 영웅 대접을 받았다. 토번은 지금의 티베트다.

하지만 위 풀이들에서 나오는 것처럼 억울하게 무고를 당해 죽었다. 『삼국사기』에는 옥에서 목을 매 죽었다고 기록되어 있다. 그 후 흑치상지의 아들인 흑치준이 아버지의 명예를 되찾기 위해 노력했고, 그 결과 억울한 죽음이었다는 걸 인정받아 북망산에 묻힐 수 있었다. 그리고 훗날 무덤에서 흑치상지 묘지명이 발견되었는데, 〈우리말샘〉에 다음과 같이 올라 있다.

¶흑치상지 묘지명(黑齒常之墓誌銘): 백제 말기의 장군 흑치상지의 묘지명. 흑치상지의 생애와 활동이 기록되어 있으며, 세로 72cm, 가로 71cm로 정방형에 가깝다. 기존 사료에서 볼 수 없었던 새로운 내용도 기록되어 있어, 백제사 연구에 도움을 준다.

묘지명에 따르면 사망할 때 60세였다고 한다. 두 국어사전 모두 생몰 연대를 미상으로 처리했는데, 사망 연도는 689년이며 60세에 사망했다는 기록을 바탕 삼아 630년에 태어났을 것으로 추정하고 있다.

북망산에 묻힌 사람 한 명을 더 살펴보자. 이번에는 고구려 출신이다.

¶고선지(高仙芝): 고구려 태생의 중국 당나라 장군(?~755). 고구려가 망한 뒤 당나라에 가서 20여 세에 장군이 되었다. 톈산산맥(天

山山脈) 서쪽의 달해부(達奚部)를 정벌하였고, 티베트와 사라센 제국의 동진(東進)을 막았다. 뒤에 안녹산의 난에 정토군 부원수로서 출전하였으나, 참소를 당하여 처형되었다.

고구려 태생으로 당나라에 가서 장군이 되었다고 했는데, 제대로 된 서술이 아니다. 고선지가 태어난 연도는 알려지지 않았다. 여러 기록을 종합하면 대략 40세 전후에 사망했을 것으로 추정되는데, 668년에 고구려가 멸망했으므로 그로부터 한참 후에 태어난 셈이다. 아버지 고사계(高舍雞)가 고구려 멸망 후 당나라에 들어와 사진교장(四鎭校將)이라는 직책을 받아 당나라 장수로 활동하고 있었고, 고선지는 아버지가 당나라로 건너온 한참 뒤에 태어났다. 따라서 고구려 출신 혹은 고구려 유민 2세라고 하면 몰라도 고구려 태생이라고 하는 건 이치에 맞지 않는다.

고선지는 국어사전 풀이에 나오는 것과 같은 전공을 세웠고, 불세출의 장군이라고 해도 틀린 말이 아니다. 그런 만큼 고선지를 위대한 우리 조상으로 치켜세우는 이들이 많다. 하지만 고선지가 고구려 사람이라는 정체성을 가지고 있었는지는 알 수 없다. 고선지가 여러 전쟁에서 뛰어난 전공을 세운 건 맞지만 커다란 패전을 맛보기도 했다. 그 전투의 명칭이 국립국어원이 운영하는 〈우리말샘〉에 나온다.

¶탈라스 전투(Talas戰鬪): 사라센 제국 군대가 중국 당나라 군대를 탈라스강 가에서 물리친 싸움. 이 싸움으로 사라센 제국이 중앙아시아를 차지하게 되었고, 포로로 잡힌 당나라의 제지(製紙) 기술자를 통하여 제지 기술이 전하여지게 되었다.

이 전투에서 당나라 군대를 이끈 장수가 고선지였다. 비록 전쟁에서는 졌지만 고선지는 별다른 질책을 받지 않았는데, 그전에 세운 공들이 많아서 그랬을 것으로 짐작된다. 정작 고선지를 사지로 내몰게 된 계기는 안녹산의 난이었다. 진압을 위해 출동한 고선지는 안녹산의 세력이 만만치 않음을 알고 전투에 유리한 지역으로 물러나서 전열을 가다듬고 있었다. 이때 고선지에게 앙심을 품고 있던 부하가 당 현종에게 고선지가 마음대로 군대를 후퇴시켰다며 고자질했고, 그 말을 들은 당 현종이 고선지를 참수하라는 명을 내렸다. 나중에야 고선지의 판단이 옳았다는 게 증명되었지만 이미 고선지의 목이 떨어진 뒤였다. 억울하게 죽었다는 것과 북망산에 묻혔다는 점에서 여러모로 흑치상지의 운명과 닮았다.

삽혈동맹(歃血同盟)

옛 역사에서 국가와 국가 혹은 세력자들끼리 동맹을 맺는 일은 흔했다. 그건 동양과 서양이 마찬가지여서 국어사전 안에 동맹이 들어간 합성어가 무척 많이 실려 있다. 그중에서 『표준국어대사전』에 나오는 특이한 동맹 하나를 소개한다.

¶**삽혈동맹(歃血同盟)**: 〈역사〉 백제가 망한 뒤 신라 문무왕 5년(665)에, 문무왕이 중국 당나라의 사신 유인원, 전 백제 임금의 아들 융(隆)과 함께 웅진 취리산에서 한 맹세. 신라의 팽창을 억제하여 자기 나라의 지배하에 두고자 한 당나라의 의도로 이루어진 것으로, 전 백제 왕자 융을 웅진 도독으로 삼아 그 선조의 제사를 받들게 하고 봉토를 지키며, 신라와 백제가 오랜 원한을 풀고 서로 화친하는 것을 내용으로 하였다. ≒삽혈지맹.

동맹을 맺게 된 계기와 내용은 나오지만 동맹을 맺는 절차나 의식에 대해서는 아무런 설명이 없다. 삽혈(歃血)이라는 말에 대한 풀이가 없기 때문인데, 한자를 보면 피와 관련한 듯하지만 삽(歃)이라는 한자가 어려워서 뜻을 파악하기 어렵다. 삽혈이 별도 표제어로 등재되어 있으니 한 번 더 수고해야 한다.

¶**삽혈(歃血)**: 예전에, 굳은 약속의 표시로 개나 돼지, 말 따위의

피를 서로 나누어 마시거나 입에 바르던 일.

삽혈의 뜻은 어렵지 않게 파악할 수 있었지만 그래도 궁금증이 남는다. 삽혈이 보통명사임에 반해 삽혈동맹은 하나밖에 없는 고유명사처럼 취급했다. 위 풀이대로 하자면 삽혈동맹은 당나라 유인원과 신라 문무왕, 그리고 백제 왕자 융 사이에 맺은 게 유일해야 한다. 하지만 정말 그럴까? 위의 삽혈동맹은 당나라의 강요에 의한 것이었다. 그렇다면 중국에서 저런 형식과 절차를 갖춘 동맹 의식이 예전부터 있었다고 짐작해 볼 수 있다. 실제로 여러 군웅이 할거하던 춘추시대에 삽혈동맹을 맺었다는 기록을 쉽게 찾아볼 수 있다. 동맹을 주도한 사람이 먼저 삽혈한 다음 다른 사람들이 이어서 삽혈했다고 한다. 그러므로 삽혈동맹의 풀이를 『표준국어대사전』처럼 하면 안 된다. 일반적인 의미로 풀이하되, 아쉬우면 위에 나온 당과 신라, 백제 사이에 맺은 동맹을 예로 드는 식으로 했어야 한다. 우리나라에서 삽혈동맹을 맺은 사례는 『표준국어대사전』에서 풀이한 것 하나뿐이었을까? 그렇지 않다는 건 조선왕조실록만 찾아봐도 금방 알 수 있다.

▶임금이 마암(馬巖)의 단(壇) 아래에 가서 좌명 공신(佐命功臣)과 더불어 삽혈동맹(歃血同盟)하였는데, 제복(祭服)을 입었다. –『태종실록』 1권.
▶스스로 공신이라 하여 삽혈동맹(歃血同盟)하고 천지 신명(天地神明)에게 고하였으니, 그 기망(欺罔)이 무엇인들 이보다 심하겠습니까? –『중종실록』 37권.

나중에 태종이 되는 이방원이 왕자의 난을 일으켜 왕권을 잡았다는 건 다들 아는 사실이다. 왕권을 잡은 이방원은 자신을 도와 거사에 참여한 공신들에게 충성을 다짐하는 서약을 받을 필요가 있었고, 그렇게 해서 치른 게 마암의 단 아래서 행한 삽혈동맹이었다.

중종 역시 연산군을 몰아내고 왕위에 오른 뒤 반정을 이끈 정국공신(靖國功臣)들과 삽혈동맹 의식을 치렀다. 두 예에서 보는 것처럼 왕권을 잡은 뒤 체제를 안정시키고 결속을 다지기 위해 왕과 신하가 함께 맹세하는 의식을 치렀음을 알 수 있다.

전라북도 진안군에서 마이산 도립공원 가는 길에 용바위가 있고, 그 앞에 '호남의병창의동맹지(湖南義兵倡義同盟趾)'임을 알리는 표지판이 서 있다. 거기 쓰인 문구의 앞부분은 이렇게 되어 있다.

▶호남의병대장(湖南義兵隊長) 정재 이석용(靜齋 李錫庸)이 해산 전기홍(海山 全基鴻)과 함께 호남(湖南) 의남아(義男兒) 500여 명을 규합(糾合)하여 황단(皇壇)을 쌓고 천지신명(天地神明)께 국권(國權) 회복(回復)을 빌며, 군율(軍律)을 세우고 대오(隊伍)를 정비하여 삽혈동맹(歃血同盟)의 의로운 깃발을 꽂던 호남의병창의(湖南義兵倡義)의 터다.

이 기록에 나오는 의병들이 거사를 한 건 1907년의 일이다. 삽혈동맹이 군웅이나 제후 혹은 왕과 신하 사이에만 이루어졌던 건 아니라는 사실을 확인할 수 있는 자료다. 그런가 하면 임진왜란 때 일본에 잡혀갔다 4년 만에 돌아온 강황이 자신의 체험을 기록한 『간양록(看羊錄)』에도 다음과 같은 구절이 나온다.

▶군벌들이 몰래 모여서 가강을 죽이고, 그의 토지를 나누어 가지자는 삽혈동맹(歃血同盟)을 맺고 각기 제 고장으로 돌아갔다.(이을호 번역본)

가강은 덕천가강(德川家康) 즉 도쿠가와 이에야스를 말한다. 역시 임진왜란 당시의 기록을 담은 김완(金浣)의 『해소실기(海蘇實紀)』에도 '제가 왜장이 탄 배 1척을 혼자서 부수고 수색하여 수길(秀吉)이 삽혈(歃血)하고 맹세한 문서가 든 붉은 봉투 3장과 은으로 된 항아리 1쌍을 얻고'라는 구절이 나온다. 이로 보아 일본에서도 삽혈 의식을 행했음을 알 수 있다.

혈서(血書)니 혈맹(血盟)이니 하는 말들이 있는 것처럼 맹세를 하거나 동맹을 맺을 때 피를 동원하는 건 피가 목숨과 연결된 강렬한 정념을 불러일으키는 매개물이기 때문일 것이다. 그나마 삽혈은 동물의 피를 이용하는 것이라 상징 의식의 차원으로 이해해 볼 수 있겠다. 하지만 삽혈동맹에 참여한 사람이 나중에 약속을 어기거나 배신할 경우 피의 보복이 뒤따를 것이라는 점을 전제하는 것이라고 볼 때 단순히 상징으로만 보기 어려운 점도 있다.

거란의 침입을 물리친 고려

고려가 비록 몽골의 침략에 무릎 꿇고 오랜 세월 속국과 같은 처지로 놀렸지만, 그전에 거란과 맞서 싸운 전쟁들에서는 빛나는 전과를 올릴 만큼 강성했다. 고려가 건국했을 무렵 거란은 여러 부족을 통일해서 강대국으로 우뚝 서 있었다. 고려는 이런 거란에 대해 적대적인 태도를 취했다. 942(태조 25)년에 요나라가 친선을 위해 보내온 낙타 50마리를 개성의 만부교 아래 묶어 놓아 굶겨 죽였으며, 사신들은 섬으로 유배를 보내버렸다. 거란이 발해를 멸망시킨 무도한 나라라고 해서 취한 조치였다. 거란이 고려를 괘씸하게 여길 것은 당연했다. 그 후 거란은 수시로 고려를 침공했으며, 1차에서 3차에 이르는 커다란 전쟁을 치르게 된다.

거란의 1차 침략은 993년에 일어났고, 이때 선봉에 선 거란의 장군이 소손녕이다.

¶**소손녕(蕭遜寧)**: 거란의 장군(?~?). 고려 성종 12년(993)에 80만 대군을 이끌고 고려에 침입하였으나, 서희와의 담판에서 굴복하여 강동 육주를 고려에 넘겨주고 물러났다.

80만이면 엄청난 대군인데, 이게 사실일까? 수나라가 고구려를 침공했을 때 113만 명을 거느렸다고 하니 거란이라고 80만을 동원하지 못할 이유는 없다. 하지만 사가(史家)들의 판단은 다르다. 침략 당시 소손녕이 80만 대군을 이끌고 왔다며 큰소리쳤고, 그런 허풍을 그대로 기록한 게 마치 사실처럼 이야기되고 있을 뿐이라는 거다. 당시 소손녕의 직책은 동경유수(東京留守)였으며, 그 직책으로 거느릴 수 있는 병사의 수는 6만 정도였다고 한다.

거란군은 대군을 끌고 와서도 초반에만 봉산(蓬山) 전투에서 기세를 올렸을 뿐 이어진 안융진(安戎鎭) 전투에서는 고려군의 항전에 밀려 패배를 맛보았다. 그 후로는 공격다운 공격을 하지 않으면서 당장 항복하라고 엄포만 놓았다. 애초부터 개경까지 쳐들어가 고려를 무너뜨릴 생각은 없었던 셈이다. 그럼에도 고려 조정은 불안에 떨었고, 땅을 일부 떼 주고 항복하자는 말까지 나오고 있었다. 이때 등장하는 사람이 서희다. 그런데 소손녕이 서희에게 굴복했다는 게 맞을까?

¶**서희(徐熙)**: 고려 전기의 외교가(942~998). 자는 염윤(廉允). 성종 12년(993) 거란이 침입하였을 때에, 적장 소손녕과 담판하고 유리한 강화를 맺었으며, 이듬해에는 여진을 몰아내었다.

여기서는 오히려 소손녕을 굴복시켰다는 말이 없다. 서희가 회담장으로 갔을 때 소손녕이 뜰에서 절을 하라고 하자 두 나라의 대신이 만나는 자리에서 그런 예를 차리는 법은 없다며 거절했다. 두세 차례 이어진 기 싸움 끝에 결국 소손녕이 서희의 말대로 대등하게 맞절을 한 뒤 회담을 시작했다. 소손녕이 요구한 건 크게 두 가지였다. 신라 땅에서 일어난 나라가 국경을 넘어왔으니 땅을 떼어 바치고 거란의 황제에게 조빙(朝聘)할 것, 송나라를 섬기지 말 것. 이에 대해 서희는 고려는 본래 고구려를 계승한 나라여서 수도를 평양으로 정한 것이며, 압록강 유역 일대를 여진족이 훔쳐서 살고 있는데 이들 때문에 거란에 조빙하고 싶어도 못하니, 여진을 몰아낸 다음 성을 쌓고 길을 낸다면 조빙할 수 있겠다는 논리를 폈다. 이런 내용을 보고 받은 거란의 황제가 고려의 제안을 받아들이기로 하면서 소손녕의 군대는 돌아갔다.

사실 이 담판은 양쪽의 요구를 적질한 수준에서 봉합한 것이다. 기란은 고려보다 송나라(북송이라고도 한다)가 더 걱정이었다. 거란과 송나라가 대륙의 패권을 두고 크게 대립하던 중이었고, 고려가 송나라와 손잡고 거란의 후방을 칠까 봐 미리 단속해 두려는 의도가 강했다. 송나라를 버리고 거란에 붙으라는 압력을 가하기 위해서였다는 말이다. 결국 고려는 송나라와 관계를 끊으면서 거란에게 조빙을 약속하고 거란의 연호를 사용하기 시작했다. 따라서 거란으로서도 크게 손해 보는 일은 아니었다. 그럼에도 서희가 회담을 통해 소손녕의 군대를 돌아가게 만든 건 커다란 성과고, 한편으론 회담 직전에 안융진에서 거란군을 막아낸 장수 대도수(大道秀)의 활약이 있었기에 가능한 일이기도 했다. 그렇게 해서 소손녕의 군대가 돌아간 다음에도 고려는 형식적으로는 송나라와 단교했지만, 비밀리에 사신을 보내 여전히 송을 받들었다. 소손녕과 거란 황제가 오판한 게 있다면 고려가 압록강 유역에 있던 여진족을 몰아내고 성을 쌓도록 허락한 일이었다. 소손녕 풀이에서 '강동 육주를 고려에 넘겨주'었다는 건 오해의 소지가 있다. 그곳은 당시에 거란의 지배권 아래 있던 게 아니고, 그냥 여진족이 마음대로 들어와서 살고 있던 무주공산(無主空山) 지역이었다. 거란도 여진족이 성가신 존재였던 터라 고려로 하여금 대신 몰아내고 들어와 살라는 정도였을 따름이다. 거란이 처음부터 영토에는 관심이 없었다는 얘기도 된다.

¶**강동 육주(江東六州)**: 고려 시대에, 북방 진출에 장애가 되었던 여진족을 몰아내고 평안북도 서북 해안 지대에 설치했던 여섯 주(州). 흥화(興化), 용주(龍州), 통주(通州), 철주(鐵州), 귀주(龜州), 곽주(郭州)를 이른다.

¶**강동 육진(江東六鎭)**: 고려 시대에, 성종 12년(993)에 서희가 소손녕의 거란군 80만을 담판하여 물리치고 압록강 동쪽에 건설했던 고려 국경의 여섯 성. 흥화(興化), 용주(龍州), 통주(通州), 철주(鐵州), 귀주(龜州), 곽주(郭州)에 있었다.

두 사전 모두 두 개의 용어를 같이 실었고, 풀이도 대동소이하다. '강동 육주' 풀이에서 거란과 서희에 대한 이야기가 나오지 않는 건 부실한 풀이임을 증명하는 셈이다. 사학계에서 '강동 육진'이라는 용어는 거의 사용하지 않는데, 왜 이런 용어를 실었을까? '육주'는 지역을 가리키고 '육진'은 진지를 구축한 성을 뜻한다고 볼 때, 둘 사이에 의미 차이가 있긴 하다. 그래서 '강동 육진'과 함께 '강동 육성(江東六城)'을 동의어로 처리해서 두 사전에 나란히 싣고 있기도 하다. 하지만 앞서 말한 대로 두 용어 대신 '강동 육주'를 일반적으로 사용하고 있다. 강동 육주 풀이에서 '평안북도 서북 해안 지대에 설치했'다고 한 건 문제가 있다. 압록강을 따라 내륙 쪽에 있는 지역들이었으므로 '강동 육진' 풀이에 나온 대로 '압록강 동쪽'이라고 했어야 한다. 여기서도 '거란군 80만'이라고 풀이하고 있는 건 검증되지 않은 사실이 사람들 인식 속에 얼마나 깊게 뿌리박혀 있는지를 알게 한다.

이 강동 육주는 거란에게는 뼈아픈 실책이면서 고려에게는 이후 거란과의 항쟁에서 교두보 역할을 톡톡히 하게 된다. 거란이 재차 침략을 한 건 1010년으로, 강조가 정변을 일으켜 목종을 살해했기 때문이라는 이유를 내세웠다.

¶**강조(康兆):** 고려 시대의 무신(?~1010). 목종 12년(1009)에 김치양이 난(亂)을 일으키자, 정변(政變)을 일으켜서 목종과 김치양 부자를 살해하고 현종을 임금으로 세워 세력을 떨쳤다. 그 뒤 요나라의 성종이 목종 살해 사건을 구실로 쳐들어오자 이에 맞서 싸우다가 동주(東州)에서 잡혀 살해되었다.

우선 동주(東州)에서 살해되었다는 건 통주(通州)를 잘못 표기한 것이다. 풀이에 나오는 김치양이 일으켰다는 난은 또 뭘까?

¶**김치양(金致陽):** 고려 시대의 권신(權臣)(?~1009). 목종 때에 천추 태후의 총애를 얻어, 우복야 겸 삼사사를 지내면서 전횡을 일삼았다. 목종을 살해하려다가, 1009년에 강조(康兆)의 정변(政變)으로 현종이 즉위하자 처형되었다.

김치양의 풀이에 나오는 천추 태후는 경종의 왕비였던 헌애 왕후를 가리키며 천추전에 머물렀다고 해서 붙은 명칭이다. 경종이 죽은 후 궁 밖에 나와 살던 헌애 왕후는 김치양을 만나 정을 통하게 되었고, 경종의 뒤를 이은 성종이 이런 사실을 알게 되면서 김치양을 멀리 귀양 보냈다. 그러다가 성종이 죽고 헌애 왕후의 아들이 목종으로 즉위하자 궁궐로 들어와 섭정을 시작하며 김치양을 불러들여 벼슬을 준 다음 계속 승진시켰다. 그러면서 다시 정을 통하다가 급기야 둘 사이에 아들까지 낳았다.

헌애 왕후와 김치양은 자신의 아들을 왕위에 올리고 싶어했고, 차기 왕으로 유력한 대량원군을 몰래 죽이려고 했다. 대량원군은 헌애 왕후의 여동생인 헌정 왕후의 아들인데, 자매지간인 둘은 나란히 경종의 부인 자리에 올랐었다. 경종이 일찍 죽은 후 헌애 왕후가 김치양과 사통해서 아들을 낳았듯이 헌정 왕후도 삼촌인 왕욱과 정을 통해 대량원군을 낳았다. 다들 족보가 꼬여도 한참 꼬였다.

김치양이 난을 일으켰다거나 목종을 살해하려 했다는 건 정확한 설명이 아니다. 목종이 김치양을 싫어하긴 했지만 어머니의 남편 노릇을 하고 있어 어쩌지를 못했고, 그러던 중 목종이 큰 병을 앓게 된다. 헌애 왕후와 김치양은 목종이 죽은 후 왕위에 오르게 될 대량원군을 죽이려고 했지만 목종까지 죽이려 했다는 사실은 기록에 나오지 않는다. 『고려사』〈열전-반역〉 편에 "왕이 병중에 있는 것을 틈타 반란을 도모하고자 하니, 유충정(劉忠正)이 글을 올려 고변하였다."라는 내용이 있긴 하다. 하지만 『고려사』 본편과 『고려사절요』에는 김치양이 바라서는 안 될 것을 바라고 있다거나 대량원군을 해치려고 한다는 내용만 나올 뿐 목종을 해친다거나 군사를 일으키려 했다는 등의 말은 없다. 목종이 불안을 느낀 건 분명한 듯하고, 그래서 당시 신혈사(神穴寺)라는 절에 가 있던 대량원군을 불러들이고, 신뢰하던 장수인 강조에게 궁으로 돌아와서 자신을 호위해 달라는 편지를 보낸다. 김치양이 모종의 음모를 꾸몄을 수는 있으나 그 외에 변란을 일으킬 목적으로 군사를 움직였다든지 하는 말은 어디에도 없다. 목종의 명을 받고 개경으로 온 강조는 돌연

목종을 왕위에서 끌어내리고 대량원군을 즉위시키면서 현종의 시대가 열린다. 그리고 김치양 부자를 죽인 후 유배 보냈던 목종까지 죽이고, 헌애 왕후는 유배를 보낸다. 이게 '강조의 정변'이다.

거란이 겉으로 내세운 건 강조의 반란 행위를 징치하겠다는 거였으나 실제로는 말 안 듣는 고려를 길들이거나 복속시키겠다는 의도가 강했다. 그래서 1차 침략 때와는 달리 거란의 황제 성종이 직접 40만 대군을 이끌고 정복에 나섰으며, 이때 소손녕의 형 소배압이 참전했다.

거란군이 쳐들어오자 강조가 행영도통사(行營都統使)가 되어 최전방 전투에 나섰는데, 자신으로 인해 벌어진 전쟁이므로 뒤로 물러나 있기 어려웠을 것이다. 통주에서 치열한 전투를 벌이는 동안 초반에는 강조의 부대가 연승을 거두었으나 잠시 방심하는 사이 역습을 당해 한꺼번에 무너지고 말았다. 그런 다음 포로로 잡혔다가 거란의 신하가 되라는 말을 거부한 끝에 참살당했다.

결국 현종이 개경을 버리고 나주까지 피난하는 상황이 되었고, 위기를 돌파하기 위해 하공진(河拱振)이 거란의 성종과 만나 협상을 벌인다. 그러는 사이 후방에서는 양규(楊規)와 김숙흥(金叔興) 등이 맹활약을 펼치며 거란군을 궁지로 몰고 있었다. 거란 황제도 전쟁을 오래 끌기 힘들다는 판단을 내리고 고려 왕이 직접 거란에 와서 알현하는 친조(親朝)를 조건으로 철군을 결정한다. 철군하는 동안에도 고려군은 거란군을 그냥 보내지 않았다. 곳곳에서 전투를 벌여 수만 명의 거란군을 죽였으나, 양쪽 다 막대한 피해를 입고 끝난 전쟁이었다. 그 후 거란의 계속된 친조 요구에 고려는 끝내 응하지 않았다.

고려 왕이 거란의 친조 요구를 묵살하고 송나라와도 계속 교류하자 거란은 1018년에 다시 3차 침략을 감행하며 강동 육주를 거란에게 넘기라는 요구까지 했다. 이때 2차 침략에 참여했던 소배압이 선봉장이 되어 10만 대군을 이끌었다. 그리고 이 3차 침략은 강감찬 장군이 등장해서 막아낸다. 강감찬이라고 하면 먼저 떠올리게 되는 귀주대첩을 살펴보자.

¶**귀주대첩(龜州大捷)**: 고려 현종 10년(1019)에 침입한 거란군을 이듬해 2월에 강감찬이 이끄는 고려군이 귀주에서 크게 무찌른 싸움.

¶**귀주대첩(龜州大捷)**: 고려 시대, 1018(현종 9)년에 거란의 삼차 침입을 강감찬 장군이 귀주에서 크게 무찌른 싸움.

두 사전의 풀이가 조금씩 다르다. 3차 침략이 시작된 건 1018년인데 『표준국어대사전』은 1019년이라고 했다. 귀주대첩은 침략 이듬해인 1019년에 이루어졌는데, 『표준국어대사전』 풀이대로 하자면 1020년이라는 말이 된다. 그에 반해 『고려대한국어대사전』은 귀주대첩을 1018년에 이루어진 걸로 잘못 기술했다.

강감찬은 20만 대군을 이끌고 거란군에 맞서기 위해 출정했다. 이때 귀주대첩 못지않게 유명한 게 흥화진 전투다. 흥화진은 강동 육주의 하나이며, 2차 침략 때도 거란군은 강동 육주에 있는 성들을 격파하기 힘들자 우회해서 개경으로 향했다. 그만큼 강동 육주의 성들은 전략적 요충지 역할을 했다. 흥화진 전투에서 큰 피해를 당한 거란군은 곧장 개경으로 향했다. 개경을 함락시키고 왕만 사로잡으면 전쟁은 끝이라는 생각을 했기 때문이다. 하지만 현종이 개경 앞 들판의 모든 가옥과 작물을 철거하거나 소각시킨 다음 성문

을 굳게 걸어 닫고 항전 태세를 갖추자 소배압은 공격이 힘들겠다
는 판단을 내리고 군대를 돌렸다. 그리고 돌아가는 길에 귀주에서
강감찬 장군에게 대패했으니, 1019년 음력 2월 1일(양력 3월 10일)
의 일이었다. 살아 돌아간 거란군이 수천에 불과했다고 할 정도로
큰 승리였다.

묘청을 죽인 사람

중고등학교 역사 시간에 졸지 않은 사람이라면 다들 '묘청의 난'에 대해 배웠을 테고, 묘청이라는 승려가 도참설에 따라 서경(지금의 평양)으로 도읍을 옮겨야 한다고 주장했으나 받아들여지지 않자, 반란을 일으킨 사건이라는 것 정도는 알고 있다. 조금 더 관심을 갖고 귀를 기울인 사람은 임금을 황제라 칭하고 연호를 정하는 칭제건원(稱帝建元)과 금나라 정벌 등을 함께 내세웠다는 사실도 알고 있을 테다. 하지만 묘청이 어떻게 죽었는지 알고 있는 사람은 드물다.

¶**묘청의 난(妙淸의亂):** 〈역사〉 고려 인종 13년(1135)에 묘청이 서경에서 일으킨 반란. 풍수지리설에 의거한 서경 천도 운동이 좌절되자 국호를 대위(大爲), 연호를 천개(天開)라 하여 반란을 일으켰으나, 약 일 년 만에 관군에게 진압되었다.

풀이만 보면 관군에게 진압되어 참형당했거나 진압 과정에서 죽었을 거라고 생각하기 쉽다. 『표준국어대사전』에 묘청을 죽였다는 사람이 두 명 나온다.

¶**김공정(金公鼎):** 〈인명〉 고려 인종 때의 의원(醫員)(?~?). 처음에는 묘청의 난에 가담하였으나, 토벌군과 내통하여 묘청의 목을 베

었다.

¶**조광(趙匡):** 〈인명〉 고려 인종 때의 반란자(?~1136). 1135년 묘청 (妙淸)의 난에 가담하였다가, 정세가 불리해지자 묘청을 살해하고 항복을 청하였으나 받아들여지지 않자 다시 반란을 일으켰으며, 1136년에 김부식이 서경을 함락하자 소사(燒死)하였다.

묘청이 난을 일으키긴 했으나 치밀한 계획이나 충분한 준비 과정은 없었던 걸로 보인다. 그러다 보니 조정에서 곧바로 김부식을 진압 책임자로 세우고 출병시키자 반란군 내부에서 동요가 일어났다.

▶서경(西京) 사람들이 묘청(妙淸)과 유참(柳旵)을 참수한 후 분사 (分司)의 대부경(大附卿) 윤첨(尹瞻)을 보내 투항을 요청하였다.
–『고려사』 1135년 01월 21일(음)

반란을 일으킨 지 불과 17일 만이었다. 『고려사』와 『고려사절요』에 묘청을 참수한 주체로 서경 사람 혹은 서경의 반란군이라고 했을 뿐 특정인을 지칭한 대목은 없다. 그렇다면 『표준국어대사전』이 묘 청을 죽였다고 서술한 김공정과 조광은 어떤 역할을 했을까?
김공정은 기록에 의학박사라고 나오며 묘청의 난에 가담한 건 맞 다. 김부식이 측근인 노영거(盧令琚)를 성안으로 들여보내려고 할 때 조광이 노영거를 죽이려는 걸 알고 이런 사실을 알려 들어오지 못하게 했다. 그런 공으로 반란이 진압되었을 때 처벌을 피한다. 그다지 중요한 인물이 아니었던 김공정에 대한 기록은 이 정도가 전부이며, 묘청의 목을 베었다는 내용은 어디에도 없다.

조광은 반란군의 핵심 인물 중 한 명이었다. 묘청이 죽은 뒤 항복하려 했으나 묘청의 목을 들고 투항을 요청하러 간 윤첨이 투옥되자 자신도 살아날 길이 없음을 알고 항전을 이어갔다. 그런 정황을 볼 때 조광이 직접 혹은 부하를 시켜 묘청 등의 목을 베게 했을 거라는 짐작은 충분히 가능하다. 하지만 말 그대로 짐작일 뿐 그 이상의 기록이 없으므로 조광이 그랬을 거라고 단정 짓긴 어렵다. 난은 묘청이 일으켰지만 바로 죽었기 때문에 그 후 약 1년 동안 반란을 이끈 건 조광이었다. 그래서 일부에서는 '묘청·조광의 난'이라 불러야 한다고 하는 이들도 있다.

무신정권의 최후

고려 중기에 문신들에 비해 홀대받던 무신들이 난을 일으켜 권력을 잡고 오래도록 이어갔다는 건 모두 아는 사실이다. 이들이 집권한 시기를 이르는 '무신 정권'이라는 말이 『표준국어대사전』에는 없고 『고려대한국어대사전』에만 나온다.

¶무신 정권(武臣政權): 고려 시대, 무신들의 독재 정권. 1170년 정중부(鄭仲夫) 등의 무신들이 보현원(普賢院)에서 문신들을 살해한 사건을 계기로 집권하여 그 후 1270년까지 100년간 계속되었다. 초기 성립기는 이의방, 정중부(鄭仲夫)로부터 이의민(李義旼) 등이 집권하였으며 최충헌(崔忠獻) 등 최씨 4대의 집권기를 거쳐 그 후 붕괴기를 맞았다.

무신 정권의 절정기는 최씨 일가가 집권하던 시절이었으며, 최충헌(崔忠獻), 최우(崔瑀), 최항(崔沆)에 이어 최의(崔竩)를 끝으로 막을 내린다. 다른 세 명은 모두 국어사전에 이름을 올렸는데, 최의는 나오지 않는다. 대신 다른 사람의 풀이에 이름이 보인다.

¶김원준(金元俊): 고려 시대의 문신(?~?). 고종 45년(1258)에 유치 등과 함께 최의(崔竩)의 무신 정권을 타도하여 왕권을 회복하고 추밀원 부사가 되었다. 덕망이 높았으나 강윤소(康允紹), 임연의 탄핵

으로 잡혀 죽었다.

『표준국어대사전』의 풀이인데, 『고려대한국어대사전』의 풀이도 비슷하다. 그런데 이상하게 고려 시대를 다룬 사서에는 김원준이라는 이름이 없고, 대신 다른 이름 하나가 『표준국어대사전』에 나온다.

¶김준(金俊): 고려 시대의 무신(?~1268). 초명은 인준(仁俊). 고종 45년(1258)에 최의(崔竩)를 살해함으로써 최씨의 무단 정치를 타도하고 왕권을 회복하였다.

김원준과 김준은 같은 사람인가, 다른 사람인가? 이런 질문 자체가 성립이 안 되는데, 이유는 김원준이라는 사람이 아예 존재하지 않았기 때문이다. 김준의 풀이에 '초명은 인준(仁俊)'이라고 되어 있는데, 김인준을 김원준으로 오인한 게 아닐까 싶다. 더 황당한 건 김원준 풀이에 나오는 '유치'라는 인물도 존재하지 않았다는 사실이다. 유치가 아닌 유경이 제대로 된 이름이다.

¶유경(柳璥): 고려 시대의 문신(1211~1289). 자는 천년(天年)·장지(藏之). 고종 45년(1258)에 김준(金俊) 등과 모의하여 최의(崔竩)를 죽이고 정권을 왕실에 반환, 그 공으로 상장군이 되었다. 또 문장에 뛰어나 신종·희종·강종·고종의 4대 실록의 편찬에 참여하였고, 많은 인재를 문하에서 배출하였다.

최의를 살해하는 데 주도적인 역할을 한 사람은 김준과 유경이었다. 김준의 아버지는 최충헌의 가내노비였으나, 당시에는 최고 권력자의 노비만 되어도 위세를 떨칠 수 있었다. 김준은 비록 천민 출신이었으나 활을 잘 쏘고 술도 잘 마시며 성품도 너그러웠다고 한다. 그런 김준이 최우의 눈에 들어 호위병으로 있다가 벼슬자리 까지 차지한다. 최우의 뒤를 이어 최항이 권력을 세습하는 데 도움을 주었으나, 최항의 아들인 최의가 권력을 잡은 뒤 자신의 측근만 신임하고 김준을 멀리하자 유경과 모의하여 최의를 살해했다.

김준의 풀이에는 없지만 김원준의 풀이에는 강윤소와 임연이라는 인물이 나온다. 강윤소는 환관 출신으로 임금인 원종을 부추겨 임연이 김준을 죽이도록 했다. 강윤소는 국어사전에 이름을 올리지 못했으며 임연은 표제어에 있다.

¶**임연(林衍):** 고려 원종 때의 신하(?~1270). 초명은 승주(承柱). 몽고군을 물리치고 김준(金俊)과 함께 최의(崔竩)를 처단하여, 왕권을 회복시켰다.

무척 간략하게만 나온다. 임연은 김준으로부터 도움을 많이 받았고 그를 아버지라 부를 정도였다. 그런 관계였기에 최의를 처단할 때 김준을 도왔을 정도로 서로 신뢰하는 측근 사이였다. 그랬던 그가 김준을 죽일 만큼 권력이란 무서운 거라는 사실을 새삼 곱씹게 된다. 김준이 죽임을 당하게 된 건 원종과 사이가 벌어졌기 때문이다. 원종은 몽골과 화친을 맺으면서 수도를 강화도에서 다시 개경으로 옮기고 싶어 했으나 김준은 몽골에 굴욕을 당하는 일이라며 반대했다. 더구나 백성들의 재산을 강탈해 자신의 부를 늘리는 등 원성을 사고 있었다. 임연이 김준을 죽인 건 원종의 뜻에 따른 것이다. 이것으로 모든 게 끝나고 왕권이 안정을 찾게 된 걸까? 그렇지 않다는 건 원종의 풀이를 보면 알 수 있다.

¶**원종(元宗):** 고려 제24대 왕(1219~1274). 이름은 식(植). 초명은
전(倎). 자는 일신(日新). 고종 46년(1259)에 왕의 대리로 몽고에
입조(入朝)하여 굴욕을 당한 뒤 즉위하였다. 재위 기간 중 임연(林
衍)의 난, 삼별초(三別抄)의 난 따위로 화평한 날이 없었다. 재위
기간은 1259~1274년이다.

풀이에 '임연의 난'이라는 게 나온다. 김준과 그 측근을 모두 제거
하고 나자 그때부터 임연의 세상이 시작되었다. 거칠 것이 없었던
임연은 아예 원종마저 폐위시키고 원종의 동생 왕창(王淐)을 왕으
로 올렸다. 하지만 몽골 황제가 다시 되돌릴 것을 명령하여 4개월
만에 원종이 복위했다. 그런 지 얼마 안 되어 원나라에 맞서 싸울
준비를 하던 임연은 울분으로 등창이 나서 죽었다.
그걸로도 끝이 아니었다. 이번에는 임연의 아들 임유무(林惟茂)가
원종이 결정한 개경 환도를 반대하며 맞섰으나 왕의 명을 받은 송
송례와 홍문계 등에게 잡혀 참수당했다. 1270년의 일로, 드디어 무
신 정권이 끝나는 순간이었다. 김준과 임연의 풀이에 왕권을 회복
시켰다는 표현이 나오지만 형식만 그랬을 뿐 왕이 행할 수 있는 권
한은 극히 미약했다. 흔히 최씨 일가가 몰락하면서 무신 정권이 끝
난 것으로 알고 있으나 실제로는 김준, 임연, 임유무까지 이어지면
서 이들 무신이 국정을 장악하고 있었다. 정중부의 난이 일어난
1170년부터 정확히 100년에 걸친 시기였다.

기황후를 둘러싼 인물들

우리나라 여성 중에 지금까지 가장 큰 권력을 가졌던 인물은 누굴까? 신라 때 왕위에 오른 세 명의 여성이 있고, 현대사에서도 박근혜 씨가 대통령 자리에 올랐으니 손에 꼽을 만하다. 하지만 그보다 큰 힘을 가진 이가 있었으니 기황후라 불리는 인물이다.

¶**기황후(奇皇后)**: 중국 원나라 순제의 황후(?~?). 고려인 기자오(奇子敖)의 딸로, 1333년에 고려인 내시의 도움으로 원실(元室)의 궁녀가 된 뒤, 1340년에 황후가 되어 30년 동안 권세를 부렸다. 고려에도 큰 영향을 미쳐서 오빠인 기철 일파가 탐학과 횡포를 일삼는 데에 결정적인 힘이 되었다.

몽골 민족이 세운 원나라는 역대 중국 왕조 중 가장 넓은 영토를 차지할 만큼 세력이 대단했다. 그런 나라의 황후 자리에 오른 기황후는 단지 황제의 부인 역할에 그치지 않고 황제인 혜종 못지않은 권력을 행사했다. 기황후를 키워준 건 국어사전 풀이에 나오는 '고려인 내시'인데, 고용보(高龍普)라는 인물이다. 공녀로 왔던 기씨를 눈여겨보다가 궁녀로 추천한 다음 황제의 다과를 담당하도록 했다. 황제는 제위에 오르기 전 정쟁에 휘말려 고려의 대청도로 유배당한 일이 있어 고려 출신 여성에게 호감이 있었고, 궁녀 기씨를 보는 순간 영민하고 총명함에 반했다고 한다. 그렇게 해서 기씨는 후궁이 되었고 아들까지 낳아 나중에는 제1 황후의 자리까지 오른다. 기황후는 자신을 키워준 고용보에게 은혜를 베풀어 요직에 기용했고, 고용보는 그런 기황후를 배후로 삼아 권력을 휘둘렀다. 안하무인이 된 고용보의 횡포는 대단했고 고려로 들어와 충혜왕을 원나라로 압송해 가기도 했다. 결국 원나라에서 탄핵당해 고려로 쫓겨왔지만 고려 안에서도 기철 등과 결탁해 농간을 부리다 위기에 처하자 합천 해인사에 숨어들어 중 노릇을 하던 중 공민왕이 보낸 정지상에게 살해당하고 말았다. 이때의 정지상은 김부식과 대립했던 문장가 정지상과는 다른 인물이다.

기황후를 이야기하며 오라비인 기철을 빼놓을 수 없다. 『고려대한국어대사전』에는 없고 『표준국어대사전』에 이렇게 나와 있다.

¶기철(奇轍): 고려 공민왕 때의 권신(權臣)(?~1356). 누이동생이 원나라 순제(順帝)의 둘째 황후가 되어 태자를 낳아 덕성 부원군(德成府院君)에 봉해졌는데, 횡포가 심해서 민폐가 많았다. 공민왕이 원나라를 배척하는 정책을 쓰자 반역하였으나 진압되어 죽었다.

국어사전이다 보니 매우 간단하게만 나왔는데, 왕에 버금가는 권력을 누리며 왕을 무시하는 언행까지 할 정도였다. 풀이에 '반역하였으나 진압되어 죽었다'라고 한 건 정확한 서술이 아니다. 기철이 반역을 꾀하고자 했던 건 사실이나 실제 난을 일으킨 건 아니다. 그런 낌새를 눈치챈 공민왕이 궁궐에서 연회를 벌이면서 기철을 초대했고, 그 자리에 참석한 기철을 죽였을 뿐이다. 공민왕이 기철 일파로 대표되는 친원 세력을 숙청했다고 보는 게 오히려 사실에 가깝다.

기철이 죽임을 당하자 분노한 기황후가 원나라 군대를 보내 공민왕을 몰아내려 했다. 기황후는 충선왕의 서자였던 덕흥군 왕혜(王譓)를 왕으로 책봉한 다음 고려를 치기 위해 1만 대군을 파견했다. 하지만 최영과 이성계가 이끄는 고려군에게 대패해 뜻을 이루지 못했다. 공민왕이 기철을 죽이면서 그의 가족도 모두 몰살시켰는데, 원나라에 머물던 아들 기사인테무르(奇賽因帖木兒)는 무사했다. 그후 기사인테무르는 아버지의 원수를 갚겠다며 요동 일대에서 군사를 모아 고려 북쪽을 공격했으나 역시 고려군에게 패하고 말았다. 이를 기화로 고려군이 요동 정벌에 나서 한때 요동성을 점령하기도 했으며, 이를 제1차 요동정벌이라 부른다.

기황후의 아버지 기자오도 『표준국어대사전』에 이름을 올렸다.

¶**기자오(奇子敖):** 고려 충혜왕 때의 세도가(?~?). 음보(陰補)로 산원(散員)을 거쳐 총부(摠部) 산랑을 지냈다. 그의 딸이 원나라 순제(順帝)의 황후가 된 후 원나라의 힘을 믿고 아들 철(轍)과 함께 고려 사회를 어지럽혔다.

우선 생몰 연대를 미상으로 처리했는데, 1266년에 태어나 1328년에 죽었다. 그리고 '음보(陰補)'의 한자 표기가 틀렸으며, '蔭補'로 표기해야 한다. 음서(蔭敍)라고도 했으며, 과거를 통한 선발이 아니라 전현직 고관의 자제에게 벼슬을 내리던 제도다.

아들 철과 함께 고려를 어지럽혔다며 부정적으로 표현했지만, 전해지는 기록에는 그런 사실이 나오지 않는다. 반대로 아들을 잘못 두어서 그렇지 기자오 본인은 매우 훌륭했던 인물로 묘사되고 있다. 기자오가 죽었을 때 당시의 유명한 학자 이곡(李穀)이 기자오의 생애를 기록한 글을 썼다. 그 글에 따르면 원나라에 맞서 반란을 일으킨 카다안(哈丹)의 무리가 고려를 침공했을 때 강화도로 피란 가던 충렬왕을 호위하며 깃발을 등에 지고 선두에서 달려 공을 세웠고, 인품이 너그럽고 관대했으며, 직무를 잘 수행해서 백성들에게 환대받았다고 되어 있다. 당시에는 기철과 기황후가 권세를 떨치고 있던 때라 일부러 좋게 써주었을 가능성도 있으므로 전적으로 신뢰하기는 힘들다. 그렇지만 다른 기록에 기자오가 횡포를 부렸다거나 나쁜 짓을 했다는 내용이 없으므로 『표준국어대사전』의 기자오 풀이는 근거 없는 추론에 불과하다.

일부에서 기황후가 원나라에 바쳐진 공녀(貢女)에서 출발해 제국의 황후 자리에 오른 입지전적인 인물임을 부각시켜 영웅적인 인물로 그리는 경우가 있는데, 이는 역사 왜곡으로 이어지기 쉽다. 실제로 몇 년 전에 TV에서 〈기황후〉라는 드라마를 했을 때 기황후를 미화하며 역사를 왜곡했다는 항의를 받기도 했다. 기황후 본인으로는 대단한 영광과 권세를 누린 게 분명하지만 고려로서는 기황후로 인해 득을 본 게 없다. 기황후는 본인이 공녀였음에도 고려 왕조에 압력을 넣어 공녀를 더 보내도록 했고, 수시로 고려 내정에 간섭했다. 기철을 비롯한 기삼문, 기주 등 오빠들이 누이의 권력을 믿고 온갖 횡포를 자행하도록 한 것도 불찰이다. 역사의 평가는 냉엄해야 한다.

심양왕이라는 존재

원나라가 고려를 간접 지배하던 때를 흔히 '원 간섭기'라고 한다. 어느 정도 자치권을 인정해 주었으므로 완전한 식민지라고 하기는 어렵지만, 원나라 마음에 안 들면 언제든지 왕을 갈아치울 수 있을 만큼 원의 영향력은 막강했다. 그런 고려의 처지를 잘 나타내 주는 게 아래 낱말이다.

¶**부마국(駙馬國)**: 사위의 나라라는 뜻으로, 중기 이후의 고려를 이르던 말. 고려가 원나라의 강요로 충렬왕 이후 원나라의 공주를 정비(正妃)로 맞아 그 사이에서 태어난 아들만이 왕위에 오를 수 있게 된 데서 유래한다.

'충(忠)'이 앞에 붙은 고려의 왕들이 있는데, 원나라에 충성하는 왕이라는 뜻이다. 그리고 부마국 풀이에서 알 수 있는 것처럼 몽골의 피가 섞이지 않으면 왕이 될 수 없었다. 이런 왕들의 재위 기간을 보면 폐위되었다가 다시 복귀하는 경우가 여럿 보이는데, 그중의 한 명이 충혜왕이다.

¶**충혜왕(忠惠王)**: 고려 제28대 왕(1315~1344). 이름은 정(禎). 원나라에서 귀국하여 왕위에 올랐으나 폐위되었다가 부왕의 죽음으로 복위하였다. 황음(荒淫)이 심하고 정사를 제대로 돌보지 못하여 원

나라로 귀양 가다가 병으로 죽었다. 재위 기간은 1330~1332, 1339
~1344년이다.

우리 역사에서 폭군이라고 하면 흔히 연산군을 먼저 떠올리는데,
충혜왕은 연산군보다 몇 배나 심했다. 만일 충혜왕의 삶을 사극으
로 만든다면 사상 초유의 막장 드라마라는 평을 받을 게 분명하다.
위 풀이에 '황음(荒淫)이 심하'다고 했는데, 후궁만 100명이 넘고
신하의 부인이건 자신의 아버지가 거느렸던 후궁이건 여자라면 가
리지 않고 취했다. 윤리나 도덕, 인륜 같은 말이 그 앞에서는 설
자리가 없었다.

충혜왕의 아버지 충숙왕의 세 번째 부인이 몽골 출신 경화공주였는
데, 충혜왕은 복위하던 해인 1339년에 자신의 새어머니에 해당하는
경화공주를 강제로 범했다. 그것도 반항하지 못하도록 신하를 시켜
팔다리를 붙들게 한 다음에. 경화공주의 원한이 얼마나 사무쳤겠는
가. 결국 이 일이 원나라 조정에 알려지게 되었고, 충혜왕은 원나
라로 압송되어 감옥에 갇혔다가 이듬해에 석방되어 고려로 돌아왔
다. 그 후로도 충혜왕의 패악은 그치지 않았고, 몇 년 지나지 않은
1343년에 다시 원나라로 끌려간다. 이때 원나라 사신들이 충혜왕을
결박하면서 발길질을 해댔다고 하니 참으로 초라하고 한심한 장면
이 아닐 수 없다.

국어사전 풀이에서 '원나라로 귀양 가다가 병으로 죽었다'라고 서술
한 구절은 세밀하지 못한 표현이다. 충혜왕은 일단 원나라에 도착
해서 황제 앞으로 끌려갔고, 거기서 귀양에 처한다는 판결을 받았
다. 이때 원나라 황제가 했다는 말이 『고려사』에 이렇게 기록되어
있다.

"비록 너의 피를 천하의 개들에게 먹인다고 해도 오히려 부족하다. 그러나 짐은 살생을 좋아하지 않으므로 너를 계양으로 유배 보내는 것이니, 너는 나를 원망하지 말고 가도록 하라."

충혜왕을 얼마나 인간 이하로 바라보았는지 알 수 있는 표현이다. 계양(揭陽)은 연경(燕京)에서 20,000여 리나 떨어진 곳이라는데, 결국 그곳까지 도착하지 못하고 악양현(岳陽縣)에서 죽었다. 죽음의 원인은 명확지 않으며 녹살당했을 거라는 설도 있다는 말이 『고려사』에 전한다. 그때 충혜왕의 나이가 불과 삼십이어서 병사했다고 보기 어렵다는 것이다. 충혜왕의 사망 소식이 고려에 전해지자 백성들이 슬퍼하기는커녕 다들 기뻐서 날뛰었다고 한다.

충혜왕은 왕위에 오르지 말았어야 할 인물이다. 어릴 적부터 행실이 좋지 않았던 탓에 충혜왕 대신 심왕(瀋王)이었던 왕고(王暠)를 고려 왕으로 미는 사람들이 있었고, 왕고도 그 이전인 충숙왕 시절부터 줄곧 고려 왕 자리를 넘보고 있었다. 물론 왕고가 고려 왕이 되었다고 해서 더 나았을지는 아무도 모를 일이다. 일단 심왕이 어떤 자리인지부터 알아보자.

¶심양왕(瀋陽王): 중국 원나라에서 선양(瀋陽)에 인질로 둔 고려의 왕이나 왕족에게 주던 봉작. 고려의 세력을 견제하기 위하여 두었던 것으로 충선왕이 그 시초이며 뒤에 심왕으로 고쳤다.

심양왕은 초기 몇 년간만 불렸던 명칭이고, 그 후로는 줄곧 심왕이라고 했다. 충선왕은 고려 왕과 심양왕을 동시에 맡았고, 2대 심왕이 충렬왕의 손자인 왕고(王暠)였다.

¶**충숙왕(忠肅王)**: 고려 제27대 왕(1294~1339). 이름은 만(卍). 초명은 도(燾). 자는 의효(宜孝). 원나라의 무리한 세공(歲貢)을 삭감하게 하고 공녀(貢女)와 내시의 선발을 중지하도록 하였으나 심양왕의 무고로 차츰 정사(政事)에 염증을 느껴 아들 충혜왕에게 임금의 자리를 물려주었다가, 2년 만에 복위하였다. 재위 기간은 1313~1330, 1332~1339년이다.

심양왕의 무고에 시달렸다고 하는데, 그전에 이미 심양왕이라는 명칭이 사라졌으므로 심왕이라고 했어야 한다. 이때 충숙왕을 괴롭힌 심왕이 왕고였다. 충숙왕부터 충혜왕 대까지 심왕은 줄곧 고려 왕 자리를 노렸지만 성공하지는 못했다. 이후 다시 고려 왕 자리를 넘본 심왕이 있었다.

¶**김서(金湑)**: 고려 말기의 무신(?~?). 1374년 공민왕이 살해되자 판밀직사사로서 원나라에 가서 이 사실을 알렸다. 북원에서 심양왕 고(暠)의 손자 터터부카를 고려의 왕으로 삼으려 하자 이를 고려 조정에 보고하여 터터부카의 즉위를 막았다.

여기서도 '심양왕 고(暠)'라고 했는데, 마찬가지로 심왕이라고 했어야 한다. 북원은 원나라가 새로 등장한 명나라에 밀려 몽골 지역으로 쫓겨난 뒤에 불렸던 국호다. 왕고의 뒤를 이어 충목왕과 충정왕이 고려 왕과 심왕을 겸직했는데, 둘 다 일찍 죽어 재위 기간은 길지 않았다. 그런 다음 5대 심왕으로 책봉받은 게 위 풀이에 나오는 터터부카였다. 터터부카는 몽골식 발음이며, 기록에 따라 '脫脫不花(탈탈불화) 혹은 篤朶不花(독타불화)'로 표기되어 있다.

북원은 명나라에게 쫓겨났으면서도 계속 고려에 대한 지배권을 행사하고자 했다. 그런 가운데 고려 안에서는 친명파와 친원파가 갈려서 다투기 시작했다. 친명파는 옛 귀족들의 행태에 반발한 신진사대부들로, 정몽주와 정도전 같은 이들이었다. 그런 가운데 반원정책을 밀어붙였던 공민왕에 대한 반감을 가지고 있던 북원은 심왕인 터터부카를 고려 왕으로 책봉했다. 이런 사실을 김서가 고려 조정에 보고한 건 맞다. 그때 고려에서는 이미 우왕을 등극시켰지만 북원으로부터 책봉을 받지 못한 상태여서 언제든 뒤집힐 수 있는 상황이었다. 그런 상황 속에서 당시 실권자였던 이인임이 다른 신하들과 연명한 편지를 북원에 보내, 공민왕의 유언에 따라 우왕을 모셨으니 터터부카의 즉위를 막아달라고 했다.

김서는 소영(小英)이라는 승려가 심왕에게 편지를 보내 군사를 이끌고 고려로 들어오라고 한 사실을 알려 소영을 처형하도록 했다. 하지만 김서의 이런 활약이 터터부카의 즉위를 막았다고 표현한 건 지나친 감이 있다. 터터부카는 왕이 되기 위해 자기 세력을 모아 고려 국경 쪽으로 향했고, 고려에서는 군사를 동원해 혹시 모를 전쟁에 대비했다. 고려로 들어오려던 터터부카는 1376년 2월에 갑자기 죽었고, 승려 소영을 처형한 건 터터부카가 죽은 뒤였다. 이런 과정들에서 김서의 역할이 어느 정도 있기는 했지만, 그렇게 결정적이었다고 보기는 힘들다. 북원은 기울기 시작하는 나라였고, 갑작스런 터터부카의 죽음이 맞물려 사태가 종결된 셈이기 때문이다. 이로써 심왕이라는 직책 자체도 사라졌다.

끝으로 북원에 터터부카의 즉위를 막아달라고 했던 이인임에 대해 알아보자.

¶이인임(李仁任): 고려 시대의 문신(?~1388). 공민왕 때 2차에 걸친 홍건적의 침입을 격퇴하여 일등 공신이 되었다. 공민왕이 암살된 후 우왕을 옹립하여 정권을 잡고 친원 정책(親元政策)을 쓰면서 독재를 하다가 최영, 이성계 일파에게 추방되어 처형되었다.

우왕이 즉위할 때 나이가 겨우 열 살이었다. 이때 이인임이 뒤에서 전권을 휘둘렀으며, 우왕은 이인임을 아버지라 부를 정도로 믿고 의지했다. 하지만 이인임과 그 수하에 있던 염흥방과 임견미 등이 백성들을 수탈하는 등 온갖 악행을 저지르자 보다 못한 최영이 나서서 이들을 처형해 버린다. 이때 이인임만은 유배를 보내는 것으로 그쳤고, 이인임은 유배지에서 병사했다. 그전에 이미 이인임은 늙고 병이 들어 벼슬자리에서 물러나 있는 상태였다. 그러므로 처형되었다고 한 건 잘못된 서술이다.

문익점과 목화

문익점이라고 하면 중국에 갔다가 붓대 속에 목화씨를 몰래 숨겨와서 퍼뜨린 사람으로 널리 알려져 있으며, 국어사전에도 그렇게 서술되어 있다.

¶**문익점(文益漸)**: 고려 말기의 문신(1329~1398). 초명은 익첨(益瞻). 자는 일신(日新). 호는 삼우당(三憂堂). 사신으로 중국 원나라에 들어가 덕흥군(德興君)을 왕으로 내세우는 일에 가담하였으나 실패하고, 돌아올 때 목화씨를 붓대 속에 넣어 가지고 와서 심어 우리나라에 처음으로 목화를 번식시켰다.

『표준국어대사전』과 『고려대한국어대사전』이 똑같이 기술하고 있는데, '목화씨를 붓대 속에 넣어 가지고' 왔다는 건 후대 사람들이 꾸며낸 이야기다. 문익점은 고려 말과 조선 초에 걸쳐 살았던 사람으로 『고려사』와 『조선왕조실록』에 기록이 남아 있다. 차례대로 기록된 내용을 보자.

▶문익점(文益漸)은 진주 강성현 사람이다. 공민왕 때 과거에 급제하여 여러 번 옮겨 정언(正言)이 되었다. 사신이 되어 원(元)에 갔다가 그곳에 머물면서 덕흥군(德興君)에게 붙었다가 덕흥군이 패하자 곧 돌아왔다. 목면의 종자를 얻어 돌아와서 그의 장인 정천익

(鄭天益)에게 부탁하여 심게 하였다. 처음에는 배양하는 기술을 알지 못하여 거의 말라죽고 다만 1줄기만 남았는데, 3년 만에 마침내 크게 번식하였다. 취자차(取子車)와 소사차(繰絲車)는 모두 정천익이 만들었다. —『고려사』 열전 권제24.

목면의 종자를 얻어 왔다는 내용만 있을 뿐 붓대 이야기는 나오지 않는다.

▶계품사(計稟使)인 좌시중(左侍中) 이공수(李公遂)의 서장관(書狀官)이 되어 원(元)나라 조정에 갔다가, 장차 돌아오려고 할 때에 길가의 목면 나무를 보고 그 씨 10여 개를 따서 주머니에 넣어 가져왔다. —『태조실록』 14권

여기서는 주머니에 넣어 왔다고 되어 있다. 그렇다면 붓대 속에 넣어 왔다는 건 어디서 나온 얘기일까? 중국에서 목화의 반출을 금지하고 있어 몰래 숨겨 오느라고 그랬다는 건데, 어떤 기록에도 당시에 목화가 반출 금지 품목이었다는 내용이 없다. 그러니 목화씨를 몰래 숨겨 올 이유가 없었고, 그냥 호기심에 가지고 왔다고 보아야 한다. 그렇다 할지라도 문익점이 목화 재배에 큰 공을 세운 건 분명하다.

문익점에 대해 떠도는 이야기 중에는 사실이 아니라 창작된 내용이 많은데, 붓대 이야기는 문익점을 조상으로 둔 남평 문씨 문중에서 1819년에 간행한 『삼우당실기(三憂堂實記)』에 처음 나온다. 삼우당은 문익점의 호로, 문익점의 생애를 기록한 책이다. 거기서 문익점이 중국의 강남 지방에 유배를 갔다가 목면을 재배하는 걸 보고 씨

를 몰래 필관(筆管)에 넣어 가지고 왔다고 기록해 놓았다. 하지만 문익점은 강남으로 유배를 간 적이 없으며, 문익점이 가져온 목화씨는 따뜻한 강남 쪽에서 재배하는 품종이 아니라 훨씬 위쪽인 화북 지방에서 재배하던 개량종이라는 게 정설이다. 필관(筆管) 이야기 역시 자신들의 조상을 미화하기 위해 만들어낸 것에 지나지 않는다. 시중에 떠도는 야사(野史) 수준의 내용을 국어사전에 이무렇지도 않게 싣는 건 부끄러운 일이다.

¶정천익(鄭天益): 고려 공민왕 때의 농부(?~?). 문익점의 장인으로, 문익점이 중국 원나라에서 가져온 목화씨를 심어 목화를 퍼뜨리고, 씨아와 물레를 만들어 사용하게 하였다.

문익점이 정천익과 함께 목화를 재배했다는 건 여러 기록에 나온다. 정천익이 씨아와 물레를 만들어 사용했다고 하는데, 위 『고려사』 기록을 보면 취자차(取子車)와 소사차(繅絲車)를 만들었다고 되어 있다. 두 용어가 국어사전에 나온다.

¶취자거(取子車): 〈공예〉 솜이나 털 따위의 섬유를 자아서 실을 만드는 간단한 재래식 기구.=물레.
¶소사거(繅絲車): 고치로 실을 켜는 물레.≒소거.

『표준국어대사전』과 『고려대한국어대사전』의 풀이가 비슷하게 되어 있는데, 취자거 풀이가 잘못됐다. 물레와 같은 물건을 뜻한다고 했지만 실을 자아내는 물레가 아니라 목화 뭉치에서 씨앗을 빼내는 씨아에 해당하는 물건이다. 취자(取子)라는 한자어만 보아도 쉽게 알 수 있는 일이다. 정천익이 물레와 씨아를 만들었다는 건 『태조실록』에 이렇게 기록되어 있다.

▶중국[胡]의 중 홍원(弘願)이 천익의 집에 이르러 목면을 보고는 너무 기뻐 울면서 말하였다.
"오늘날 다시 본토의 물건을 볼 줄은 생각하지 못했습니다."
천익은 그를 머물게 하여 며칠 동안을 대접한 후에 이내 실 뽑고 베 짜는 기술을 물으니, 홍원이 그 상세한 것을 자세히 말하여 주고 또 기구까지 만들어 주었다.

이번에는 문익점을 모시는 사당에 대해 알아보자.

¶노산정사(蘆山精舍): 문익점의 공적을 기리기 위하여 신주(神主)를 모셔 둔 사우(祠宇). 1612년에 경상남도 산청군 신안면 신안리에 세웠다.

사우는 사당이라는 말과 같은 뜻을 지닌 용어다. 여기도 『표준국어대사전』과 『고려대한국어대사전』이 똑같이 서술하고 있는데, 건립 연도가 잘못되었으며, 노산정사라는 명칭은 후대에 새로 지어서 붙인 이름이다. 문익점의 사당을 신안리에 처음 세운 건 세조 7년인 1461년이었으며, 임진왜란 때 불에 탄 걸 광해군 4년인 1612년에 재건한 다음 도천서원(道川書院)이라고 했다. 그러다가 1871년에 대원군이 서원철폐령을 내리면서 노산정사라고 이름을 바꿨으며, 지금은 다시 도천서원이라는 명칭을 사용하고 있다. 노산정사 대신 차라리 도천서원을 표제어로 올렸어야 한다.

이방원과 왕자의 난

이성계를 도와 조선을 건국하는 데 공을 세운 대표적인 인물로 흔히 이방원과 정노전을 꼽는다. 이방원이 고려 왕실을 지키려던 정몽주를 살해하면서까지 걸림돌을 제거하는 데 앞장섰다면, 정도전은 사상가이자 개혁가로서 조선 건국의 기틀을 잡으면서 안정된 국가를 끌어가기 위한 정책을 펼쳤다. 물론 이성계가 권력을 잡게 된 결정적인 계기는 그 이전에 있었던 위화도 회군이었다. 여기서 잠시 위화도 회군을 통해 제거한 최영을 국어사전에서 어떻게 설명하고 있는지 보자.

¶**최영(崔瑩):** 고려 말기의 명장·재상(1316~1388). 친원파(親元派)로서 1388년에 팔도(八道) 도통사가 되어 명나라를 치러 출정하였으나 이성계의 환군으로 실패하고 후에 그에게 피살되었다.

『표준국어대사전』의 풀이인데, 『고려대한국어대사전』에서는 '피살' 대신 '참형'이라는 표현을 썼다. 이성계가 위화도에서 군사를 돌려 개경으로 돌아오자 최영이 이에 맞섰으나 중과부적으로 체포되었으며, 고봉(高峯: 지금의 고양)과 합포(合浦)로 유배당했다가 개경으로 압송되어 참수당했다. 그러므로 '피살'이라는 표현은 맞지 않는다.

이방원이 왕위에 오르는 과정은 흥건한 핏자국을 바탕으로 이루어졌다. 그게 바로 두 차례에 걸친 왕자의 난이었으며, 그 과정에서 조선 개국 공신 정도전이 희생되었다.

¶**왕자의 난(王子의亂):** 조선 초기에, 태조의 왕자들 사이에서 왕위 계승권을 둘러싸고 일어난 두 차례의 난. 1차 왕자의 난으로 정도전과 세자 방석(芳碩)과 방번(芳蕃)이 죽었고, 2차 왕자의 난으로 방간(芳幹)과 박포(朴苞)가 죽임을 당하였다.

¶**왕자의 난(王子의亂):** 조선 초기, 태조의 아들인 방원(芳遠)과 방간(芳幹)이 왕위 계승권을 둘러싸고 일으킨 두 차례의 난.

『고려대한국어대사전』의 풀이는 매우 간단하게 되어 있는데, 풀이 내용은 심각한 오류를 안고 있다. 마치 방원과 방간 사이에서 두 차례의 난이 일어난 것처럼 오해하도록 기술했지만 방원과 방간이 대립한 건 2차 때의 일이다. 1차 왕자의 난 때 방간은 방원 편에 서 있었다.
『표준국어대사전』의 풀이에도 오류가 있다. 방간과 박포가 죽임을 당했다고 했지만 박포만 죽였을 뿐 방간은 살려두었다. 2차 왕자의 난을 '방간의 난'이라고도 하는데, 이 용어가 국어사전에 올라 있다.

¶**방간의 난(芳幹의亂):** 조선 정종 2년(1400)에 왕위 계승권을 둘러싸고 일어난 방원(芳遠)과 방간(芳幹) 사이의 싸움. 방간이 패하여 토산(兎山)으로 유배되고 방원은 왕위에 올랐다.

풀이에 나오는 것처럼 방간은 유배를 갔으며, 방원이 임금 자리에 오른 뒤 후환을 없애야 한다며 방간을 죽일 것을 신하들이 여러 차례 청했으나 듣지 않았다. 1차 왕자의 난 때 두 동생을 죽인 데 대한 죄책감 때문이었는지는 몰라도 자신의 형인 방간만큼은 끝까지 살려두었다. 1차 때는 자신이 먼저 병력을 일으켜서 동생들을 쳤고, 2차 때는 반대로 방간이 병력을 일으켜 자신을 치려 했음에도 그랬다. 방간은 나중에 귀양지에서 병으로 죽었다.

1차 왕자의 난이 일어나게 된 계기는 태조 이성계가 줄곧 자신을 도와 전쟁터에 나가 싸우고 조선 건국의 공로까지 세운 여러 아들을 제치고 막내인 방석(芳碩)을 세자로 책봉한 일이었다. 이때 방석의 나이는 만으로 겨우 열 살이었다. 태조 이성계에게는 왕비 한씨(韓氏)가 낳은 여섯 아들과 계비 강씨(康氏)가 낳은 두 아들이 있었다. 한씨가 낳은 아들은 차례대로 방우, 방과, 방의, 방간, 방원, 방연이다. 이 중에서 둘째인 방과는 1차 왕자의 난 이후 조선 2대 임금인 정종(定宗)이 된다. 한씨는 조선이 건국되기 한 해 전인 1391년에 병으로 죽었고, 두 번째 부인이 나중에 신덕왕후(神德王后)가 되는 계비 강(康)씨다. 강씨는 방번과 방석 두 아들을 낳았다.

태조가 왜 장성한, 그것도 자신과 생사고락을 함께한 아들들을 놔두고 아직 어린 방석을 세자로 삼았는지에 대해서는 해석이 분분하다. 계비인 강씨를 사랑해서 그랬다는 말과 전장에서 자란 아들들은 무장(武將)에 가까운 이들이어서 왕조를 이끌기에는 적합하지 않다고 보았을 거라는 말도 있다. 하지만 방원은 싸움 잘하는 무장 출신으로 알려져 있지만 실은 열일곱 살 때 고려 조정이 치른 과거에 급제한 문과 출신이었다. 어쨌든 태조는 방석을 세자로 앉히면서 정도전으로 하여금 왕이 될 공부를 시키도록 했다. 그런데 방석은 정도전의 가르침에도 불구하고 왕이 될 자질이나 자세를 갖추지 못했던 모양이다. 실록 등의 자료를 보면 공부하길 싫어하고 궁 밖에 나가 남의 집 가축을 활로 쏘아 죽이는가 하면 창기를 궁 안으로 불러들이는 등 눈살 찌푸리게 하는 행동을 많이 했다고 한다.

정도전의 비극은 여기서부터 시작되었다. 방석을 세자로 앉힌 건 분명 태조였고, 정도전은 다만 그걸 말리지 않았을 뿐이지만 나중에 방원이 난을 일으켜 정도전을 죽일 때 정도전이 방석을 왕으로 앉히기 위해 다른 왕자들을 모살(謀殺)하려 했다는 혐의를 뒤집어씌웠다. 하지만 방석은 이미 세자였으므로 시간이 지나면 자연히 왕이 될 상황이어서 정도전이 따로 난을 꾸밀 이유가 없었다.

¶정도전의 난(鄭道傳의亂): 조선 태조 7년(1398) 무인년에 왕위 계승을 둘러싸고 방원 일파와 방석 일파가 무력으로 충돌하여 방원 일파가 승리한 사건. 이 사건으로 종묘사직의 기틀을 바로잡았다는 의미에서 이름을 붙였으며, 뒷날 방원이 태종으로 등극한 배경이 되었다. =무인정사.

1차 왕자의 난을 일부에서 '정도전의 난'으로 부르는 경우가 있고, 그래서 이 말이 국어사전에도 올랐을 테지만 이게 적절한 용어일까? 오히려 '방원의 난'이라고 해야 사건의 성격에 부합하는 용어일 테고, 그래서 '방원의 난'도 국어사전 표제어에 올라 있기는 하다. 그런데 『표준국어대사전』에 풀이에 뜬금없이 '종묘사직의 기틀을 바로잡았다는 의미에서 이름을 붙였'다는 말은 왜 들어갔을까?

그건 이 사건을 '무인정사(戊寅靖社)'라고도 부르기 때문이다. 무인년에 사직(社稷)을 바로잡으려 일으킨 거사라는 의미를 담은 명칭이므로, '정도전의 난'이라는 항목 풀이에 갖다 붙일 건 아니다. '정도전의 난'과 '무인정사(戊寅靖社)'라는 용어는 방원이 정권을 잡은 뒤 자신의 쿠데타를 정당화하기 위해 끌어온 말이다. 따라서 '무인정사'는 당시 사료에 나오니 그렇다 쳐도 '정도전의 난'이라는 용어는 폐기하는 게 옳다. 더구나 용어는 '정도전의 난'인데, 풀이에는 정도전이라는 이름 자체가 나오지 않으니 그것도 참 어색한 일이다. 본래 '무인정사'를 표제어로 삼아 풀이했는데, 그 사건을 '정도전의 난'이라고도 부른다며 둘을 동의어로 처리했고, 그에 따라 '무인정사'의 풀이를 그대로 '정도전의 난' 풀이에 갖다 붙이는 바람에 생긴 참사다.

정도전이 방원의 눈 밖에 난 게 있다면 그 무렵 왕자들이 거느리고 있던 사병들을 혁파하려는 시도였다. 중앙집권화를 위한 조치라고 했지만 방원의 입장에서는 자신을 비롯한 다른 왕자들을 변방으로 밀어내서 힘을 약화시키려는 의도로 보기에 충분했다. 결국 방원은 거사를 결심했고, 자신을 따르는 무리를 거느리고 정도전을 비롯해 남은(南誾), 박위(朴葳) 등과 방번, 방석 두 아우를 죽였다. 이때 정도전은 남은의 첩이 사는 집에서 대화를 나누고 있었다. 그러니 정도전을 비롯한 방석 일파와 방원 일파가 서로 충돌한 게 아니라 방원 측의 일방적인 쿠데타였다고 보아야 한다.

2차 왕자의 난은 1차 왕자의 난 때 공을 세웠으나 공훈 과정에서 1등 공신이 되지 못해 불만을 갖고 있던 박포가 방간을 부추겨 일으킨 난이었다. 일설에는 방간 자체가 왕이 되고 싶었기에 주도적으로 일으킨 사건이라고도 하지만 그런 선후 관계를 따지는 건 그리

중요한 일이 아니다. 이쯤에서 정도전은 국어사전에서 어떻게 다루고 있는지 보자. 『표준국어대사전』은 문제가 없고, 『고려대한국어대사전』의 풀이만 보자.

¶정도전(鄭道傳): 고려 말기와 조선 초기의 문인·학자(1342~1398). 자는 종지(宗之)이고 호는 삼봉(三峯)이다. 조선 개국의 일등 공신으로, 군사, 외교, 행정, 역사, 성리학 등 여러 방면에서 뛰어났다. 척불숭유를 국시로 삼게 하여 유학의 발전에 공헌했다. 글씨에도 뛰어났으며 저서에 『삼봉집(三峯集)』, 『경제육전(經濟六典)』 등이 있다.

대체로 무리 없이 서술했으나 풀이에 나오는 『경제육전(經濟六典)』은 조선 최초의 법전으로, 정도전이 아니라 조준(趙浚) 등이 주도하여 편찬했다. 이번에는 '삼봉집'을 살펴볼 차례다.

¶삼봉집(三峯集): 조선 시대에 엮은 정도전의 시문집. 시부뿐만 아니라 경국문감, 경국전, 불씨잡변(佛氏雜辨), 경제문감 따위를 수록하였다. 증손(曾孫)인 정문형(鄭文炯)이 간행하였으나 판본이 오래되어 흩어져 없어지고, 정조 15년(1791)에 왕명에 따라 규장각에서 다시 간행하였다. 14권 7책.

¶삼봉집(三峯集): 조선 시대, 정도전(鄭道傳)이 지은 시문집(詩文集). 그의 증손 정문형(鄭文炯)이 수집하여 처음 간행하였고, 1791(정조 15)년에 왕명으로 규장각에서 다시 간행하였다. 총 14권 7책이다.

『표준국어대사전』 풀이에 나오는 '경국문감'이라는 건 없으며 '경국 전'은 '조선경국전'이라고 해야 한다. 정문형이 처음 간행했다는 것 도 사실과 다르다. 『삼봉집』은 여러 차례에 걸쳐 편찬되면서 수록 내용과 권수가 늘어났으며, 정도전이 살아 있을 때인 1397년에 그 의 아들이 2권으로 펴낸 게 최초다. 그러다 정문형이 내용을 추가 하여 6책으로 간행했고, 1486년에 8책으로 늘어났다. 그 후 정조 때 14권 7책이 되었다.

왕자의 난과 관련된 인물이 여러 명 국어사전에 올라 있는데 그중 에서 두 명만 살펴보자.

¶이숙번(李叔蕃): 조선 정종 때의 공신(1373~1440). 이방원의 심복 으로 정도전, 남은(南誾)을 죽이고 정사공신(定社功臣)이 되었다. 태종 때에 좌찬성이 되고 안성 부원군에 봉하여졌으나 세력을 믿고 교만과 사치를 부리다가 함양에 귀양을 가서 죽었다.

풀이대로 교만과 사치를 부렸다는 건 사실이다. 실록에 따르면 인 생 후반기에 접어들어 왕의 말도 잘 듣지 않았다고 하며, 자신의 집이 돈의문(서대문) 안에 있었는데 성문으로 드나드는 사람들이 떠드는 소리와 우마차 소리가 시끄럽다며 돈의문을 틀어막았을 정 도였다고 한다. 결국 귀양을 가게 됐는데, 그곳에서 죽은 건 아니 다. 태종이 죽으면서 아들 세종에게 절대로 이숙번을 다시 불러들 이지 말라고 했을 정도였다고 하니 미운털이 단단히 박히긴 했던 모양이다. 하지만 세종은 귀양 가 있던 이숙번을 불러들였다. 당시 에 〈용비어천가〉를 만들고 있었는데, 이숙번이 이성계의 초기 생애 와 가계(家系)를 잘 알고 있던 거의 유일한 인물이라 증언을 듣기 위해서였다. 〈용비어천가〉 제작이 끝난 뒤 신하들은 이숙번을 다시 귀양지로 돌려보내라고 했으나 세종은 이숙번이 병중이라는 이유를 들어 귀양지로 보내지는 않고 궁궐 밖으로 나가 자유롭게 살도록 했다. 실록에 따르면 안산(安山)에 거처했다고 되어 있고, 거기서 병을 앓다 죽었다.

¶유만수(柳曼殊): 고려 말기·조선 초기의 문신(?~1398). 자는 득휴(得休). 이성계와 함께 왜구를 무찌른 후, 위화도 회군에 참가하였다. 뒤에 이성계가 조선을 개국하면서 영의정에 올랐으나 정도전의 난에 연루되어 사형되었다.

유만수 생전에 영의정이라는 직책은 없었다. 영의정은 의정부(議政府)에서 가장 높은 직위인데, 의정부가 설치된 건 1400년이었기 때문이다. '사형되었다'는 표현도 적절치 않다. 사형이라고 하면 판결 결과에 따라 집행하는 걸 말하는 낱말인데, 유만수는 1차 왕자의 난 때 현장에서 살해되었다.

채홍사와 채청사

옛날 왕들은 여러 후궁을 거느리며 마음껏 여색을 즐겼을 거라고 생각할 수 있지만, 모든 왕이 그런 건 아니었다. 물론 지나치게 여색을 탐한 왕이 없는 건 아니었다. 세종 임금만 해도 10명이 넘는 후궁을 거느렸으니 꽤나 여자를 가까이했음을 알 수 있다.

조선 시대 왕 중에서 가장 호색한을 꼽으라면 단연 연산군이다. 단순히 여자를 좋아하는 정도를 넘어 황음무도(荒淫無道)라는 말에 어울릴 만큼 수많은 여자들과 음탕한 짓을 벌였다. 심지어 자신의 아버지인 성종의 후궁 남씨, 큰아버지인 월산대군의 아내 박씨와도 사통했다는 말이 있을 정도로, 도덕과 윤리라는 말은 연산군에게 전혀 가닿지 않는 얘기였다. 이런 기록이 실록에 전하는데, 일부에서는 중종반정 이후 일부러 연산군을 깎아내리기 위해서 그렇게 기록했을 거라고 말하는 사람도 있다. 그럼에도 연산군이 얼마나 많은 여자들을 농락하며 음행을 저질렀는지는 다른 기록들을 통해서도 충분히 입증된다.

¶**흥청(興淸)**: 조선 연산군 10년(1504)에 나라에서 모아들인 기녀(妓女).

¶**운평(運平)**: 조선 연산군 때에, 여러 고을에 널리 모아 둔 가무(歌舞) 기생. 이들 가운데서 대궐로 뽑혀 온 기생을 흥청(興淸)이라고 하였다.

실록에는 흥청은 300명, 운평은 700명으로 하라는 연산군의 지시가 기록되어 있으며, 이들 흥청과 운평을 데리고 온갖 음탕한 짓을 벌였다. 어느 정도였는지를 알 수 있는 기록 하나를 보자.

▶왕이 금중(禁中)에 방(房)을 많이 두어 음탕한 놀이를 하는 곳으로 삼았다. 또 작은 방을 만들어서, 언제나 밖으로 나가 즐길 때면 사람들을 시켜서 들고 따르게 하여, 길가일지라도 흥청(興淸)과 음탕한 놀이를 하고 싶으면, 문득 이것을 설치하고서 들어갔는데, 그 방을 이름 붙여 '거사(擧舍)'라 하였다. ―『연산군일기』 58권.

추잡함이라는 말을 넘어설 정도다. 더구나 1,000명이나 되는 여자들을 뽑아 들여 먹이고 입히며 온갖 연회와 음탕한 행동을 하고 놀려면 얼마나 많은 국고를 탕진해야 했을까? 그래서 '흥청망청'이라는 말이 바로 이 흥청(興淸)에서 비롯했다는 설까지 나왔다. 확실한 고증을 거친 건 아니지만 충분히 그럴 수 있겠다는 생각이 든다. 그런데 흥청과 운평은 기녀들 중에서만 뽑았을까? 그렇지 않으리라는 걸 아래 낱말들을 통해 짐작해 볼 수 있다.

¶채홍사(採紅使): 조선 연산군 때에, 창기 중에서 고운 계집을 뽑으려고 전국에 보내던 벼슬아치.
¶채청사(採靑使): 조선 연산군 때에, 아름다운 처녀를 구하려고 전국에 보낸 벼슬아치.

채홍사라는 말은 박정희 대통령 사후에 사람들 입에 많이 오르내렸다. 박정희가 밤마다 여자들을 불러다 술 시중을 들게 하고 놀았다는 건 다 아는 사실이고, 그런 여자들을 불러들이는 역할을 하던 사람들을 연산군 때의 채홍사에 빗댄 것이다.

실록에 채홍사라는 말은 딱 한 번 등장하고 대신 아래 낱말이 여러 번 나온다.

¶채홍준사(採紅駿使): 조선 연산군 때에, 아름다운 처녀와 좋은 말을 구하려고 지방에 보내던 벼슬아치.

채홍준사를 줄여 채홍사라 했는데, 채홍준사가 하던 일을 알 수 있는 실록의 기사 하나를 더 보자.

▶전교하기를

"제주(濟州)에서는 좋은 말[馬]이 많이 생산되고, 사람들도 귀밑털이 많으니, 일찍이 수령을 지낸 사람으로서 채홍준사(採紅駿使)로 차송하여, 시집 안 간 여자·양가(良家)의 계집·운평·관비(官婢) 중에서 귀밑털과 자색(姿色)이 있는 사람과 토산(土産)으로써 좋은 말과 새·해채(海菜) 등의 물건을 구해 오고, 아울러 정배(定配)한 죄인을 적간(摘奸)하게 하라." -『연산군일기』 61권.

위 기록을 보면 시집 안 간 여자와 양가의 계집까지 징발의 대상이 되었음을 알 수 있다. 그러므로 '채홍사'의 풀이 중 '창기 중에서' 라는 말은 정확한 표현이라고 할 수 없다. 위에 소개한 '채청사'의 풀이에 '아름다운 처녀를'이라고 해서 채홍사와 채청사를 구분하고 있으나 실제 운영에서는 큰 차이가 없었을 것으로 보인다. 실록에는 '채청사'라는 말이 안 나오고 대신 '채청녀사(採靑女使)'라는 말을 썼으나 이 말은 국어사전 표제어에 없다. '채청녀사'를 표제어에 올리고 '채청사'의 원말임을 밝혀주어야 한다.

채청녀사(採靑女使)는 청녀(靑女)를 뽑아 올리는 관리라는 뜻인데, 국어사전에서 '청녀'를 찾으면 아래와 같은 뜻만 나온다.

¶청녀(靑女): 〈민속〉 1. 서리를 맡아 다스린다는 신. 2. '서리'를 달리 이르는 말.

의외의 풀이라고 여길 사람이 많겠다. 분류 항목을 '민속'이라고 했는데 적절치 않다. 청녀는 우리가 만든 말이 아니라 중국 신화에서 서리나 눈을 다스리는 신을 뜻하던 말이기 때문이다. 본래는 '청소옥녀(靑霄玉女)'라고 했던 말을 줄인 것이다. 연산군이 사용한 청녀(靑女)는 서리와는 전혀 상관이 없고, 직접 신하들에게 "시집 안 간 여자는 청녀(靑女)라고 부르라."라고 지시한 기록이 나온다. 이런 풀이도 국어사전에 담으면 어떨까 싶다. 말이 만들어진 까닭과 발상이 썩 아름다운 건 아니지만 실제 사용한 용례가 있으니 그냥 외면할 일은 아니라고 본다.

▶채청녀사(採靑女使)와 채응견사(採鷹犬使)를 팔도(八道)에 나누어 보냈는데, 채청녀사 윤탕로(尹湯老) 등이 아뢰기를,
"나이 20 이상 30 이하를 뽑도록 이미 전교를 받았사오나, 그 가운데 나이 17, 18세로 몸이 건장하고 얼굴이 아름다운 자와 양갓집 여자도 아울러 뽑이 오는 것이 어떠하리까."
하니, 전교하기를, "그리하라." 하였다.
－『연산군일기』 63권.

왕의 뜻을 미리 헤아려 이렇게 간특하게 행동하는 신하도 있었다. 위에 나오는 채응견사는 국어사전에 오르지 못했다. 좋은 매와 개를 찾아서 궁궐에 바치는 직책을 말한다. 흥청 중에서도 왕과 잠자리를 한 흥청은 천과흥청(天科興淸), 그렇지 못한 흥청은 지과흥청(地科興淸)으로 구분하기도 했는데, 두 낱말 역시 국어사전에서는 찾을 수 없다. 천과흥청이 되면 당연히 왕의 총애를 받게 되고, 주변에 위세를 부리기 마련이다. 그래서 연산군이 폐위된 다음 천과흥청이었던 전비(田非), 녹수(綠水), 백견(白犬)을 참형시켰는데, 그들의 시신 위로 사람들이 돌멩이와 기왓장을 던졌다고 한다.

그보다도 더 비극적인 운명을 맞이해야 했던 여자도 있는데, 운평(흥청으로 기록된 곳도 있다)이었던 소진주가 주인공이다. 소진주는 본래 남편이 있는 여자였다. 어느 날 소진주가 숙소 담장을 넘어가 남편과 하룻밤을 보냈다. 그 사실이 들통난 다음 어떻게 되었을까? 그 둘은 사지가 잘리는 참형을 당했으며, 그들의 토막 난 시신을 여러 곳에 전시하여 사람들이 구경하도록 했다. 그걸로도 모자라 소진주의 부모형제에게 곤장 백 대, 이웃 사람에게는 곤장 80대를 치게 했다. 그리고 소진주의 이름에 들어 있는 소(笑), 진(眞), 주(珠) 자가 들어 있는 사람들의 이름을 모두 고치게 했다.

무오사화와 갑자사화

연산군이 폭군으로 알려진 건 크게 두 가지 때문이다. 하나는 무오사화와 갑자사화를 일으켜 많은 사람을 죽였다는 것이고, 다른 하나는 궁궐에 수많은 여자들을 불러들여 유흥을 즐기고 음행을 일삼았다는 것이다. 그 밖에도 여러 비행이 있긴 했으나 저 둘에 비하면 소소하다고 할 수 있을 정도다.

그중에서 무오사화와 갑자사화에 얽힌 인물들을 살펴보려고 한다.

¶**무오사화(戊午士禍/戊午史禍):** 조선 연산군 4년(1498)에 유자광 중심의 훈구파가 김종직 중심의 사림파에 대해서 일으킨 사화. 4대 사화 가운데 첫 번째 사화로, 『성종실록』에 실린 사초 〈조의제문〉을 트집 잡아 이미 죽은 김종직의 관을 파헤쳐 그 목을 베고, 김일손을 비롯한 많은 선비들을 죽이고 귀양 보냈다.

무오사화는 조선 시대에 일어난 첫 번째 사화다. 사화라고 할 때 한자에 '士'를 쓰는 건 선비들이 화를 당했기 때문인데, 『표준국어대사전』에 '史'를 병기한 건 무오사화가 사관(史官)이 실록을 작성하기 위해 쓴 사초(史草)가 문제되어 일어난 사건이었기 때문이다. 무오사화의 핵심 인물은 유자광과 김일손이다. 먼저 유자광부터 살펴보자.

¶유자광(柳子光): 조선 연산군 때의 간신(?~1512). 자는 우복(于復). 서자 출신으로, 옥사를 일으켜 익대 공신 1등 무령군(武靈君)에 봉해졌으며, 김종직·김일손 등을 모함하여 무오사화를 일으켰다.

무오사화 풀이에서 '유자광 중심의 훈구파'라고 한 건 어폐가 있으며, 유자광이 훈구파의 편에 섰다고 하는 게 사실에 가깝다. 훈구파라고 하면 대개 조선 초기에 세조를 도와 왕위에 오르게 하는 등 각종 정변(政變)에서 공을 세운 대신들을 가리킨다. 이들 집단이 그런 공을 내세워 오래도록 권력의 중심에 서 있었고, 이들에 대한 비판 세력으로 사림파(士林派)가 등장하면서 권력 투쟁이 시작됐다는 건 누구나 아는 사실이다. 유자광은 훈구파와 직접 관련이 없으며, 오로지 자신의 힘으로 출세길을 달린 인물이다. 유자광 풀이에 있는 것처럼 서자 출신이었기 때문이다. 무예가 뛰어났던 유자광은 경복궁의 건춘문을 지키는 갑사(甲士) 즉 궁궐 수비병이었는데, 이시애의 난이 일어났을 때 세조에게 상소를 올려 난의 평정 대열을 따라가게 됐고, 거기서 큰 공을 세운 다음 세조의 총애를 받아 3개월 만에 정5품인 병조정랑의 자리에 오르는 벼락출세를 하게 된다. 유자광을 간신이라고 했지만 그보다는 처세에 능한 인물이라고 보는 게 맞을 듯하며, 자신의 출신 성분을 잘 알고 있었기에 늘 세력 있는 편을 찾아다니며 권력을 유지하려 애썼다. 유자광이 가장 큰 욕을 먹는 건, 이시애의 난을 평정하는 데 함께 공을 세운 남이(南怡)를 고변하여 죽게 만들었다는 사실이다. 풀이에 옥사를 일으켰다고 한 건 남이에 관한 내용인데, 그런 사실을 정확히 기술하면 좋았겠다는 생각이 든다. 이 부분에 대해 남이는 능력 없이 권력만 누리는 훈구 대신들을 쳐내야 한다는 생각을 가지고 있었으며, 그런 심정을 가까운 유자광에게 털어놓자 문제가 될 걸 염려해서 미리 고변했다고 하는 이들도 있다. 역모까지는 아니지만 야망이 넘치던 남이의 언행과 처신에도 문제가 있었다고 하는 견해다. 그와 함께 자신을 총애하던 세조가 죽자 유자광이 다른 후원 세력을 찾아 나서는 과정에서 일어난 일로 보기도 한다.

유자광은 출세를 거듭하는 동안 줄곧 시기를 받았으며 간혹 유배를 가기도 했다. 그때마다 정치적 위기를 잘 넘겼고, 중종반정에도 가담해서 공신 자리에 오를 만큼 줄서기를 잘했다. 그랬던 그도 결국 사림파의 공격을 받고 유배를 갔다가 거기서 죽었다. 죽기 전에는 병환으로 눈이 멀었다고 하니 말년은 불행했다.

¶**김일손(金馹孫):** 조선 전기의 학자·문인(1464~1498). 자는 계운(季雲). 호는 탁영(濯纓)·소미산인(少微山人). 성종 17년(1486)에 문과에 급제하고, 이조 정랑을 지냈다. 춘추관 사관(史官)으로 있으면서 『성종실록』을 편찬할 때에, 이극돈의 비행(非行)을 그대로 쓰고 김종직의 〈조의제문〉을 실었다고 하여 무오사화 때에 처형되었다.

김일손에게 사관의 자질이 없었다는 사실이 비극의 출발점이 되었다. 김일손이 정식 실록을 작성하기 전에 만들어 놓은 사초(史草)에 부정확하거나 소문으로 떠도는 내용, 왕실을 모욕하는 위험한 내용들이 담겨 있었다. 김일손이 이극돈에 대해 안 좋은 내용을 사초에 기록했고, 이극돈이 삭제를 요청했다 거절당한 일이 있긴 하다. 하지만 이극돈은 그걸 크게 문제 삼지 않았으며, 그게 무오사화의 원인이 된 것도 아니다.

가장 먼저 문제가 된 내용은 '권귀인(權貴人)은 바로 덕종(德宗)의 후궁(後宮)이온데, 세조께서 일찍이 부르셨는데도 권 씨가 분부를 받들지 아니했다'라는 부분이었다. 덕종은 세조의 아들이고 권귀인은 비록 후궁일지라도 세조에게는 며느리에 해당한다. 그런 여자를 불러들이려 했다는 건 동침하겠다는 거고, 그거 인륜을 저버리는 행위다. 연산군이 보았을 때 자신의 할아버지를 능멸하는 내용이었으며, 김일손은 다른 이에게 그런 얘기를 들어서 기록했을 뿐이라고 했다. 이 사실 하나만으로도 김일손은 참형을 면치 못할 일이었다.

그다음은 김종직의 〈조의제문〉이라는 글이다. 이 글은 항우가 초나라의 의제를 죽인 일을 쓴 글인데, 세조가 단종을 죽인 일을 은근히 비유한 글이라고 해서 문제가 되었다. 복잡한 비유로 이루어진 글을 유자광이 조목조목 해설하여 연산군에게 고했다고 한다. 이 밖에도 요즘으로 치면 카더라 통신에나 해당할 만한 글들이 여럿인데, 이런 글들을 실록에 넣으려고 했던 김일손의 행동은 납득하기 어렵다.

¶이극돈(李克墩): 조선 전기의 문신(1435~1503). 자는 사고(士高). 성종 2년(1471) 좌리공신(佐理功臣)으로 광원군(廣原君)에 봉해졌고 벼슬이 좌찬성에 이르렀다. 연산군 때 유자광을 시켜 김일손 등을 탄핵하여 무오사화를 일으켰다.

김일손이 작성한 사초에 문제가 있다는 말이 퍼지면서 실록 편찬 책임자인 이극돈의 귀에 들어갔고, 살펴보니 사실이었다. 이극돈은

큰일났다 싶으면서도 어찌 처리해야 할지 몰라 끙끙대며 몇몇 대신과 상의했다. 노사신이라는 사람과는 눈물까지 흘리며 걱정했다고하는데, 임금에게 고한 뒤에 벌어질 일을 생각하면 감당이 안 될것 같아 그랬을 거였다. 아울러 이 사건이 사관들을 위축시켜 소신껏 실록을 기록하지 못하게 될까 봐 걱정했다고도 한다. 우물쭈물하던 이극돈은 유자광에게 이런 사실을 얘기했고, 유자광이 다른대신들과 논의한 끝에 임금에게 고하면서 사건이 시작됐다. 그러므로 이극돈이 유자광을 시켜 김일손을 탄핵했다는 건 사실과 다르다. 오히려 이극돈은 사태의 파장을 우려해 연산군이 사초를 가져오라고 했을 때 일부만 가져다 주었으며, 이후 제때 보고하지 않았다는 이유로 파직당했다.

무오사화로 인해 여러 사람이 죽었지만 아무런 근거 없이 사림파를탄압해서 몰아낸 사건은 아니다. 최소한 그럴 만한 사유가 있긴 했다. 하지만 갑자사화는 연산군의 개인 원한으로부터 시작한 비극이었다.

¶갑자사화(甲子士禍): 조선 연산군 10년(1504)에 폐비 윤씨와 관련하여 많은 선비들이 죽임을 당한 사건. 연산군의 생모 윤씨가 폐위되어 사약을 받고 죽은 일에 관계한 신하들과 윤씨의 복위를 반대한 사람들이 임금의 노여움을 사게 되어 화를 입었다.

폐비 윤씨의 죽음과 그 후 펼쳐진 연산군의 복수극은 사극에 단골소재로 등장할 만큼 유명하다. 윤씨의 폐위와 사사(賜死)에 대해서는 윤씨가 임금에게 불손한 행위를 워낙 많이 해서 그럴 수밖에 없었을 거라는 게 중론이다. 아들 입장에서 서운하고 화가 날 순 있지만 어쨌거나 자신의 아버지가 행한 조치였다. 화를 풀 길 없던 연산군이 아버지인 성종의 조치에 반대하지 않은 신하들을 상대로 무자비한 복수극을 벌인 게 갑자사화다. 연산군이 그렇게 된 이유로 즉위 초기부터 신하들이 임금을 길들이기 위해 사사건건 물고 늘어지면서 왕권을 약화시키려 했고, 그런 데서 쌓여 온 불만이 폭발한 것으로 보기도 한다. 실제로 연산군이 폭군으로 돌변하기 전에는 좋은 정책을 많이 펼쳤다는 평가가 있다.

갑자사화와 관련한 사람 몇 명만 알아보자.

¶**임사홍(任士洪):** 조선 연산군 때의 권신(?~1506). 초명은 사의(士毅). 자는 이의(而毅). 두 아들이 각각 예종과 성종의 사위가 되면서 권세를 누렸으며, 무오사화와 갑자사화를 일으켜 많은 중신(重臣)과 선비를 죽였다. 중종반정 때 잡혀 부자가 함께 처형되었다.

임사홍은 무오사화 때 별다른 역할을 하지 않았으며, 갑자사화 때도 마찬가지다. 특히 갑자사화는 신하들이 부추긴 게 아니라 연산군이 개인 감정을 내세워 주도적으로 벌인 사건이다. 몇몇 신하가 연산군에게 윤씨에 대한 일을 일러바쳤다는 말이 있긴 하지만 그이전부터 연산군은 그런 사실을 알고 있었다. 중종반종 후 정권을 잡은 사람들이 연산군 때 권세를 누렸던 임사홍을 부정적으로 묘사하며 그런 혐의를 씌운 게 지금까지 이어지고 있는 셈이다. 오히려 갑자사화 당시 처형당한 이극균과 친하다는 이유로 사헌부에서 임사홍도 참형에 처할 것을 주문했으나 연산군이 유형(流刑)으로 대신하라고 했을 정도였다.

임사홍이 중종반정 때 잡혀 죽은 건 연산군의 측근으로 인식되었기 때문이다. 임사홍과 그 아들 임숭재가 채홍사로 연산군의 여인들을 선발해서 올리는 역할을 했던 건 맞다. 하지만 임사홍은 점차 그런 일에 회의를 느꼈고, 연산군으로부터 여인들을 제대로 불러오지 못한다며 추궁을 받곤 했다.

중종반정 때 부자가 함께 처형됐다는 건 사실이 아니다. 임사홍의 아들 중 두 명이 벼슬자리에 나갔는데, 임희재와 임숭재다. 임희재는 연산군을 비방하는 시를 썼다는 이유로 갑자사화 때 죽었으며, 임숭재는 연산군이 특별히 아꼈으나 중종반정이 일어나기 전 해에 병으로 죽었다. 연산군과 임숭재 사이에 대한 기록이 실록에 다음과 같이 나온다.

▶왕이 그가 병들어 괴로워한다는 말을 듣고, 중사(中使)를 보내서 할 말이 무엇인가를 물으니, 대답하기를, '죽어도 여한이 없으나, 다만 미인을 바치지 못한 것이 유한입니다.' 하였다. 그가 죽자 왕은 몹시 슬퍼하여, 승지 윤순(尹珣)을 보내 조문하게 하고 부의를 특별히 후하게 주었다. 빈소를 차린 후에 왕은 그 처를 간통한 일이 빌미가 될까 염려하여 중사(中使)를 보내어 관(棺)을 열고 무쇠 조각으로 시체의 입에 물려 진압(鎭壓)시켰다.
―『연산군일기』 60권.

연산군이 임숭재의 아내까지 범했다는 걸 알 수 있다. 일부에서는 임숭재가 자신의 출세를 위해 아내를 연산군에게 바쳤을 거라고 하는 이들도 있다. 그럴 정도여서 중종반정 후 이미 죽은 임숭재의 시체를 꺼내 부관참시해야 한다는 신하들의 요청이 있었지만 중종이 그 정도까지 할 필요는 없다며 말렸다. 임사홍은 처형당한 게 아니라 중종반정이 일어나던 날 집으로 쳐들어온 자들에게 그 자리에서 살해당했다.

¶**윤필상(尹弼商):** 조선 중기의 문신(1427~1504). 자는 탕좌(湯佐). 이시애의 난이 평정되자 공신에 책록되었으며, 중국 명나라 건주위 야인(野人)들의 정세를 탐지ㆍ보고하여 성종 10년(1479) 우의정으로서 이를 토벌하였다. 뒤에 영의정에 올랐고 기로소에 들어갔으며, 갑자사화 때 연산군 생모의 폐위를 막지 못하였다 하여 진도에 유배되어 사약을 받았다.

야인들을 토벌할 때 우의정이 아니라 좌의정이었다. 사약을 받기는 했지만 사약을 마시는 대신 주머니 속에 간직하고 있던 비상(砒礵) 가루를 꺼내서 먹었으나 죽지 않자 명주 이불 한 폭을 가져다가 목을 매어 죽었다.

¶**조지서(趙之瑞):** 조선 시대의 문신(1454~1504). 자는 백부(伯符). 호는 지족(知足)ㆍ충헌(忠軒). 연산군이 세자 때에 보덕(輔德)으로 풍간(諷諫)하면서 집요하게 학문을 진강(進講)하여 미움을 받았으며, 1504년 갑자사화 때에 참수되었다. 성종 때에 청백리로 인정되었다.

『연산군일기』 53권에 이렇게 나온다.

▶의금부 낭청 박기(朴基)가 조지서(趙之瑞)를 잡아 왔다. 명하여 당직청에서 국문하게 하였는데, 지서가 비중(肥重)한 몸으로 결박

을 당하니 숨이 막혀 형장 3대를 맞고 그만 죽어 버렸다. 그러자 전교하기를,

"당직청에서 곧 머리를 베어, 철물전 앞에 효수(梟首)하고, 시체는 군기시(軍器寺) 앞에 두라."

죽은 후에 머리를 베었다는 걸 알 수 있다.

진주성 전투와 논개

진주라는 도시 이름을 떠올릴 때 가장 먼저 생각나는 게 무얼까? 아마도 진주 남강과 논개가 아닐까? 논개 하면 자연히 촉석루가 떠오를 테고. 진주 사람들이야 그 밖에도 유명한 게 많다고 하겠지만 외지 사람들로서는 대개 그 정도일 것이다. 우선 진주라는 도시를 국어사전에서 어떻게 설명하고 있는지 보자.

¶진주(晉州): 경상남도 서남부에 있는 시. 관광·교육 도시이며, 농산물 집산지이기도 하다. 명승지로 촉석루, 진양 성지(晉陽城址), 의랑암(義娘巖), 서장대(西將臺) 따위가 있다. 1995년 1월 행정 구역 개편 때 진양군과 통합되어 도농(都農) 복합 형태의 시를 이루었다. 면적은 712.86㎢.

¶진주(晉州): 경상남도 남서쪽에 위치한 서부 경남의 문화, 교육, 교통, 관광의 중심 도시. 예부터 토양이 비옥하여 남원, 구례, 성주 따위와 함께 단위 면적 당 수확량이 높은 지역이다. 관광 명소로서는 촉석루(矗石樓), 진양호(晉陽湖), 진주성(晉州城, 사적 118호), 의랑암(義娘巖), 서장대(西將臺), 창렬사 등이 있다. 기후는 지리산의 영향으로 대륙성 기후이다.

『표준국어대사전』에 나오는 풀이 중 진양 성지와 의랑암이 낯설게

다가오지 않을까 싶다. 의랑암은 『고려대한국어대사전』에도 나오는데, 논개가 그 위로 떨어졌다는 바위인 의암(義巖)을 가리키는 걸로 보인다. 지금은 '진주 의암'이라는 명칭으로 부르고 있으며, 경상남도 기념물 제235호로 지정되었다. 1920년대 신문에 의랑암이라는 말이 나오기는 하지만 누가 만들어냈는지 몰라도 그런 이름을 가진 바위는 없다. 조선 시대에 바위 옆면에 '義巖'이라고 음각한 두 글자가 지금도 선명하게 남아 있다. 국어사전이라면 정확한 명칭을 써야 한다.

진양 성지(晉陽城址)는 또 어떨까? 진주 사람들에게 진양 성지에 대해 물으면 제대로 답을 해줄 수 있는 사람이 별로 없을 것이다. 일부 사람들이 진주성을 진양성이라 부르기는 했지만 정식 명칭은 아니다. 성지(城址)는 성이 있던 터를 말한다. 성지라고 하려면 차라리 진주 성지라고 해야 한다. 진주 성지를 다룬 신문기사가 있다.

"작년 4월 문공부에 의해 착공된 진주 성지(晉州城址) 복원 개수 공사가 12일 준공됐다. 이번 공사는 성지 경내의 건물 44동을 철거, 촉석루를 복원했고 촉석루 삼문 제단에 수로와 담을 만들었으며 176m의 성곽을 새로 쌓고 논개사당지수문, 쌍총각, 창열사, 북장대, 서장대 등을 모두 보수했다."
―조선일보, 1970.11.14.

성터는 이미 복원 공사를 마쳤으므로 더 이상 성터가 아니다. 그러므로 진양 성지 같은 이상한 유적지 이름을 쓸 게 아니라 『고려대한국어대사전』처럼 사적 제118호인 진주성을 소개했어야 한다.

이번에는 논개를 어떻게 소개하고 있는지 보자.

¶**논개(論介):** 조선 선조 때의 의기(義妓)(?~1593). 진주의 관기(官妓)로, 임진왜란 때에 진주성이 함락되자 촉석루의 술자리에서 당시 왜장(倭將)이었던 게야무라 후미스케(毛谷村文助)를 껴안고 남강에 떨어져 죽었다.

¶**논개(論介):** 임진왜란 때의 의기(義妓)(?~1593). 전라도 장수(長水) 태생으로 성은 주(朱)이다. 진주성이 왜병에게 함락되자 촉석루에서 왜장(倭將)들과 주연을 벌이던 중 한 왜장을 껴안고 남강(南江)에 떨어져 함께 죽었다.

진주성 싸움은 1592년과 1593년 두 차례에 걸쳐 일어났으며, 1차 때는 조선군이 대첩을 거두어 진주대첩이라고 부른다. 김시민이 지휘하는 3,800명이 2만여 명의 왜군을 격퇴했으니 대첩이라 부르기에 손색없는 전투였다. 하지만 2차 전투에서는 진주성이 함락되었고, 논개의 순국은 2차 진주성 전투 때 일어났다.
『표준국어대사전』은 왜장(倭將) 게야무라 후미스케(毛谷村文助)를 등장시켰고, 『고려대한국어대사전』은 논개의 성이 주씨라는 것과 고향이 전라도 장수라고 했다. 논개라는 이름이 처음 등장하는 문헌은 광해군 때 유몽인(柳夢寅)이 지은 『어우야담(於于野談)』(1621년)이다. 이 책에는 논개를 관기(官妓)라고 했으며, 기생이라 제대로 업적을 조명해 주지 않는다는 간단한 내용만 담겨 있다. 논개가 끌어안고 함께 자결한 상대가 왜장 게야무라였다는 건 누가 처음 주장했는지 모르지만 다른 곳에서 전사했다거나 무사히 살아서 일본으로 돌아갔다는 등 다양한 설이 존재한다. 현재까지 밝혀진 확실한 사료는 없으며, 학계에서도 정설로 인정하지 않고 있다. 따라서 『고려대한국어대사전』처럼 그냥 '왜장'이라고만 하는 게 오해를 줄일 수 있는 서술이다.

논개의 성이 주씨라는 말은 1950년대 무렵부터 등장하며, 진주성이 함락되자 자결한 최경회의 부실(副室) 즉 첩이라는 얘기와 함께 널리 퍼졌다. 심지어 최경회의 본부인이 죽은 다음 몰락한 양반 가문 출신의 논개와 재혼했다고 주장하는 사람도 있다. 하지만 이런 사실들 역시 학계에서는 신빙성이 없는 주장으로 보고 있다. 최경회와 관련해서는 사후에 최익수라는 사람이 1861년에 발품을 팔아 그의 글과 행적을 모아서 만들었다는 책 『일휴당실기(日休堂實記)』에 비슷한 내용이 실려 있다. 이 책에 논개라는 이름은 안 나오지만 최경회의 부인이 왜장을 끌어안고 남강으로 뛰어들었다는 말이 나온다. 이 책은 최경회 사후 300년 가까이 지난 시점에 나왔으며, 해당 구절은 최경회 본인의 서술이 아니라 편찬자의 서술이다. 더구나 최경회가 장수 현감으로 근무하던 시기가 1577~1579년이고 임진왜란은 1592년에 발발했으므로, 당시에는 논개가 아주 어릴 적이었을 거라는 점을 들어 사실이 아닐 거라는 반박도 있다.

논개의 고향이 전북 장수라는 설에 대해서는 다음 낱말을 보자.

¶**논개 생향비(論介生鄕碑):** 조선 헌종 12년(1846)에 지금의 전라북도 장수군 장수읍 장수리에 논개가 자라난 고향임을 기념하기 위하여 세운 비석.

『고려대한국어대사전』의 풀이도 비슷하다. 이 비는 당시 현감 정주석(鄭冑錫)이 세웠다고 한다. 비문에는 '촉석 의기 논개 생장향 수명비(矗石義妓論介生長鄉豎名碑)'라고 적혀 있으며, 여기에도 논개의 성은 없고, 의기(義妓)라는 말에서 보듯 기생 신분이라는 점을 밝히고 있다. 최경회의 부인이었다는 설을 신봉하는 이들이 의기(義妓) 대신 의부인(義夫人)이라고 불러야 한다고 주장하지만 기생이 아니었다는 사실을 밝힐 만한 뚜렷한 사료는 나오지 않고 있다. 이 비는 일제 때 혹시 모를 훼손을 우려해 땅에 묻었다가 1956년에 다시 캐냈다고 한다. 이 비로 인해 논개의 고향이 장수라는 사실에 대해서는 많은 이들이 수긍하고 있으나 성이 주씨라든지, 최경회의 부인 내지 첩이었다는 사실은 아직 공인받지 못하고 있는 상태다. 현재 진주와 장수에서는 각각 논개를 기리는 행사를 열고 있다.

¶논개 제전(論介祭典): 전라북도 장수군에서 음력 9월 9일에 열리는 민속제. 의기(義妓) 논개를 추모하기 위한 것이다.

두 사전의 풀이가 비슷하며, 『고려대한국어대사전』에는 다른 행사 이름이 하나 더 수록되어 있다.

¶의암별제(義巖別祭): 임진왜란 때, 왜장과 함께 죽은 논개(論介)의 의로운 뜻을 기리고 그 넋을 위로하는 제사. 매년 6월 초 길일(吉日)을 가려 지낸다.

논개 제전은 전북 장수에서 하는 게 맞는데, 의암별제는 어디서 벌이는 행사일까? 국어사전 표제어에는 없지만 지금 진주에서 논개를 기리는 행사는 '진주논개제'라는 이름으로 행해지고 있다. 의암별제는 1868년(고종 5년)에 진주목사이던 정현석이 진주에서 처음 행한 제례로, 지금은 사라졌다. 대신 진주시가 의암별제와 진주탈춤한마당을 결합시켜 진주논개제라는 행사를 만들었으며, 매년 5월 넷째 주 금, 토, 일 3일 동안 진주성에서 개최한다. 따라서 『고려대한국어대사전』의 '의암별제' 풀이는 예전에 하던 행사였다고 기술했어야 한다.

¶**의암별곡(義巖別曲)**: 논개 제전에서, 종헌례가 끝난 뒤에 부르던 노래. 처사가(處士歌) 가락으로 불렀다.
¶**의암별곡(義巖別曲)**: 논개의 의로운 뜻을 기리고 그 넋을 위로하는 의암별제(義巖別祭)에서, 종헌례(終獻禮)가 끝난 뒤에 부르던 노래. 처사가(處士歌) 가락으로 불렀다.

사전마다 풀이가 조금 다르다. 『표준국어대사전』은 논개 제전을, 『고려대한국어대사전』은 의암별제를 끌어들였는데, 『고려대한국어대사전』의 풀이가 맞다.

¶**유등놀이(流燈--)**: 경상남도 진주에서 행하는 풍속의 하나. 강물 위에 여러 가지 색깔의 등불을 띄워 복을 빌며 즐기는 놀이로, 논개의 넋을 기리는 데 그 뜻이 있다고 한다.

지금 진주에서 해마다 벌이고 있는 행사의 정확한 명칭은 '진주남강유등축제'다. 남강에 유등을 띄우는 행사는 1950년대 무렵부터 시작됐다. 국어사전 풀이에서 논개와 연결 짓고 있지만 진주시청 홈페이지의 관광 안내 페이지에는 '임진왜란 진주성 전투에서 왜군

이 강을 건너는 것을 저지하고 가족에게 안부를 전하기 위해 남강
에 유등을 띄운 데에서 유래된 축제'라고 되어 있으며, 따로 논개
와 연결 짓지는 않고 있다.

선조의 막장 아들 삼형제

임진왜란 때 많은 의병장들이 활약했다. 그중의 한 명인 정문부가 『표준국어대사전』에 올라 있다.

¶**정문부(鄭文孚):** 조선 선조 때의 문신·의병장(1565~1624). 자는 자허(子虛). 호는 농포(農圃). 시호는 충의(忠毅). 임진왜란이 일어 나자 의병을 일으켜 국경인(鞠景仁) 등의 반란을 평정하였다. 저서 에 『농포집』이 있다.

정문부는 본래 문과에 급제한 문신이었는데 임진왜란 당시 함경북 도병마평사(흔히 북평사라고 한다)라는 무관 직책을 맡고 있었다. 그런 정문부가 왜 관군이 아닌 의병을 이끄는 장수가 되었을까? 국 경인이라는 사람은 왜 반란을 일으켰을까? 이런 의문을 안고 다른 자료들을 찾아보았다. 국경인이라는 사람이 『표준국어대사전』에 나 와 있다.

¶**국경인(鞠景仁):** 조선 선조 때의 반란자(?~1592). 1592년에 임진 왜란이 일어나자 무리를 모아 반란을 일으키고, 회령에 피란 와 있 던 두 왕자 임해군, 순화군(順和君)을 왜군에 넘겨준 뒤 유생들에 게 살해되었다.

두 명의 왕자를 잡아서 왜군에게 넘겨주었다면 중대한 반역 행위가 아닐 수 없다. 이런 사실을 알고 먼저 분개한 건 정문부가 아니라 이붕수(李鵬壽)였다. 이붕수는 정문부와 함께 북관대첩을 이끌었으며, '북관대첩' 항목에 이름이 등장한다.

¶**북관대첩(北關大捷)**: 임진왜란 때 북평사(北評事) 정문부기 경성의 선비 이붕수(李鵬壽) 등 수백 명의 의병과 함께 함경북도 길주군의 쌍포(雙浦)와 함경남도의 단천(端川) 등지에서 가토 기요마사의 군대를 격파하여, 함경도 지역에서 왜군을 몰아낸 싸움.

¶**북관대첩비(北關大捷碑)**: 함경북도 길주군 임명(臨溟)에 있던 비석. 조선 숙종 때, 북평사(北評事) 최창대(崔昌大)가 고장 노인들과 함께 세운 것으로, 임진왜란 때의 북관대첩을 기린 비이다.

북관대첩비의 정식 이름은 '유명조선국함경도임진의병대첩비(有明朝鮮國咸鏡道壬辰義兵大捷碑)'이며, 비문에는 당시의 상황이 1500여 글자로 자세하게 기록되어 있다. 이 비문에 따르면 주연은 이붕수이고, 정문부는 조연 정도였음을 알 수 있다. 국경인이 그의 숙부 국세필 등과 모의하여 두 왕자를 잡아 왜군에 바쳤다는 사실을 알게 된 이붕수가 의병을 모으는 과정에서 산골에 숨어 있던 정문부를 찾아가 의병장으로 추대했다는 게 비문에 나와 있는 내용이다. 정문부도 국경인 일파의 모반 행위에 대해 분노했던 건 사실일 테고, 그래서 이붕수의 제안에 응했을 것이다. 그리고 이어진 쌍포와 단청 싸움에 함께 참여해 왜군을 물리친 것도 사실이다. 하지만 임진왜란 초기에 정문부가 비겁하게 숨어 있었다는 사실을 부정할 수는 없다. 『표준국어대사전』의 '촌촌이(村村-)' 항목에 박종화의 장편소설 『임진왜란』의 한 대목이 예문으로 실려 있다.

▶정문부는 창졸간에 변란을 당하니, 급히 몸을 거지로 변장해 가지고 촌촌이 구걸을 해서 걸식을 해 가면서 부녕으로 올라가서….

소설가의 상상력이 덧붙은 표현이긴 하지만 참 민망한 대목으로 다가온다. 박종화의 소설은 북관대첩비의 내용을 바탕으로 삼았을 텐데, 잠시 북관대첩비의 복잡한 운명에 대해 알아보는 것도 나쁘지는 않을 듯하다. 이 대첩비는 1905년 러일전쟁 당시 일본군이 전리품 삼아 일본으로 가져가서 야스쿠니 신사에 두었다. 그러던 걸 당시 일본에 유학하고 있던 조소앙이 발견하고 1909년에 글을 써서 국내에 알렸으나 나라가 풍전등화인 처지에서 반환을 요구할 처지가 아니었다. 그 후 1978년에 다시 이 문제가 언론에 등장하면서 정부가 반환을 요청했으나 거절당했고, 계속된 요청에 일본 정부는 대첩비가 있던 곳이 북한 지역이므로 남북간 협의와 조정이 필요하다는 의견을 보내왔다. 그에 따라 남북간 협의를 거쳐 일단 남한 쪽으로 반환한 뒤 다시 북한으로 보내기로 했다. 그렇게 해서 2005년 10월에 남한으로 건너와 용산의 국립박물관과 경복궁에 잠시 전시했다가 2006년 3월 1일 개성을 거쳐 북한 정부에게 보냈다. 북한은 대첩비를 본래 있던 곳에 다시 세웠으며, 북한 국보로 지정했다.

다시 본론으로 돌아와서 국경인 일파는 왜 두 왕자를 잡아서 왜군에게 넘겼는지 따져볼 필요가 있다. 국어사전에 순화군은 나와 있지 않지만 임해군은 표제어로 올라 있다.

¶**임해군(臨海君)**: 조선 선조의 맏아들(1574~1609). 이름은 진(珒). 초명은 진국(鎭國). 임진왜란 때 왜군의 포로가 되었다가 석방되었다. 광해군 즉위 후 유배되었다가 죽었다.

왜군에게 포로로 잡히기도 하고 나중에는 유배 가서 죽었다고 하니 운명이 가련하기는 하다. 국어사전의 풀이란 게 성격상 간략할 수밖에 없어 자세한 내막은 다른 자료들을 통해서 탐구하는 도리밖에 없다. 조선왕조실록에 보면 임해군이 얼마나 포악한 인물이었는지 알 수 있다.

▶사신은 논한다. 심하다, 임해군의 방종함이여. 남의 재물을 빼앗고 남의 전답과 노비를 겁탈하며 게다가 사나운 노복이 횡행하게 하여 여염집을 두루 욕보여서 원망하는 소리를 차마 들을 수 없고 사람 죽이기를 초개와 같이 하니, 부도(不道)의 피해는 이루 말할 수 없다. ─『선조실록』202권.

임해군은 광해군의 동복(同腹) 형으로, 국어사전 풀이에 나온 것처럼 맏아들이었다. 그런데도 세자 자리를 차지하지 못한 건 어릴 적부터 워낙 패악질을 많이 했기 때문이다. 그런 성질은 임진왜란 때 함경도로 가서도 마찬가지였다. 본래는 아우 순화군과 함께 함경도에 가서 병력 모으는 일을 하도록 했으나 본연의 임무 대신 관리들과 백성들에게 온갖 행패를 부리고 다녔다. 그런 모습들을 목격하면서 참다 못한 회령부의 아전이었던 국경인이 반역에 해당하는 일을 벌이게 된 것으로, 임해군의 자업자득인 측면이 크다. 그렇다면 함께 왜군에게 넘겨진 순화군은 어떨까?

▶이보(李珒)가 졸하였다.[보는 왕자다. 성질이 패망(悖妄)하여 술만 마시면서 행패를 부렸으며 남의 재산을 빼앗았다. 비록 임해군(臨海君)이나 정원군(定遠君)의 행패보다는 덜했다 하더라도 무고한 사람을 살해한 것이 해마다 10여 명에 이르렀으므로 도성의 백성들이 몹시 두려워 호환(虎患)을 피하듯이 하였다.]
－『선조실록』209권.

이보는 순화군의 이름이며, 실록에 나온 것처럼 임해군 못지않은 막장 왕자였다. 더욱 기가 막힌 건 선조의 부인 의인왕후가 상을 당했을 때 무덤 옆 초막에 기거하던 왕후의 시녀를 겁간하기까지 했다. 그동안 온갖 행패를 부려도 덮어주던 선조도 더 이상 감싸줄 수 없어 순화군이라는 작위를 박탈하고 유배를 보냈다. 순화군은 유배 생활 중 병으로 죽었고, 임해군도 국어사전에서 유배 가서 죽었다고 하는데, 임해군은 무슨 일로 유배를 갔을까?
임해군을 감싸던 선조가 죽고 광해군이 즉위하자 사방에서 임해군의 처벌을 요구하는 상소가 올라왔으며, 사병을 거느리고 역모를 꾀한다는 내용도 있었다. 결국 위리안치(圍籬安置) 형을 받고 강화 교동도로 보내졌는데, 실록에 따르면 임해군을 지키던 자가 목을 졸라 죽였다고 나온다.
실록에서 순화군을 평하며 '임해군이나 정원군의 행패보다는 덜했다'라고 했으니 광해군의 이복동생인 정원군 또한 막장 왕자의 대열에서 벗어나지 않는다. 정원군은 그래도 유배까지 당하지는 않았으나 대신 그의 아들 능창군이 역모에 휩쓸려 유배 가서 죽게 된다. 정원군의 아들이자 능창군의 형이 능양군인데, 이 사람이 훗날 광해군을 몰아내고 인조가 된다. 그런 후 자신의 형 능창군을 능창

대군으로 추봉하는 동시에 아버지 정원군을 원종대왕(元宗大王)으로 추숭했다. 경기도 김포에 있는 장릉(章陵)이 원종으로 추숭된 정원군과 부인의 묘다.

¶능창 대군(綾昌大君): 조선 인조의 아우(1599~1615). 이름은 전(佺). 광해군에게 시기를 받아 오다가, 1615년 신경희(申景禧)이 추대로 왕이 되고자 한다는 혐의로 사형당하였다. 인조 10년(1632) 대군(大君)으로 추봉(追封)되었다.

광해군에게 시기를 받아왔다는 건 『표준국어대사전』 편찬자의 추측일 뿐이고, 싫어하거나 위험한 인물로 여겼을 수는 있지만 왕의 입장에서 어린 조카를 시기했다는 건 이치상으로도 맞지 않는다. 능창군의 역모는 신경희와 사이가 좋지 않았던 소명국이라는 인물이 신경희를 모함해서 시작된 사건이다. 사형당했다는 말도 사실과 다르다. 실록을 비롯한 다른 여러 자료에 자결했다고 기록되어 있다. 선조도 여러모로 부족한 인물이었지만 그의 아들 삼형제는 입에 올리기도 부끄러운 짓을 일삼은 망나니들이었다. 광해군이 그중 나았으나 즉위 초반을 지나 후반에 들어 폭군으로 치달았고, 또 다른 아들 영창대군은 광해군 때 역모에 엮여 역시 강화 교동도에 유배 갔다가 의문의 죽음을 당했다. 영창대군의 죽음에 대해서는 병사(病死)부터 독살(毒殺), 방안에 가두고 뜨겁게 불을 때서 죽이는 증살(蒸殺) 등 다양한 설이 있으나 흔쾌히 밝혀진 건 없다. 선조로서는 아들 복이 지지리도 없었던 아비라고 하겠다.

이순신 장군과 함께한 사람들

이순신이라고 하면 성웅이라거나 불멸의 영웅이라고 하는 말이 먼저 떠오른다. 그 정도로 위대한 인물인 만큼 그 밑에 가려진 이름들도 많다. 임진왜란 때 이순신과 같은 이름을 가진 이순신이 있었고, 그것도 같은 전투에 참여했다는 걸 아는 사람이 얼마나 될까?

¶**이순신(李純信)**: 조선 선조 때의 무신(1554~1611). 자는 입부(立夫). 임진왜란 때에 이순신(李舜臣)의 중위장(中衛將)이 되어 공을 세웠고 뒤에 완천군(完川君)에 봉하여졌다.

한자가 다르긴 하다. 이순신 장군은 휘하에 있는 이순신을 무척 아꼈고, 함께 술을 마시며 전황을 상의하고 근심 걱정을 나눌 정도로 가까웠다. 지략과 용맹도 뛰어나 이순신 장군이 전사했을 때 함께 참전했던 명나라 제독 진린(陳璘)이 삼도 수군통제사 후임으로 이순신(李純信)을 추천할 정도였다. 나중에 무의공(武毅公)이라는 시호를 받아, 충무공 이순신과 구별하기 위해 무의공 이순신이라고 부르곤 했다. 하지만 충무공 이순신에 가려 무의공 이순신은 존재가 희미해졌다.
이순신 장군을 이야기하면서 원균을 빼놓을 수 없다.

¶**원균(元均)**: 조선 선조 때의 무신(1540~1597). 자는 평중(平仲).

임진왜란 때 경상 우수사로, 왜군이 침입했을 때에 이순신의 도움으로 승리하였으나 이순신이 삼도 수군통제사가 된 것에 불복하여 충청도 병마절도사로 좌천되었다. 정유재란 때 적의 유인 전술에 말려들어 칠천도(漆川島)에서 부대가 전멸되고 자신도 전사하였다.

칠천도 싸움은 보통 칠천량해전이라고 부르는데, 임진왜란 때 우리 수군이 당한 최대의 패배였다. 이때 원균은 배를 버리고 도망쳤으며, 전사했다는 기록은 찾을 수 없다.『선조실록』(1597.7.22.)에 선전관 김식이 당시 상황에 관해 다음과 같이 보고한 내용이 있다.

▶신은 통제사 원균(元均) 및 순천 부사 우치적(禹致績)과 간신히 탈출하여 상륙했는데, 원균은 늙어서 행보하지 못하여 맨몸으로 칼을 잡고 소나무 밑에 앉아 있었습니다. 신이 달아나면서 일면 돌아보니 왜노 6~7명이 이미 칼을 휘두르며 원균에게 달려들었는데 그 뒤로 원균의 생사를 자세히 알 수 없었습니다.

이때 죽었을 거라고 짐작할 수는 있겠지만 말 그대로 짐작일 뿐이다. 원균의 죽음에 대한 정확한 기록은 어디에도 나오지 않으며, 왜군에 의해 죽었으면 최고위급 장수였으므로 일본 측 자료에라도 나올 텐데 그렇지도 않다. 그래서 피신한 다음 숨어 살았을 거라고 하는 이들도 많다. 전사가 아니라 행방불명이라고 했어야 한다.

¶이억기(李億祺): 조선 선조 때의 무신(1561~1597). 자는 경수(景受). 임진왜란 때에 전라우도 수사로 이순신을 도와 옥포(玉浦), 당포(唐浦) 등의 해전(海戰)에서 크게 승리하였다. 정유재란 때에 한

산도 싸움에서 전사하였다.

이억기는 원균이 칠천도 앞바다에서 참담한 패배를 당할 때 전사했다. 당시 싸움을 조선왕조실록에 한산 싸움이라고 한 기록이 있긴 하지만 학계에서 쓰는 정식 용어가 아니며, 한산도와 칠천도는 꽤 떨어져 있기도 하다. 부산 쪽으로 출정했다 한산도로 돌아오는 도중에 벌어진 싸움이다. 임진왜란 첫해에 이순신 장군이 대승을 거둔 한산도 대첩이 있으므로, 한산도 싸움이 아니라 칠천량해전에서 전사했다고 해야 한다.

¶**정대수(丁大水):** 조선 선조 때의 장군(?~?). 자는 여숙(余淑). 호는 용서(龍西). 임진왜란 때에 사재(私財)를 털어 의병을 모집하였으며, 이순신 장군의 밑에서 큰 공을 세우고 옥포(玉浦) 해전에서 전사하였다. 병조 판서에 추증(追贈)되었다.

전라남도 여수에 오충사(五忠祠)라는 곳이 있다. 임진왜란 때 이순신 장군 밑에서 함께 싸운 정씨 가문의 네 사람인 정철(丁哲), 정춘(丁春), 정대수(丁大水), 정린(丁麟) 네 사람의 공을 기리기 위한 사당인데, 사충사(四忠祠)라고 했다가 나중에 이순신 장군을 함께 모시면서 오충사라는 이름으로 바꿨다. 네 명 중 정대수만 『표준국어대사전』에 이름이 올라 있다. 나머지 세 명도 모두 임진왜란 때 용감하게 싸우다 전사했는데 무슨 이유로 정대수만 『표준국어대사전』이 선택했는지 모르겠다. 나이로 보아서도 정철이 훨씬 위였으며, 사재를 털었다면 가장 어른인 정철이 나서서 털었을 것이다.

옥포해전은 임진왜란 첫해에 있었던 전투였으며, 정대수는 이때 전사하지 않았다. 정대수는 이순신 장군이 전사한 노량해전에 함께 참가해서 싸우다 부상당했다. 집으로 돌아온 정대수는 이순신 장군과 함께 전사하지 못한 것을 한탄했다고 하며, 부상당한 상처가 악화되어 이듬해에 숨졌다. 『표준국어대사전』에는 생몰 연대를 미상으로 처리했는데, 1565년에 태어나서 1599년에 사망했다.

¶유형(柳珩): 조선 선조 때의 장군(1566~1615). 자는 사온(士溫). 호는 석담(石潭). 임진왜란이 일어나자 김천일의 휘하에서 활약했으며, 그 후 무과에 급제하여 정유재란 때에 이순신의 참모를 맡았는데 노량 해전에서 부상을 당하고도 끝까지 싸운 공으로 특진했고, 이듬해 이순신의 뒤를 이어 삼도 수군통제사가 되었다.

이듬해에 이순신의 뒤를 이어 삼도 수군통제사가 된 게 아니라 몇 년 후인 1602년에 되었다.

¶어영담(魚泳潭): 조선 선조 때의 무신(?~?). 임진왜란 때 이순신의 지휘 아래 옥포 싸움에서 공을 세웠고, 정유재란 때는 노량 해전에서 공을 세워 당상관이 되었다.

생몰 연대가 미상으로 처리되어 있는데, 1532년에 태어나 1594년에 전염병에 걸려 사망했다. 정유재란이 일어났을 때는 이미 사망한 뒤이므로 노량 해전에 참가할 수도 없었다.
끝으로 난중일기를 국어사전이 어떻게 기술하고 있는지 살펴보자.

¶**난중일기(亂中日記)**: 임진왜란 때 충무공 이순신이 진중(陣中)에서 쓴 일기. 임진왜란이 일어난 1592년부터 끝난 1598년까지의 일을 간결하고 명료하게 기록하였다. 현재 현충사에 보관되어 있다. 국보 정식 명칭은 '이충무공난중일기부서간첩임진장초(李忠武公亂中日記附書簡帖壬辰章草)'이다. 국보 제76호. 9책.

'임진왜란이 일어난 1592년부터 끝난 1598년까지'라고 한 건 오해의 소지가 있다. 임진왜란이 끝난 해라고 하기보다는 이순신 장군이 사망하기 전까지라고 하는 게 올바른 표현이다. 『고려대한국어대사전』은 '1592(선조 25)년 5월 1일부터 1598(선조 31)년 9월 17일까지'라고 했다.
『표준국어대사전』에는 9책이라고 했는데, 『고려대한국어대사전』에는 7책 205장이라고 되어 있다. 정확하게 이야기하면 본문이 7책이고, 부록으로 서간첩 1책과 임진장초 1책이 있어 모두 합치면 9책이 된다. 『표준국어대사전』은 국보 명칭에 서간첩과 임진장초가 들어 있어 9책이라고 했을 텐데, 난중일기 자체만 따지면 7책이므로 이왕이면 구분해서 서술해 주는 게 좋았겠다는 생각이 든다. 2013년에 유네스코 세계기록유산으로 등재되었다.

순통(純通)과 불통(不通)

'통(通)한다'는 참 좋은 말이다. 반면에 불통(不通)이라는 말은 답답함을 안겨 준다. 『표준국어대사전』이 '통(通)'과 관련해서 특별한 낱말 하나를 올려두었다.

¶**순순통(純純通):** 예전에, 서당에서 시험을 칠 때 한 글자도 틀리지 않고 내용이 뛰어난 최고 등급의 성적을 이르던 말.

최고 등급이면 그 아래 등급도 있지 않을까 궁금했지만, 그보다도 '순순통'이라는 말 자체가 쓰인 사례를 찾기 어려워서 난감했다. 그러다 알아낸 게 조선 시대에 강경과(講經科)나 임금 앞에서 치르는 전강(殿講) 시험을 볼 때 성적에 따라 등급을 나누어 매겼다는 사실이다. 등급은 대개 순(純), 통(通), 조(粗), 약(略), 불(不)의 다섯 등급이나 순통(純通), 순조(純粗), 순략(純略), 불통(不通)의 네 등급으로 매겼으며, 등급에 따라 그에 맞는 상을 내렸다.
다섯으로 분류한 등급은 모두 『표준국어대사전』에 다음과 같이 나온다.

¶**순(純):** 〈역사〉 과거를 볼 때나 서당에서 글을 욀 때, 성적을 매기던 다섯 등급 가운데 첫째 등급.

순(純)의 풀이와 같은 방식으로 통(通)은 둘째, 약(略)은 셋째, 조(粗)는 넷째, 불(不)은 다섯째 등급이라고 했다. 다섯 등급이 아닌 네 등급으로 나누기도 했는데, 그때 지칭하던 순통(純通), 순조(純粗), 순략(純略), 불통(不通)이라는 용어는 하나도 보이지 않는다. 다만 순통(純通)이 다음과 같은 풀이를 달고 표제어로 올라 있을 뿐이다.

¶순통(純通): 책을 외고 그 내용에 통달함.

시험 결과를 나타내는 등급에 대한 내용은 없다. 네 등급으로 나누었을 때의 용어는 다 어디로 갔을까? 그런 용어가 쓰이지 않았다면 모르되 엄연히 사용되었으며, 그런 사실은 조선왕조실록만 보아도 알 수 있다.

▶또 《소학(小學)》에 대한 고강(考講)은 으레 한 책당 다섯 곳을 시험 보이므로 《소학》 네 책을 합해 계산하면 모두 스무 곳입니다. 여기에서 순통(純通)을 받으면 당연히 40점이 되고 순략(純略)을 받으면 당연히 20점이 되며 순조(純粗)를 맞으면 당연히 10점이 됩니다. 네 책에서 순조를 맞은 자는 입격자 속에 끼이지 않아야 할 듯한데도 그중에는 간혹 10점도 채 차지 않는 자가 끼어 있습니다. 이는 분명히 한 곳씩 불통(不通)한 대목이 있거나 혹 스무 곳을 다 채우지 못한 자일 것인데 매우 타당치 못한 일입니다.
–『효종실록』 19권.

네 등급을 가리키는 용어가 모두 나온다. 기록을 살펴보면 조선 초기에는 다섯 등급으로 나누었다가 후에 네 등급으로 나누었음을 알수 있다.

이런 용어들은 본래 조정에서 치르던 시험에 사용하던 것이었으나, 점차 서원이나 향교, 서당 등에서도 사용한 것으로 보인다. 옛날 서원에는 통강록(通講錄)이라는 게 있었다. 지금으로 치면 생활기록부나 성적표 같은 것이다. 거기에는 학생들의 출결 상황과 시험을 친 결과가 자세히 기록되어 있다. 그리고 시험 결과에 대한 기록은 위에 나온 용어들을 사용했음을 확인할 수 있다.

그런데 어디에서도 순순통(純純通)이라는 등급을 사용했다는 기록은 찾기 힘들다. '순순통'의 풀이에서 임금 앞에서 치르는 전강이나 서원, 향교 등에서 치르는 시험에 대한 이야기는 없고, 대신 서당만 언급했다. 그런 것으로 보아 정식 등급이라기보다는 서당 훈장이 학동에게 순통보다도 잘했다는 식으로 추어주기 위해 사용한 말이 아닐까 짐작해 보기도 하지만 실제 그랬는지는 확인할 길이 없다.

끝으로 '불통(不通)'에 대한 국어사전의 풀이를 보자.

¶**불통(不通)**: 길, 다리, 철도, 전화, 전신 따위가 서로 통하지 아니함.

『표준국어대사전』의 풀이이다. 과거의 시험 등급에 대한 설명은 없다 쳐도 달랑 저런 뜻만 올려두면 되는 걸까? 예전에는 '글이나 말을 몰라 통하지 아니함'이라는 뜻을 지닌 북한어라는 풀이가 하나더 달려 있었다. 그러다 지금은 그런 풀이를 〈우리말샘〉으로 옮겨놓았다. 북한어라니, 정말 이해할 수 없는 일이다. 그러면서도 '불통'의 예문에 '대화가 불통이다.'를 올려둔 건 또 무어란 말인가. 『고려대한국어대사전』의 풀이는 이렇다.

¶**불통(不通):** 1. 회선(回線)이나 연락선(連絡線)이 끊겨 전기, 전신(電信), 서신(書信)이 통하지 않음. 2. 도로나 철로 따위가 파손되거나 막혀 교통수단이 왕래하지 못함. 3. 다른 사람의 생각이나 견해 따위를 이해하거나 받아들이지 못하는 사람을 비유적으로 이르는 말.

『표준국어대사전』에게 시험 성적을 매긴다면 순통(純通), 순조(純粗), 순략(純略), 불통(不通) 중 무엇을 주어야 할까?

차상(次上)과 차하(次下)는 몇 등급일까?

학교를 다니거나 직장 생활을 하다 보면 각종 평가가 뒤따르기 마련이다. 학교에서는 주로 등수나 등급으로 표현되고, 직장에서는 근무평정이나 인사고과라는 이름으로 능력을 평가받는다. 조선 시대에는 어땠을까? 앞선 글에서 순(純), 통(通), 조(粗), 약(略), 불(不)의 5등급과 순통(純通), 순조(純粗), 순략(純略), 불통(不通)의 4등급에 대한 이야기를 했으니 이번에는 다른 평가 등급에 대한 이야기를 해 보자.

¶과차(科次): 〈역사〉 조선 시대에, 과거에 급제한 사람들의 성적 등급. 성적을 9등급으로 나누어 이상(二上), 이중(二中), 이하(二下), 삼상(三上), 삼중(三中), 삼하(三下), 차상(次上), 차중(次中), 차하(次下)로 규정하여 우열을 평가하고 삼하 이상을 급제로 하였다.

이 풀이를 보면서 뭔가 이상한 점이 느껴지지 않는가?. 최고가 이상(二上)으로 되어 있는데, 왜 1등급에 해당하는 용어는 없을까? 『표준국어대사전』에 나오는 풀이인데, 『고려대한국어대사전』에는 '조선 시대, 과거에 급제한 사람의 성적의 등급'이라는 간단한 풀이만 달렸다.

¶**상지상**(上之上): 1. 〈문학〉 시문(詩文)을 평가하는 등급 가운데 첫째 등(等)의 첫째 급(級). 2. 더할 수 없이 좋음을 비유적으로 이르는 말.

¶**상지중**(上之中): 〈문학〉 시문(詩文)을 평가하는 등급 가운데 첫째 등(等)의 둘째 급(級).

¶**상지하**(上之下): 〈문학〉 시문(詩文)을 평가하는 등급 가운데 첫째 등(等)의 셋째 급(級).

이상(二上)의 위에 해당하는 등급을 뜻하는 용어들이다. 분명히 첫째 등급에 해당하는 용어가 있는데도 '과차'의 풀이에서는 이런 사실을 누락시켰다. 반면 지금 제시한 세 낱말의 풀이에서는 과거 시험과 관련한 내용이 빠졌다. 그냥 '시문(詩文)을 평가하는 등급'이라고만 하면 누구를 대상으로 어떤 행사에서 평가하는 건지 알 길이 없다. 국어사전 이용자들에게 왜 그런 답답함을 안겨주는 걸까? 상(上)의 등급 안에서 다시 상·중·하(上中下)로 나누고, 중(中)과 하(下) 등급 안에서도 마찬가지다. 그렇게 상지상(上之上)부터 하지하(下之下)까지 총 아홉 등급이 있는데, 나머지 등급도 국어사전 안에 표제어로 실려 있다.

하지상(下之上): 품질에 따라 상·중·하로 등급을 매길 때에, 하등 가운데 윗길인 것.

상지상(上之上)과 같은 계열의 용어가 분명하지만 풀이를 살펴보면 상당한 차이가 나타난다. 중(中)과 하(下)에 해당하는 여섯 항목은 모두 하지상의 풀이와 같은 내용으로 되어 있다. 왜 상(上)에 해당하는 등급과 어긋나는 내용의 풀이를 하게 됐을까? 위 등급들은 과거 시험의 순위를 매길 때를 비롯해 농사를 지은 뒤 수확량을 가지고 조세 부과율을 정하거나 비단이나 면포 같은 피륙의 품질을 정할 때도 사용했다. 아홉 개로 나눈 등급이 실제로 사용되었던 조선 시대의 상황을 알지 못하다 보니 혼란스러운 풀이를 하게 된 셈이다.

여기서 생각해 볼 게 요즘 백일장 같은 행사에서 입상자를 선정할 때 장원 아래 등급을 차상과 차하로 매겨 발표한다는 사실이다. 즉 차상은 2등, 차하는 3등이라는 얘기다. 과거 시험에서 사용하던 등급 명칭을 가져온 게 분명한데, 과차(科次)의 풀이에 나오는 것과 같은 기준을 적용하면 차상과 차하는 관리에 등용되지 못하는 등위권 바깥에 해당한다. 차하 아래 등급으로 참방이라는 명칭을 달아 시상하기도 한다. 참방도 과거 시험과 관련한 용어다.

¶**참방(參榜)**: 〈역사〉 과거에 급제하여 이름이 방목(榜目)에 오르던 일.

참방은 아예 등급을 가리키는 용어가 아니었다. 그런데 어째서 등위권 바깥의 등급과 급제자를 공고하던 명칭을 현대에 들어와 백일장 수상자의 순위를 나타내는 말로 사용하게 되었을까? 백일장(白日場)이라는 용어는 조선 시대부터 사용하던 말로, 정식 과거가 아니라 글 짓는 일을 장려하기 위해 실시하던 행사다. 그러던 걸 근대 이후에도 예스러운 전통을 살려보자는 취지에서 계속 백일장이라는 말을 사용했을 것이다.

백일장 수상자 등급을 가리는 말로 언제부터 차상이니 차하니 하는 용어를 사용했는지 찾아보니 신문 기사에서는 1957년에 실시한 개천절 경축 제1회 전국백일장 소식을 전하는 내용에 처음 나온다. 이 백일장은 각 시도에서 예선을 거쳐 올라온 한시 부문 50명, 시조 부문 50명이 참가하도록 했으며(실제로는 88명 참가), 성균관 명륜당 앞뜰에서 옛날 과거장 풍경을 재현한 모습으로 시행했다. 동아일보사가 처음 행사 제안을 했으나 이승만 대통령이 직접 '대한통일'이라는 시제(詩題)를 내줄 만큼 국가 차원의 행사나 마찬가지로 커졌다. 그러다 보니 행사 기획과 준비에 많은 공을 들였을 것이고, 이때 누군가 입상자 순위를 장원, 차상, 차하, 참방이라고 하자는 안을 내지 않았을까 싶다. 장원 아래 등급으로 이상(二上), 이중(二中), 이하(二下)라는 명칭을 사용해도 됐을 법하지만 명칭이 주는 어감이 그리 흔쾌하게 다가오지는 않았던 게 아닐까? 고민 끝에 '차(次)'라는 한자가 버금 즉 둘째라는 뜻을 지니고 있으므로 이상(二上)보다는 차상(次上)이 더 그럴듯한 명칭이 될 거라는 생각을 했는지도 모르겠다. 어쨌든 지금은 차상과 차하가 2등과 3등의 의미로 굳어져 사용되고 있는 게 현실이다. 하지만 국어사전은 여전히 다음과 같은 풀이만 담고 있다.

¶차상(次上): 〈문학〉 시문을 평가하는 등급 가운데 넷째 등의 첫째 급.
¶차하(次下): 〈문학〉 시문을 평가하는 등급 가운데 넷째 등의 셋째 급.

말의 의미는 시대의 흐름에 따라 변하기 마련이다. 애초에 사용하던 의미가 누군가에 의해 변질되었다고 비판할 수는 있지만 그렇다고 해서 예전에 가지고 있던 의미대로만 사용해야 한다는 주장은 받아들여질 가능성이 거의 없다. 그렇다면 국어사전은 본래 의미 외에 새로 덧붙이거나 변화한 의미를 추가해 주는 쪽으로 가야 한다. 조선 시대에 성적을 평가하는 순위를 뜻하던 용어가 국어사전 안에 더 있다.

¶**거이(居二):** 조선 시대에 성적의 평가에서 끝에서 둘째를 이르던 말.

¶**거삼(居三):** 조선 시대에 성적 평가에서 셋째를 이르던 말.

¶**거말(居末):** 조선 시대에 성적의 평가에서 끝에 있다는 뜻으로, 꼴찌를 이르던 말.

성적을 평가하는 거라고 했는데, 이것도 과거 시험과 관련한 용어일까? 『표준국어대사전』에만 있는 낱말들인데, 풀이를 이런 식으로 하면 안 된다. 어떤 분야의 성적을 말하는지 정확히 밝혀 놓지 않다 보니 엉뚱하게 해석할 여지가 생기게 된다. 이 용어들은 과거 시험과는 전혀 관계가 없으며, 백성들에게 곡식을 빌려주었다 되돌려받는 환곡(還穀) 정책 등을 시행함에 있어 관리들이 얼마나 많은 실적을 올렸는가를 평가하는 기준을 나타내는 말들이다. 이런 설명이 없는 위 낱말들의 풀이는 얼마나 난감한가. 거삼(居三)의 풀이에서 그냥 셋째라고 한 것도 문제가 있다. 거이(居二)의 풀이에서 끝에서 둘째라고 한 것처럼 끝에서 셋째라고 했어야 한다. 거삼은 거이보다 나은 실적을 올린 걸 나타내는 말이다.

그렇다면 거일(居一)은 없을까? 끝에서 첫째를 나타내는 말로 거말

(居末)이라는 말을 만들어 사용했으므로 굳이 그런 말은 필요치 않았을 것이다. 여기서 한 가지 궁금증을 가져볼 만한 건 가장 좋은 징수 실적을 올린 등급을 뜻하는 용어가 있지 않았을까 하는 점이다.

¶**거수(居首)**: 으뜸가는 자리를 차지함. 또는 그런 사람.

거수(居首)를 위의 풀이와 같은 뜻을 사용한 경우도 있긴 할 것이다. 하지만 이 용어는 본래 거이(居二), 거삼(居三), 거말(居末)과 같은 계열의 말이다. 즉 거수(居首)는 환곡을 가장 잘 거둬들인 관리에게 주어진 등급을 뜻하던 말이라는 얘기다. 거수(居首)에게는 나라에서 상을 내렸다고 하는데, 반대로 백성들에게는 원망의 대상이 되었을 수도 있겠다.

옷을 못 입는 병

세상에는 많고 많은 질병이 있지만 그중에는 특별히 기이하다 싶은 질병도 있다. 아래는 『표준국어대사전』에 나오는 병명인데, 정말 저런 병이 있을까 싶었다.

¶**의대병(衣襨病)**: 옷을 입으면 견디지 못하는 병.

옷과 관련된 뜻을 지닌 '의대'로 국어사전에 두 낱말이 나온다.

¶**의대(衣帶)**: 옷과 띠라는 뜻으로, 갖추어 입는 옷차림을 이르는 말.
¶**의대(衣襨)**: 1. 임금의 옷을 이르던 말. 2. 무당이 굿할 때 입는 옷.

의대병에 쓰인 의대(衣襨)는 두 번째 낱말에 해당한다. 낯설게 다가오는 글자인 '대(襨)'는 중국에서 건너온 게 아니라 우리나라에서 만든 한자로, '衣襨' 외에는 쓰인 용례를 찾기 힘들다. 그렇다면 '의대병'은 현대인과는 상관이 없고, 무당 아니면 임금과 관련한 병이라는 얘기가 된다. 의대병에 대한 자료를 찾아보니 아버지 영조에 의해 뒤주에 갇혀 죽은 사도 세자 이야기가 나온다. 사도 세자는 옷 입는 걸 너무 힘들어했으며, 옷을 찢거나 불에 태우기도 했다. 그래서 옷 한 벌을 입히려면 열 벌에서 스무 벌을 준비해 놓아야 할 정도였다고 한다. 시중드는 궁녀가 조금이라도 잘못하면 옷을 입지 못했고, 심지어 궁녀를 죽이기까지 했다. 일종의 강박증에 해당하는 정신질환이라고 하겠다.

사도 세자가 이런 강박증에 걸리게 된 이유로 내놓은 추측 중에, 옷을 입으면 부왕인 영조를 만나러 가야 하는데 거기서 오는 스트레스가 원인이었을 거라는 설이 있다. 영조는 사도 세자가 자신이 원하는 만큼 따라오지 못한다는 이유로 어릴 적부터 호된 질책을 가하곤 했다. 대리청정을 하며 세자에게 정사를 맡긴 뒤에도 매사를 탐탁지 않게 여기고 신하들 앞에서 망신을 주곤 했다. 실록에 나오는 기록들을 보면 거의 학대라고 할 정도로 세자를 가혹하게 질책하고 몰아붙였음을 알 수 있다. 그런 억눌림이 사도 세자로 하여금 정신분열에 이르도록 했을 거라는 얘기인데, 상당히 설득력 있는 분석으로 보인다.

의대병이라는 낱말은 사도 세자 한 명에게만 해당하는 병명이다. '衣帶'가 아닌 '衣㡀'라는 한자 표기를 사용하고 있기 때문이다. 일반인 중에도 옷 입는 걸 꺼리거나 못 견디는 병에 걸릴 수는 있다. 그런 병을 일반인에게 적용하기 위해서는 한자 표기를 '衣帶病'이라고 해야 한다. 더구나 조선 시대에 사도 세자 말고는 그런 병에 걸린 사람이 없고, 지금은 왕조시대가 아니므로 앞으로 쓸 일도 없다. '의대병'을 표제어로 올리고 풀이를 할 때 사도 세자가 앓았던 정신질환이라고 해주었어야 한다.

사도 세자가 죽음에 이르게 된 과정에 대해서는 다양한 견해가 제출되어 있다. 사도 세자가 난폭하고 잔인무도한 악행을 너무 많이 저질러서 영조의 노여움을 샀기 때문이라고 말하는 사람이 있는가

하면 당쟁에 의해 억울하게 희생당했다는 설을 주장하는 사람도 있다.

아래 낱말들을 보면서 이야기를 이어가 보도록 하자.

¶**벽파(僻派)**: 조선 후기 영조의 정치적 처분에 대한 견해 차이로 나누어진 정파의 하나. '임오옥 사건'은 영조가 확정한 정치 원칙이므로 강경하게 지켜야 한다는 입장을 고수하였으며, 시파(時派)와 대립하였다.

¶**시파(時派)**: 조선 후기 영조의 정치적 처분에 대한 견해 차이로 나누어진 정파의 하나. 사도 세자의 신원(伸寃)을 주장하였으며, 벽파(僻派)와 대립하였다.

벽파 풀이에 나오는 '임오옥 사건'이란 영조가 사도 세자를 뒤주에 가둬 죽인 사건을 말한다. 그런 사실을 친절하게 풀어서 설명하는 게 바람직한 풀이 방식 아닐까? 벽파와 시파라는 용어의 등장 시기에 대해 몇 가지 설이 있지만 아무리 빨리 잡아도 벽파라는 말이 사용된 건 정조 8년 경이다. 시파라는 말은 그 후에 벽파와 대립하는 입장을 지닌 집단을 가리키기 위해 사용했다. 벽파와 시파가 등장하고 대립한 건 사도 세자가 죽임을 당하고도 20년 이상 지난 후의 일인 셈이다.

정조는 즉위 후부터 아버지인 사도 세자의 복권을 위해 많은 노력을 기울였다. 그러면서 장헌 세자(莊獻世子)라는 시호를 부여하는가 하면, 동대문 밖 배봉산 기슭에 있던 무덤을 수원 화성 쪽으로 옮기고 현륭원(顯隆園)이라 명명했다. 벽파와 시파의 대립 관계에 대해서는 복잡한 설명이 필요하지만 사도 세자를 둘러싼 입장에서만 보면 정조가 취한 일련의 복권 움직임에 대한 태도에 차이가 있었다. 벽파가 사도 세자의 죽음에 대해 그럴 만한 이유가 있었다는 입장을 취했다면 시파는 사도 세자에 대해 동정적인 시각을 보냈다.

사도 세자의 죽음을 다룬 소설과 드라마, 영화가 꽤 많이 나왔다. 각자 취하는 입장에 따라 다양한 해석을 할 수는 있지만, 중요한 건 학자들의 연구 결과물을 무시하면 안 된다는 사실이다. 사도 세자는 정신분열증 때문이라고는 하지만 수많은 궁녀와 노비를 죽였고, 심지어 자신의 후궁인 경빈 박씨마저 죽였다. 경빈 박씨는 사도 세자의 옷을 입히던 도중 그 자리에서 맞아 죽었다. 그뿐만 아니라 사치를 하느라 동궁전의 창고가 텅 비었으며, 시전상인들에게 많은 빚을 지는 바람에 나중에 그 사실을 안 영조가 호조의 돈을 풀어 갚아주었다. 영조의 눈 밖에 난 결정적인 계기는 사도 세자에게 정사를 맡기고 대리청정을 하던 중에 보고도 하지 않은 채 20여 일간 평안도 유람을 다녀왔다는 사실이다. 이런 태도를 들어 최근에 일부 학자는 사도 세자의 평안도 행이 역모를 꾸미기 위한 행차였다는 설을 내세우기도 한다. 단순히 무고라고 보기 어려운 많은 정황이 존재한다는 것이다.

사도 세자가 당쟁의 희생물이었다는 주장의 근거로 내세우곤 하는 게 아래 사건이다.

¶**나경언의 상변(羅景彦-上變):** 조선 영조 38년(1762)에 나경언이 장헌 세자의 비행을 상소한 사건. 세자를 살해하는 사건으로 확대되었다.

대감 집 청지기에 불과했던 나경언이 스스로 상소를 올렸을 리 만무하고 주변의 사주를 받은 건 분명하다. 하지만 각종 사료에 사도 세자가 행한 수많은 일탈과 악행이 기록되어 있다. 그게 앞서 말한 것처럼 아버지 영조에게서 정신적 학대를 받은 결과라 해도 돌이키기 힘든 과오들인 건 분명하다. 사도 세자의 죽음이 노론 주류 세력의 음모에 의한 것이라는 주장은 주관적 상상과 추측이 개입된 견해일 수도 있다는 얘기다.

위 용어의 풀이에서 두 가지가 걸린다. '장헌 세자'는 나중에 아들 정조가 추증한 시호이므로 그냥 세자 혹은 사도 세자라고 하는 게 자연스럽다. 그리고 '살해'라는 표현도 거슬린다. 문장 안에 살해의 주체도 없거니와, 살해 대신 뒤주에 가두어 굶어 죽도록 했다는 구체적인 표현을 쓰는 게 나았다.

사도 세자의 평양 원유 사건

조선 시대에 왕가의 자손으로 비극적인 죽음을 겪은 사람이 많지만 그중에서 사도 세자의 죽음을 빼놓을 수 없다. 사극에서도 자주 다뤄질 정도로 사도 세자의 생애와 죽음을 둘러싼 이야기들이 많고, 역사학계에서도 다양한 해석이 나오곤 했다. 사도 세자에 얽힌 사건들 중 몰래 궁을 빠져나와 평양을 다녀온 일을 흔히 '평양 원유 사건'이라고 부른다.

¶이후(李珛): 조선 영조 때의 문신(1694~1761). 자는 후옥(厚玉). 호는 구옹(癯翁). 1760년에 좌의정 겸 세자부가 되었는데, 1761년에 세자의 평양(平壤) 원유 사건(遠遊事件)이 일어나자 책임을 통감하여 자살하였다.

국어사전에 '평양 원유 사건'이 따로 표제어에는 없지만 이후라는 인물의 풀이에 등장한다. 그런데 저 풀이는 앞뒤가 맞지 않는다. 『영조실록』에 따르면 이후의 죽음을 기록한 건 1761년 3월 4일이며, 더구나 병으로 죽었다고 했다. 하나 더 이상한 건 사도 세자가 평양을 다녀온 건 이후가 죽고 난 다음인 4월이었다는 사실이다. 사도 세자가 몰래 평양에 다녀온 일은 금방 소문이 났고, 실록에도 여러 신하가 사도 세자에게 잘못된 일임을 지적한 기록이 있으나 영조에게는 그런 사실을 숨겼다. 그러다가 9월에 들어 영조가 승정원이 기록한 5월과 6월의 일기를 가져오라고 한 다음 거기 기록된 내용들을 보고 전말을 알게 됐다. 당시 좌의정이던 홍봉한을 불러들여 추궁하던 중 다음과 같이 말하는 대목이 나온다.

▶서행(西行)은 4월 초2일에 길을 떠났다가 22일에 돌아왔으며, 그리고 대궐에 머물러 있던 중관(中官) 유인식(柳仁植)은 지금 이미 치폐(致斃)되었고 따라간 중관은 다만 박문흥(朴文興)·김우장(金佑章)이다. 성교(聖敎)의 아래 어찌 감히 일호(一毫)인들 가려 숨기겠는가? -『영조실록』 98권.

그렇다면 이후가 세자의 평양 원유 사건 때문에 자살했다는 국어사전의 풀이는 어떻게 해서 나오게 됐을까? 그건 먼 훗날인 고종 때 기록한 실록의 내용에서 비롯했다.

▶ 고 (故) 상신(相臣) 문간공(文簡公) 이천보(李天輔), 정익공(貞翼公) 珥 이후(李), 정헌공(正獻公) 민백상(閔百祥)은 영조조(英祖朝) 때 남다른 우대를 받으면서 정사가 잘되도록 도운 결과 온 나라의 백성들이 영원히 덕을 입게 되었습니다. 뭇 소인들이 나라의 근본을 흔들던 때에 정성을 다하여 세자를 보호하는 데에 있는 힘을 다하였다가, 신사년(1761) 경에 이르러서는 당시의 사태가 더욱더 어쩔 수 없게 되었다는 것을 알고는 눈물을 흘려 통곡하며 맹세코 살기를 바라지 않고 서로 손잡고 영결하면서 연달아 죽었으니 그 뛰어난 충성과 뛰어난 절개는 천지를 지탱할 수 있고 해와 달처럼 빛났습니다. -『고종실록』 39권.

여기서도 평양 원유 사건과 직접 연결지은 서술은 없다. 다만 1761년의 사태라고 했을 뿐인데, 그걸 다른 이들이 곡해하거나 확대 해석해서 퍼뜨린 걸로 보인다. 1761년에 세 사람이 비슷한 시기에 죽은 건 맞고, 사망 시기는 이천보 1월, 민백상 2월, 이후는 3월이다. '서로 손잡고'라는 말은 서로 마음을 주고받으며 결의했다는 건데, 그렇다면 같은 날이나 하루 이틀 정도만 차이가 나야 하지 않을까? 한 달씩 차이가 났다는 건 그럴 개연성보다는 우연성이 더 크게 작용한 것으로 보인다. 하지만 우연을 필연으로 보고자 하는 이들이 있었을 테고, 그러면서 자연히 세 사람의 죽음을 사도 세자와 연결시킨 소문이 만들어지면서 널리 퍼지게 된 듯하다. 그리고 100년도 훌쩍 지난 시점에는 이미 그게 기정사실처럼 통용되고 있었을 테고. 일부에서는 평양 원유 사건은 아니지만 세 사람이 영조로부터 사도 세자를 제대로 보필하지 못했다고 질책을 받아 온 게 아니냐는 가설을 내세우기도 하지만 실록에는 그랬다는 내용이 없다. 이천보의 경우에는 병환을 이유로 벼슬에서 물러나고 싶다는 청을 넣었다는 말이 꽤 많이 나온다.

▶영의정 이천보(李天輔)가 인병(引病)하여 계속 사단(辭單)을 올린 것이 60번이 넘었으나, 임금이 물어보지도 않았고….
  ─『영조실록』 90권.

이천보는 죽기 20여 일 전인 12월 11일에도 임금에게 문안을 드리는 행사인 조참(朝參)에 병으로 참여하지 못했다는 기록이 있다. 그리고 이후는 사망할 때 68세였으니 당시로서는 고령이었다. 민백상은 51세라는 비교적 젊은 나이에 사망했으나 죽을 날은 아무도 모르는 법이다. 이천보와 민백상을 다룬 글들을 보면 하나같이 이후와 엮어서 세 명이 사도 세자의 평양 원유로 인해 사도 세자가 곤경에 처할 것을 염려해 그런 사태에 미리 책임을 지기 위해 동반 자결을 했다고 기록하고 있으며, 인명사전이나 백과사전도 마찬가지다. 하지만 살펴본 것처럼 그런 기록은 아무런 신빙성이 없다.

뜻밖에도 사도 세자의 평양 원유 건에 대해 영조는 크게 문제 삼지 않았다. 다만 그로부터 1년 후에 '나경언의 상변'을 계기로 삼아 사도 세자를 뒤주에 가둬 죽였다.

사도 세자가 왜 평양으로 갔는지에 대해 여러 추측이 있다. 일부에서는 모반을 꾀하기 위한 준비 과정이었다고도 하지만 그런 주장을 뒷받침할 만한 근거는 없다. 괴로움을 달래기 위해 놀러 갔다 왔을 거라고 추론하는 이들이 많다.

상찬계와 양제해의 모반

계(契)는 친목과 협동을 도모하기 위해 만든 조직으로 친목계, 상포계(喪布契) 등 다양한 형태가 있으며, 친목계 정도를 제외하면 거의 사라지고 있는 중이다. 옛날에 있었던 특이한 계 하나가 『표준국어대사전』에 보인다.

상찬계(相讚契): 계원이 서로 칭찬하여 이름을 세상에 알리려는 목적으로 모인 단체.

서로 칭찬하여 이름을 세상에 알리도록 할 목적으로 계를 만들었다는 게 아무래도 미심쩍게 다가온다. 찬(讚)이라는 한자가 기리거나 칭찬한다는 뜻을 지니고 있어, 한자의 뜻 그대로 풀이한 모양이다. 하지만 그런 뜻 말고도 '밝히다', '적다', '돕다' 등의 뜻도 지니고 있다는 걸 염두에 둘 필요가 있다. 그랬을 때 칭찬이 아니라 서로 도움을 주고받기 위해 만든 계라고 볼 수도 있지 않을까?
상찬계라는 조직이 실제로 존재했는지부터 따져보면 계의 성격을 분명히 알 수 있을 것 같아 조사해 보았더니 조선 시대 후기쯤 제주도에 상찬계가 있었다는 기록을 찾을 수 있었다. 정약용의 제자 이강회(李綱會, 1789~?)가 지은 『탐라직방설(耽羅職方說)』이라는 책이 있다. 제주도에 관한 다양한 내용을 기록한 책인데, 2권이 따로 「상찬계시말(相贊契始末)」이라는 제목을 달고 있다. 제주도에 존재했던 상찬계의 실상을 기록한 글이다. 그 글에 따르면 상찬계는 제주 각 관아에 근무하는 아전과 향리들이 만든 계로, 자신들의 이익을 도모하기 위한 조직이었다. 이강회는 그 글에서 제주 아전들을 진무리(鎭撫吏), 향리(鄕吏), 가리(假吏) 셋으로 구분했다. 진무리(鎭撫吏)는 따로 국어사전에 실려 있지 않으며, 병영에 속해서 일을 보던 아전을 말한다. 가리(假吏)는 『표준국어대사전』에 이렇게 나온다.

¶**가리(假吏):** 〈역사〉 다른 고을에서 온 아전을 이르던 말.

이 풀이는 정확하지 않다. 중인 계층에 속하는 향리들은 대체로 대를 이어 직책을 맡는 세습직이었다. 그런데 향리가 부족하다 보니 향리가 아닌 사람에게 향리 역할을 맡기는 경우가 있었는데, 이들을 가리 혹은 가향리(假鄕吏)라고 했다.

▶신이 듣건대 향리(鄕吏)가 지나치게 많은 고을이 있고, 또한 지나치게 적은 고을도 있다고 합니다. 신이 아는 바로서는 홍산현(鴻山縣)과 같은 곳은 향리가 심히 적어서 그 관노(官奴) 가운데 문자(文字)를 해독하는 자를 가향리(假鄕吏)로 하니, 비록 숫자의 많고 적음이 같지 아니하더라도 폐단을 일으키는 것은 한가지입니다.
—『문종실록』 5권.

가(假)는 '거짓'이라는 뜻 말고 '임시'라는 뜻도 지니고 있다. 그러므로 가리(假吏)는 임시직으로 임명한 향리를 가리키는 말이다. 가리는 실록에 나오는 것처럼 관노 출신들이어서 기존의 향리들은 가리들을 무시하기 일쑤였고, 자신들과 동급으로 대우하는 걸 꺼렸다.

제주의 향리들이 중심이 되어 만든 상찬계는 이익단체 성격을 띠었으며, 자신들의 권한을 이용해 세금을 거두고 군역을 부과할 때 다양한 방법으로 백성들을 수탈함으로써 원한의 대상이었다. 이강회의 「상찬계시말」은 제주 상찬계의 폐단을 고발하는 내용을 담고 있다. 거기에 양제해라는 인물이 나오는데, 〈우리말샘〉에 아래 용어가 실려 있다.

¶양제해의 모반(梁濟海의謀反): 조선 순조 13년(1813), 제주도에서 양제해(梁濟海)가 벼슬아치들의 학정에 반대하여 일으킨 모반 사건. 거사 며칠 전 발각되어 계획은 실패하였다.

이 풀이도 문제가 많다. 이강회는 신안 앞바다에 있는 우이도로 유배를 와 있던 제주 출신의 김익강을 만났다. 김익강을 통해 양제해에 대한 이야기를 들었고, 그렇게 알게 된 사실을 「상찬계시말」에 담았다. 내용은 대체로 이렇다.

조선 순조 13년(1813) 음력 10월 그믐날에 제주 백성 30여 명이 제주읍 중면(현재 제주시) 거마촌에 모였다. 그 자리에 참석한 사람들은 상찬계에 속한 향리들의 횡포와 비리를 성토했고, 중면(中面)의 풍헌(風憲) 직책을 맡았던 양제해에게 도움을 요청했다. 이야기를 들은 양제해는 자신이 앞장서기로 하고 여러 사람의 서명을 받아 소장을 작성해 관청에 제출하기로 했다. 그런데 윤광종이라는 사람이 이런 사실을 밀고하면서 양제해를 비롯한 여러 명이 무기를 들고 제주 관아를 습격하려는 모반을 꾀했다는 죄명으로 관가에 끌려갔다. 상찬계에 속한 향리들이 자신들의 비리가 밝혀질까 두려워 누명을 씌운 것이다. 심문을 받던 양제해는 곤장을 맞아 옥에서 죽었고, 양제해와 사돈간이었던 김익강은 같은 죄명을 뒤집어쓰고 우이도 유배형에 처해졌다. 그로부터 5년 후인 1818년에 이강회가 우이도에서 김익강을 만나 사건의 전말을 듣게 되었다. 이 사건을 '양제해의 모반(梁濟海의謀反)'이라고 하는 건 양제해를 모함한 이들이 만든 용어이며, 제주 목사 김수기(金守基)가 조정에 그런 내용으로 보고한 사실이 실록에 나온다. 하지만 진실이 밝혀진 이상 그런 용어는 마땅히 폐기해야 하며 '양제해의 옥사(獄死) 사건' 정도로 규정해야 한다.

이강회가 김익강으로부터 들어서 기록한 내용에 따르면 상찬계가 횡포를 부릴 때 제주 백성들은 '살갗이 다 벗겨지고, 살이 다 발라지고, 피가 다 마르고, 뼈가 다 부수어지는' 고통을 당했다고 한다. 「상찬계시말」이 공개되면서 제주 백성들의 고통을 보다 못해 나섰던 양제해의 억울한 죽음이 알려졌고, 이후 여러 편의 소설에서 주요 소재로 다뤄지기도 했다.

조선 시대의 천주교 탄압

이 땅에 천주교가 알려지고 들어오기 시작한 건 17세기 초쯤부터다. 이수광이 사신으로 명나라에 가서 『천주실의』 같은 천주교 교리 책을 접한 뒤 조선으로 돌아와 자신의 저서 『지봉유설』(1614년)에 소개한 일이 있다. 이때만 해도 천주교를 서학(西學)이라 해서 학문 연구의 대상 정도로 여겼다. 그 후 명나라에 이어 들어선 청나라에 드나들던 이들이 그곳에서 천주교 신부들을 만나 대화하고 토론하면서 천주교 교리가 조선에 전해지기 시작했고, 차츰 신자들도 생겨났다.

천주교가 여러 차례 박해를 받아 순교자들이 많았다는 건 익히 알려진 사실이다. 가장 먼저 순교당한 사람은 누구일까? 『표준국어대사전』에 두 사람의 이름이 나온다.

¶**김범우(金範禹):** 우리나라 최초의 가톨릭교 순교자(?~1786). 세례명은 도마. 역관 출신으로, 정조 9년(1785)에 이승훈 등 남인(南人) 학자들과 그의 집에서 예배를 보다가 발각되어, 단양으로 유배 가던 중 사망하였다.

¶**윤지충(尹持忠):** 조선 정조 때의 천주교인(1759~1791). 교명은 바오로. 정약용의 외사촌으로, 그의 가르침에 따라 천주교를 믿고 영세를 받았다. 정조 13년(1789) 베이징에 가서 견진 성사를 받고 귀

국하여 어머니 장사 때 천주교 의식에 따라 초상을 치른 것이 죄가
되어 신해박해 때 처형되었다. 우리나라 최초의 순교자가 되었다.

둘 다 최초의 순교자라고 했다. 사망 연도를 보면 김범우가 빠르므
로, 김범우가 최초의 순교자임은 분명하다. 그리고 김범우는 유배
가던 중 사망한 게 아니라 유배지에 간 뒤 그곳에서 죽었다. 윤지
충은 제사 문제로 순교당한 최초의 사람이라고 했어야 한다. 윤지
충이 정약용의 가르침에 따라 천주교를 믿고 영세를 받았다고 한
기술은 조금 보완할 필요가 있다. 당시 정약용이 천주교를 받아들
인 건 분명하고 세례까지 받은 것으로 알려졌으나 나중에 배교를
했으며, 신자로서 뚜렷한 활동도 하지 않았다. 오히려 형인 정약종
과 정약전이 신실한 믿음을 가진 신자였다. 세 형제 중에 정약종이
가장 신앙 활동에 열심이었으며, 그래서 천주교 교리를 가르치고
배우는 모임이었던 명도회(明道會)의 회장 자리에 올랐다. 따라서
정약용보다는 정약종의 가르침을 받았을 가능성이 높고, 최소한 정
약용 형제들에게 가르침을 받았다고 해야 오해를 줄일 수 있다. 정
약종은 1801년 신유박해 때 사형당했으며, 정약전은 흑산도로 유배
가서 그곳에서 죽었다.
윤지충이 순교당한 사건인 신해박해(신해사옥이라고도 한다.) 때
함께 순교당한 사람이 있다.

¶**권상연(權尙然)**: 조선 후기의 가톨릭 순교자(1751~1791). 정조 15
년(1791)에 모친상을 당했을 때 신주를 불사르고 가톨릭식으로 제
례를 행한 사실이 조정에 알려져 처형되었다.

윤지충과 권상연은 고종사촌 간이었으며 권상연은 윤지충으로부터 교리를 배워 입교했다. 윤지충이 모친상 때 천주교 교리를 지켜야 한다며 제사를 지내지 않은 건 맞지만 권상연은 모친상을 당해 신주를 불사른 게 아니다. 윤지충의 행동을 보고 자신도 조상들의 신주를 꺼내 불살랐을 뿐이다. 윤지충과 권상연이 처형당한 자리에 세운 게 전주시에 있는 전동성당이다.

신해박해 때 처형당하지는 않았지만 유배를 간 이들도 여럿 있었다.

¶권일신(權日身): 조선 영조·정조 때의 가톨릭교인(1751~1791). 자는 성오(省吾). 호는 직암(稷庵). 세례명은 프란시스 사비에르 (Francis Xavier). 가톨릭에 입교하여 이승훈에게 영세를 받았다. 신해박해 때 체포되어 예산으로 유배 가던 중 혹심한 장독으로 사망하였다.

권일신은 신하들이 사형시키라고 했으나 정조가 사형 대신 제주도로 유배를 명했다. 유배를 떠나기 전 형조에서 팔순 노모가 살아 계신데 제주까지 유배를 가면 노모를 어떡하냐며 회유하는 바람에 배교를 선언하고 감형되어 예산으로 유배지가 바뀌었다. 그런 후 노모를 만나본 뒤 예산으로 가는 도중 죽었는데, 『한국 가톨릭 대사전』(한국교회사연구소, 2001)에는 사망 시기가 1791년이 아닌 1792년 봄이라고 나온다.

신해박해에 이어 천주교도들을 탄압한 게 신유박해다. 시간이 지날수록 탄압이 심해지고 순교자 수도 많아진다. 그만큼 천주교 신자의 수가 늘어났다는 얘기도 되겠다. 신유박해로 인해 약 300여 명의 순교자가 생겼다고 한다.

¶**기해박해(己亥迫害):** 조선 헌종 5년(1839)에 두 번째로 가톨릭교도를 학살한 사건. 프랑스 신부 모방, 샤스탕, 앵베르를 비롯하여 70여 명의 교도가 죽임을 당했으며, 이 사건을 계기로 헌종은 척사윤음(斥邪綸音)을 내리고 오가 작통법(五家作統法)을 강화하여 가톨릭교를 탄압하였다.

두 번째라고 한 건 가장 먼저 일어난 신해박해는 두 명만 사형을 당했고 관련자가 많지 않아 대규모 박해라고 보기는 어렵기 때문일 것이다. 기해박해 때 숨진 사람 여럿이 『표준국어대사전』에 나오는데, 그중 기술이 잘못된 사람만 보자.

¶**조신철(趙信喆):** 조선 후기의 천주교인(1795~1839). 일명 덕철(德喆). 세례명은 바오로. 천민 출신으로, 조선 교회와 베이징 선교회와의 비밀 연락 임무를 맡아 유방제(劉方濟), 모방 신부의 입국을 인도하였고, 이들과 함께 전도 활동을 펴다가 1839년 기해박해 때에 어머니와 함께 순교하였다. 1925년에 모자가 함께 복자(福者)의 위(位)에 올랐다.

세례명은 바오로가 아니라 가롤로이다. 어머니와 함께 순교했다고 하는데 어머니는 조신철이 다섯 살 때 이미 돌아가셨다. 함께 죽은 사람은 아내 최영이(崔榮伊)였다. 당연히 함께 복자의 위에 오른 것도 모자가 아니라 부부였다.

¶**병인박해(丙寅迫害)**: 조선 고종 3년(1866)에 일어난, 우리나라 최대 규모의 가톨릭 박해 사건. 러시아로부터 통상(通商) 요청을 받은 대원군이 프랑스의 힘을 빌려 막고자 하였으나 뜻대로 안 되자 가톨릭 탄압령을 내리고 아홉 명의 프랑스 선교사와 남종삼을 비롯한 팔천여 명의 가톨릭교도를 학살하였다.

팔천여 명이 죽었다면 대단한 규모다. 이 많은 인원을 한 해에 다 죽였을까? 병인박해를 주도한 사람은 대원군이다. 국어사전 풀이에는 간단하게만 나왔는데, 1866년의 학살에 이어 1868년과 1871년에 이루어진 학살까지 통틀어 병인박해라고 한다. 1868년 학살은 무진사옥, 1871년 학살은 신미사옥이라 따로 부르기도 하지만 서로 연속성을 지닌 데다 모두 흥선대원군이 주도한 학살이라 하나의 사건으로 보는 게 통례다. 국어사전 풀이만 보면 1866년 한 해에 팔천여 명을 학살한 것처럼 인식할 수 있지만 실제로는 여러 해에 걸쳐 학살당한 사람들의 숫자다.

이 사건에서 중요하게 등장하는 인물이 남종삼이다. 남종삼은 철종 때 승지를 지냈고 고종 초에는 왕족 자제들의 교육을 담당하여 흥선대원군과 친분을 맺을 수 있었다. 남종삼은 대원군을 만나 조선과 프랑스가 조약을 맺으면 러시아의 남하 정책을 저지할 수 있으며, 그러기 위해 우선 조선에 들어와 있는 베르뇌 신부를 만나 도움을 받아볼 것을 권했다. 남종삼으로서는 이번 기회에 대원군의 힘을 빌려 천주교를 공인받을 수도 있겠다는 판단을 했을 법하다. 대원군이 호의적인 반응을 보였으나 지방에 있던 베르뇌 신부가 한양에 도착한 건 한 달 이상 지난 뒤였다. 그러는 사이 정세가 급변하면서 대원군의 처지와 마음이 바뀌었다. 청나라에서 천주교를 탄압하고 있다는 소식이 전해졌고, 운현궁에도 천주교 세력이 침투했다는 소문이 퍼지면서 반대원군 세력이 정치 공세를 펴기 시작했다. 결국 대원군은 반천주교로 돌아서면서 베르뇌를 비롯한 프랑스 신부들과 천주교 신자들을 체포해서 처형하기 시작했다.

¶**남종삼(南鍾三)**: 조선 시대의 천주교인(1817~1866). 자는 증오(曾五). 호는 연파(煙波)·중재(重齋). 세례명은 요한. 천주교를 공인받으려 하다가 이선이(李先伊)의 고발로 프랑스 선교사 아홉 명과 함께 피살되었는데, 이것이 병인양요의 계기가 되었다

피살당했다는 표현은 적절치 못하며 처형당했다고 해야 한다. 남종삼은 다른 신자들과 함께 서소문 밖 네거리에서 참수당했다.

¶**리델(Ridel, Fé lix Clair)**: 프랑스의 천주교 신부(1830~1884). 파리 외방 선교회 소속으로, 1861년 우리나라에 들어왔으나 천주교 박해로 추방되었다. 일본에서 『한불 문전』, 『한불 사전』을 감수하였다.

감수했다는 책명이 둘 다 틀렸다. 『한불 문전』과 『한불 사전』이 아니라 『한어 문전』과 『한불 자전』이다. 리델 신부는 추방된 게 아니라 병인박해 때 체포를 피해 중국으로 탈출했다. 그런 다음 톈진(天津)에 와 있던 로즈 제독에게 프랑스 선교사들이 처형당했다는 사실을 보고했고, 이로 인해 프랑스 함대가 강화도를 침공하는 병인양요가 일어났다. 병인양요 이후 외세에 대한 반감으로 천주교 신자들에 대한 탄압이 더 심해져 순교자가 늘었다.

1868년에는 독일의 항해가이자 상인인 오페르트가 충남 해안으로 상륙한 뒤 대원군의 아버지인 남연군의 묘를 도굴하는 사건이 벌어지면서, 인근 내포(內浦) 지역의 천주교 신자들을 색출해서 처형했다. 그리고 1871년에 미국 군함이 강화도를 공격하는 신미양요가 발생하자 대원군은 전국에 척화비를 세우고 남아 있는 천주교 신자들을 체포해서 처형했다. 대원군의 천주교 탄압은 1873년에 대원군이 실각하면서 끝났다.

끝으로 병인박해 때 순교한 사람 한 명만 더 보자.

¶**전장운(全長雲):** 조선 후기의 천주교인(?~1866). 세례명은 마태오. 조선 교구장 베르뇌의 서사(書士)로, 최형(崔炯)과 함께 『성교일정(聖敎日程)』, 『성찰기략(省察紀略)』과 같은 교리 서적을 간행하여 천주교 서적 보급에 힘썼다. 병인박해 때에 참수되었다.

세례명은 마태오가 아니라 요한이었다. '성찰기략(省察紀略)'의 '紀'는 '記'를 잘못 썼다.

장패(藏牌)와 회동좌기(會同坐起)

국가의 존재 이유는 자국민을 보호하면서 안정된 삶을 꾸려가도록 돕는 것이어야 한다. 법도 마찬가지여서 지나치게 형사처벌 위주로 가게 되면 부작용이 생길 수 있으므로 적절한 계도를 선행할 필요가 있다. 또한 생계형 범죄에 대해서는 관용의 폭을 넓히는 것도 필요하다.

조선 시대에 그런 식으로 관용 정책을 펼쳤음을 알 수 있게 하는 낱말이 『표준국어대사전』에 있다.

¶**장패(藏牌)**: 순찰 군관이 차고 다니는 금패(禁牌)를 회수하여 보관하던 일.

¶**금패(禁牌)**: 금리(禁吏)가 지니던 패. 범법 행위를 단속할 때에 내보였다.

¶**금란패(禁亂牌)**: 조선 시대에, 금령(禁令)을 내릴 때에 금제 사항을 적은 나무패. 금란사령이나 나장들이 범죄자를 잡아들일 때 썼다.

금패와 금란패는 같은 용도로 사용하던 패라는 걸 알 수 있다. 이제 그런 금패를 언제, 왜 회수했는지 이유를 알아볼 차례다. '장패'의 풀이에는 그런 사유가 나오지 않으므로 다른 자료를 뒤지는 수밖에 없다. 그랬더니 조선왕조실록의 기록 중에 장패(藏牌)라는 말이 나오는데, 주를 이렇게 달아놓았다.

※장패(藏牌): 연말연시(年末年始) 또는 연중 특별한 날에, 과잉 단속을 방지하기 위해 순찰(巡察)하는 군관(軍官)이 지니고 다니는 금패(禁牌)를 회수하여 보관하는 것.

장사가 대목을 이루는 시기에 지나친 단속을 피함으로써 장사하는 사람들에게 숨통을 터주기 위한 조치였다고 하겠다. 사법 기관이 이런 온정도 베풀 수 있어야 백성들이 국가나 법에 대해 원망하는 일을 줄일 수 있다. 법과 원칙의 엄정한 적용만이 능사는 아니라는 사실을 위정자들이 곰곰이 생각해 보면 좋겠다.

그런데 장패와 비슷한 뜻을 가진 낱말이 국어사전에 하나 더 보인다.

¶회동좌기(會同坐起): 조선 시대에, 매년 12월 25일부터 이듬해 1월 15일 사이에 형조와 한성부의 벼슬아치들이 모여 금법(禁法)을 풀고 죄가 가벼운 죄수를 놓아주던 일. 이 동안에만 난전(亂廛)들도 마음대로 물건을 벌여 팔 수 있었다.

장패에 비해 무척 자세하게 풀이했는데도 뭔가 이상하다는 느낌을 지울 수 없다. 장패는 『표준국어대사전』에만 실려 있지만 회동좌기는 『고려대한국어대사전』에도 같이 실려 있으며, 풀이도 똑같다. 회동좌기(會同坐起)에 쓰인 한자를 가지고는 풀이 내용과 연결짓기 힘들다. 회동(會同)은 여럿이 함께 모인다는 뜻으로 쓰는 말이고, 좌기(坐起)는 『표준국어대사전』에 다음과 같이 나온다.

¶**좌기(坐起)**: 관아의 으뜸 벼슬에 있던 이가 출근하여 일을 시작함.

회동과 좌기를 합치면 여럿이 모여 함께 일을 한다는 정도의 뜻이 될 것 같은데, 왜 국어사전에는 구체적이면서 특별한 일을 뜻하는 말로 정의하고 있을까? 사료를 찾아보니 이 말이 처음 등장하는 건 『삼국지(三國志)』〈위서(魏書) 고구려전〉의 기록이다.

▶如卿大夫之家臣(여경대부지가신), 會同坐起(회동좌기), 不得與王家使者皁衣先人同列(부득여왕가사자조의선인동렬)
경대부의 가신과 같이 회동좌기(會同坐起)에 있어 왕가의 사자, 조의, 선인과 동렬일 수 없다.

조선 시대 한참 전에 나온 기록이고, 앞뒤 문맥으로 보아 함께 자리를 한다는 정도의 의미로 쓰였음을 알 수 있다. 저 말이 조선 시대에 특별한 의미로 전용되어 사용되었을 가능성을 배제할 수는 없다. 조선왕조실록에는 안 보이지만 승정원일기에는 회동좌기라는 말이 무척 많이 보인다. 하지만 거기 쓰인 용례를 전부 살펴봐도 국어사전에 나온 뜻으로 쓰인 건 발견할 수 없었다. 한결같이 여러 기구를 대표하는 사람들이 모여 특정 주제를 놓고 여는 합동회의를 뜻하는 말로만 쓰였다. 국어사전은 어떤 문헌을 근거로 저런 뜻을 가져다 풀이했을까? 회동좌기를 하는 자리에서 금법을 푸는 방안을 논의했을 수는 있다. 하지만 수많은 논의 중 하나였을 테니, 꼭 그런 주제로만 회동좌기를 하지 않았을 건 분명하다. 너무 어려운 수수께끼를 받아든 느낌이다.

황제의 나라와 제후의 나라에서 쓰던 말들

조선은 중국의 제후국이었다. 자존심이 상한다 해도 부정할 수는 없는 사실이다. 중국이 최고 통치자를 황제라 칭하는 동안 우리는 왕이라는 용어를 사용해야 했다. 그러다가 1897년에 고종이 국호를 대한제국으로 바꾸고 스스로 황제라 칭하며, 모든 격식과 용어를 황제의 나라에 맞도록 고쳤다. 이전까지는 용어 하나도 마음대로 사용하지 못했으며, 우리가 그런 제후국이었다는 건 『표준국어대사전』에 나오는 다음 낱말의 풀이만 보아도 명확하다.

¶세자(世子): 제후국에서, 임금의 자리를 이을 임금의 아들.

우리는 세자 혹은 왕세자라는 용어를 썼고, 중국에서는 황자(皇子) 혹은 황태자(皇太子)라고 했다. 이렇듯 황제의 나라와 그 지배권 아래 있는 제후국은 상하 관계를 명확히 하기 위해 사용하는 용어를 달리했다. 그런데 우리 국어사전에는 그런 구분을 무시하거나 반대로 풀이한 낱말이 꽤 많다. 중국의 제후국이었다는 사실을 부정하려고 그런 건 아니겠지만 엄밀해야 할 국어사전의 권위에는 맞지 않는 일이다.

¶조서(詔書): 임금의 명령을 일반에게 알릴 목적으로 적은 문서.
¶칙서(勅書): 임금이 특정인에게 훈계하거나 알릴 내용을 적은 글

이나 문서.

둘 다 풀이에 임금을 내세웠는데, 중국 황제가 내려보낸 문서를 일컫는 말들이다. 우리는 왕이 내리는 문서를 교서(敎書)라 했으며, 경우에 따라 교지(敎旨)나 왕지(王旨)라는 말을 썼다. 아래 낱말들도 모두 임금이 아니라 중국의 황제라고 해야 했다.

¶성지(聖旨): 임금의 뜻.
¶칙지(勅旨): 임금이 내린 명령.
¶조칙(詔勅): 임금의 명령을 일반에게 알릴 목적으로 적은 문서.

〈태조실록〉 2권에 '글을 화개전(華蓋殿)에서 주문(奏聞)하고 황제의 성지(聖旨)를 삼가 받았는데, 그 칙지에…'라는 구절이 나온다. 조칙은 조서와 칙서를 아울러 이르는 말인데, 일반에게 알릴 목적이라는 풀이 자체도 틀렸다. 제후국의 왕이나 자신의 신하들에게 내린 문서를 말한다고 해야 한다. 우리도 조서나 칙서라는 말을 사용한 적이 있으나 그건 앞서 말한 것처럼 대한제국 성립 이후의 일이다. 차라리 그런 사실을 명확히 밝히면서 풀이했다면 나았을 것이다.
중국 황제가 보낸 조서나 칙서를 받아들 때는 엄격한 의식 속에서 진행했다. 황제의 명을 받들고 우러른다는 걸 보여주어야 했기 때문이다. 그래서 사신이 조서나 칙서를 전하러 오면 왕이 직접 궁궐 밖으로 나가서 받았으며, 궁궐로 가지고 돌아와 펼쳐서 읽었다. 이때 왕이 직접 읽는 게 아니라 신하들이 그런 역할을 맡았다.

¶봉조관(捧詔官): 중국에서, 칙서(勅書)를 맞이할 때 칙서를 받들던 벼슬아치.

¶선조관(宣詔官): 나라에 경사가 있을 때에, 조서(詔書)를 선포하는 일을 맡아보던 임시 벼슬. 또는 그 벼슬아치.

¶전조관(展詔官): 중국의 조서(詔書)를 맞이할 때에, 선조관이 읽는 조서를 펴서 들던 임시직 벼슬아치.

봉조관의 풀이는 거꾸로다. 풀이한 대로 문맥을 따라 읽으면 마치 우리가 보낸 칙서를 중국 관리가 받드는 것처럼 되어 있는데, 중국 황제가 보낸 조서나 칙서를 받드는 우리 신하의 직책이었다. '나라에 경사가 있을 때에'라는 선조관의 풀이도 엉터리고, 왕과 신하들이 들을 수 있도록 조서를 읽는 역할을 했다. 전조관의 풀이만 제대로인 셈이다. 잠시 조선왕조실록에 나오는 대목을 읽어 보자.

▶인례가 전하를 인도하여 내려와서 제자리로 돌아가면, 사찬이 창하기를, '개독(開讀)하라.' 하면, 봉조관(捧詔官)·선조관(宣詔官)·전조관(展詔官)이 올라와서 자리에 나아간다. 사신이 조서가 있는 안(案) 앞에 나아가서 조서를 받들어 봉조관에게 주면, 봉조관은 조서를 받아 받들어 개독안(開讀案)으로 가서 선조관에게 주고 선조관은 조서를 받아 전조관과 마주보고 편다. 사찬이 창하기를, '꿇어앉으라.' 하면 전하는 왕세자 이하 여러 신하들을 거느리고 꿇어앉는다. 선조관이 조서를 선유(宣諭)하고 나면, 봉조관이 선조관 앞에서 조서를 받들어 그대로 조서안(詔書案)에 둔다. 사찬이 창하기를, '부복, 흥, 평신'이라 하면, 전하가 왕세자 이하 여러 신하들을 거느리고 부복하였다 일어나서 몸을 바로한다. ─『세종실록』39권.

이처럼 왕이 꿇어앉아 받들어야 할 만큼 황제가 보낸 조서는 중요했다. 이 밖에도 조서를 나타내는 말이 여럿 있는데, 함께 살펴보도록 하자.

¶**봉책(封册)**: 왕후(王侯)에 봉한다는 뜻을 적은 천자의 조서(詔書).
¶**밀조(密詔)**: 임금이 비밀리에 내리던 조서(詔書).
¶**은조(恩詔)**: 은혜로운 조서라는 뜻으로, 임금이 내린 명령을 적은 문서를 이르던 말.
¶**수조(手詔)**: 제왕이 손수 쓴 조서.
¶**혈조(血詔)**: 피로 쓴 조서.

봉책은 제대로 풀이하면서 밀조와 은조 풀이에서는 또 임금을 내세웠다. 수조는 제왕이라고 했는데, 제왕은 황제와 왕을 아울러 이르는 말이니 그런대로 넘어갈 수도 있겠다. 그런데 황제가 직접 조서를 쓰는 건 그럴 수도 있겠으나 피로 쓰기도 했다는 건 언뜻 이해하기 어렵다. 정말로 그런 일이 있었을까? 혈조라는 말은 정사(正史)가 아닌 소설 『삼국지연의』에 나온다. 후한의 마지막 황제였던 헌제(獻帝)는 신하인 조조의 권력이 막강해지면서 자신은 허수아비 신세로 떨어지자 조조를 죽여야겠다고 결심한다. 그래서 측근인 동승(董承)에게 자신의 손가락을 깨물어 낸 피로 조조를 죽이라는 내용의 혈조를 써 보낸다. 하지만 이런 사실이 조조에게 발각돼 동승을 비롯한 관련자들이 모두 처형을 당하고 만다. 소설 속 이야기이므로 헌제가 실제로 혈조를 썼는지는 모르겠으나 그 외에는 황제가 피로 조서를 썼다는 기록을 찾기 힘들다. 그렇다면 혈조 풀이에 이런 사실을 덧붙여 주면 어땠을까 싶다.

풀이가 잘못되거나 부족한 게 조서 관련한 낱말만 그럴까? 다른 낱말에서도 그런 경우를 발견할 수 있다.

¶금인(金印): 황금으로 만든 도장.

개인도 얼마든지 황금으로 자기 도장을 새겨서 만들 수 있다. 하지만 역사 기록에 나오는 특별한 금인이 있다면 그런 내용을 풀이에 담았어야 한다.

¶고명책인(誥命冊印): 중국에서 이웃 나라에 그 왕의 즉위를 승인하여 책봉한다는 문서와 이를 증명하는 금인(金印)을 내려 주던 일.

'고명(誥命)'이 별도 표제어로 실려 있으며, '중국의 황제가 제후나 오품 이상의 벼슬아치에게 주던 임명장'이라고 나온다. 금인(金印)은 왕으로 책봉하는 뜻을 담아 내려주는 도장이며, 이런 뜻을 풀이에 담았어야 한다. 왕이 즉위하면 중국에 사신을 보내 고명과 금인을 받아와야 했다. 제후국으로 인정받기 위해서는 황제의 승인을 받아야 했기 때문이다. 이성계는 조선을 건국한 다음 명나라로 사신을 보냈다. 고명책인을 받기 위함이었으나 명나라 황제는 이성계를 탐탁지 않게 여겨 줄곧 거부했다. 그러다 3대 임금인 태종 때 가서야 겨우 고명과 금인을 받을 수 있었다. 금인은 왕이 사용하는 옥새와 같은 것이다. 기록을 보면 명나라가 제후국에 주는 인장(印章)에는 금인(金印), 도금인(鍍金印), 은인(銀印)의 세 등급이 있었다. 금인은 조선과 일본, 토번(吐蕃) 즉 지금의 티베트에게만 주었고, 류큐(琉球)와 안남(安南) 즉 베트남 등에게는 은인(銀印)을 주었다. 도금인(鍍金印)과 은인(銀印)은 표제어에 없다.

¶**춘저(春邸):** 황제국에서, 황제의 자리를 이을 황제의 아들.
¶**비자(조子):** 황제국에서, 황제의 자리를 이을 황제의 아들.
¶**저궁(儲宮):** 1. 제후국에서, 임금의 자리를 이을 임금의 아들. 2. 황제국에서, 황제의 자리를 이을 황제의 아들.

이들 낱말의 풀이 역시 난감함을 안겨준다. 춘저(春邸)는 황제의 아들이 아니라 왕위를 이을 왕세자를 가리키는 말이다. 본래는 왕세자가 머무는 궁을 가리키다 왕세자까지 이르는 말로 사용했다. 정조의 글을 모은 문집『홍재전서(弘齋全書)』의 앞부분을 차지하고 있는 게 〈춘저록(春邸錄)〉이다. 정조가 동궁에 거처하던 세자 시절에 지은 글들을 모았다. 황제의 아들은 저궁(儲宮) 혹은 저군(儲君)이라고 했다. 이 말은 제후국에서도 사용했으므로 두 가지로 나누어 풀이한 건 문제가 없다. 그렇다면 비자(조子)는 어떻게 볼 것인가? 비자 역시 중국과 우리가 함께 사용했다. 조선왕조실록에 여러 차례 나오며, 왕을 직접 가리키는 말로 사용하기도 했다.

전란 때 이상하게 죽은 사람들

국어사전에 인명(人名)과 지명(地名)이 숱하게 실려 있는데, 그런 건 모두 빼고 순수한 국어사전답게 다시 편찬해야 한다고 생각한다. 백과사전식 편찬은 품을 많이 들이는 데 반해 사실관계를 제대로 점검하지 못해 국어사전의 질을 떨어뜨리는 역효과를 가져온다. 국어사전 편찬자들이 만물박사가 아닌 만큼 그런 용어일수록 오류도 많기 때문이다.

임진왜란과 정묘호란 시기를 살다 간 다섯 명의 인물을 표제어로 올린 『표준국어대사전』의 풀이를 보면서 어떤 오류가 나타나고 있는지 점검해 볼까 한다.

¶계월향(桂月香): 조선 시대의 기생(?~1592). 임진왜란 때 적장(敵將)을 유인하여 김응서(金應瑞)로 하여금 목을 베게 한 후 자결하였다.

임진왜란 때 적장을 끌어안고 진주 남강에 빠져 순국한 논개에 대해 모르는 사람은 거의 없다. 그렇지만 논개 못지않은 활약을 한 계월향이라는 인물에 대해 아는 사람은 거의 없다. 한용운의 시와 박종화의 역사소설 『임진왜란』에 계월향이 등장하고, 1962년에 김지미를, 1977년에는 정윤희를 주인공 삼아 계월향을 그린 영화를 만든 적이 있음에도 대중들의 기억에는 별로 남아 있지 않다. 계월향은 어떤 인물이었을까? 『표준국어대사전』의 풀이는 너무 간략하거니와 내용도 정확하지 않다.

계월향에 대한 공식 기록이 많지 않고 기록자에 따라 내용도 제각 각이라 정확한 사실 관계를 파악하는 게 쉽지는 않다. 최대한 근사 치를 모아 재구성하면 이렇다. 계월향은 평양의 관기로, 일본군이 평양성을 점령했을 때 성안에 있었다. 기생 신분이었으므로 당연히 일본군 장수들의 시중을 들었을 테고, 그렇게 적진 가까이 접근할 수 있었다. 그때 마침 김응서가 평양성 안으로 잠입해 왔고(계월향 이 잠입을 도왔다는 설도 있다.), 계월향은 밤중에 일본군 장수가 잠들어 있는 숙소로 김응서를 안내해서 목을 베게 했다. 그렇게 벤 적장의 목을 든 김응서와 계월향은 성을 빠져나가기 위해 성벽 쪽 으로 내달렸다. 성벽 앞에 다다라서 계월향이 죽은 건 맞다. 『표준 국어대사전』은 자결했다고 풀이했고, 그런 기록이 없는 건 아니다. 하지만 『연려실기술(燃藜室記述)』과 『청장관전서(靑莊館全書)』 등에 는 둘이 함께 성벽을 뛰어넘기 힘들다고 판단한 김응서가 계월향을 죽였다고 기록되어 있다.

이제 김응서가 어떤 인물인지 알아보자. 김응서의 다른 이름은 김 경서이며, 『표준국어대사전』에는 김경서라는 이름으로 나온다.

¶**김경서(金景瑞):** 조선 중기의 무신(1564~1624). 초명은 응서(應 瑞). 자는 성보(聖甫). 임진왜란 때 많은 무공을 세우고, 포도대장, 북로 방어사 등을 지냈으며, 명나라의 요청으로 후금을 치기 위하 여 출정하였다가 강홍립이 항복할 때 함께 포로가 되었다. 적정(敵 情)을 기록하여 조선에 보내려다 발각되어 처형되었다.

후금이 세력을 키워 명나라를 집어삼키기 직전인데, 조선의 관료들은 명줄이 다해가는 명나라를 여전히 떠받들고 있었다. 광해군은 명나라의 거듭되는 요구와 명나라를 숭상하는 신하들의 요청에 따라 강홍립을 도원수, 김경서를 부원수로 삼아 명나라가 출병한 후금과의 전투에 파견했다. 하지만 명나라는 전투에서 패했고, 상황을 보아 현명하게 판단하라는 광해군의 명을 받았던 강홍립은 후금에게 항복하고 군대를 보전했다. 여기까지는 역사에 관심이 있는 사람이라면 대략 아는 사실이다. 문제는 김경서가 '적정(敵情)을 기록하여 조선에 보내려다 발각되어 처형되었'느냐 하는 점이다. 『한국민족문화대백과사전』에 강홍립이 그런 사실을 적에게 고발하여 김경서가 처형당하도록 했다고 기록하기도 했다. 하지만 강홍립이 스스로 노끈에 밀서를 적어 광해군에게 보냈다는 사실이 실록에 기록되어 있으며, 강홍립은 후금에 억류되어 있는 동안에도 조선의 조정과 긴밀히 연락을 취하고 있었다. 그런 강홍립이 김경서를 모함해서 처형당하게 했을 가능성은 많지 않다. 김경서가 처형당한 게 아니라는 사실을 보여주는 기록도 실록에 남아 있다.

▶정주(定州)의 수영패(隨營牌) 김진(金進)이 도망해 와 말하기를, '김경서(金景瑞)의 부하로 오랑캐에게 투항한 지 8년 만에 지금 비로소 도망하여 왔다.' 하고, 또 그곳 사정을 말하기를, '부원수 김경서는 병사한 지 이미 3년이 되었고….' –『인조실록』13권.

당시에 김경서가 처형당했다는 소문이 돌기는 했으나, 이런 증언으로 보았을 때 처형당했다고 단정해서 말하기는 어렵다. 이번에는 강홍립에 대해 알아볼 차례.

¶**강홍립**(**姜弘立**): 조선 광해군 때의 무신(1560~1627). 자는 군신(君信). 호는 내촌(耐村). 광해군 11년(1619)에 심천(深川) 싸움에 오도 도원수(五道都元帥)로 출정하였다가 후금(後金)의 포로가 되어 9년간 그곳에 머물렀다. 그 뒤 정묘호란 때 후금의 사신으로 강화(江華)에 와서 화의를 주선한 후에 국내에 머물렀으나, 역신으로 몰려 단식하다가 죽었다.

강홍립이 후금에 투항했다는 이유 때문에 역신으로 몰렸던 건 사실이지만 단식하다 죽었다는 건 믿기 어렵다. 신하들은 강홍립을 참형에 처해야 한다고 했으나 인조는 관직을 박탈하는 선에서 끝냈다. 그런 뒤 강홍립이 죽자 그의 관작을 회복시키도록 했으나 신하들이 반대하여 없던 일로 해야 했다. 이렇듯 광해군은 물론 인조도 명을 숭상하는 신하들의 강홍립 숙청 요구에도 불구하고 강홍립을 감싸고 있었음을 알 수 있다.

강홍립을 재평가해야 한다는 역사학계의 주장이 오래전부터 나왔다. 명과 후금 사이에서 줄타기를 하는 처신으로 파국을 막았으며, 정묘호란 때 적극적으로 화의를 끌어내는 바람에 후금의 군대가 더이상 남하하여 국토를 파괴하지 않도록 함으로써 전란의 확대를 막을 수 있었다는 것이다. 실록을 비롯한 사서에는 강홍립이 병사했다고 기록되어 있으며, 단식 끝에 죽었다는 말은 없다. 오랜 억류 생활에서 오는 피로와 귀국 후 벌어진 일들이 정신적인 압박감으로 작용해서 병사했으리란 게 대체적인 평가다.

정묘호란과 관련한 두 사람을 더 보자.

¶**김언수**(**金彦壽**): 조선 중기의 무신(1574~1627). 자는 명수(命叟).

인조 5년(1627) 정묘호란 때에 동영장(東營將)으로 안주성(安州城)을 지키다가 성이 함락되자 분신 자결을 하였다.

¶김준(金浚): 조선 중기의 무신(1582~1627). 자는 징언(澄彦). 광해군의 난정(亂政)에 벼슬을 버리고 낙향하였다가 인조반정 뒤에 여러 벼슬을 지냈다. 정묘호란 때에 안주 목사 겸 방어사를 지냈고, 안주성이 함락되자 처자와 함께 분신 자결을 하였다.

김언수는 이름을 '壽'로 표기했는데 '秀'라고 해야 맞으며, 동영장(東營將)이 아니라 동루장(東樓將)을 맡았다고 실록에 나온다. 안주성 싸움 때 남이흥(南以興) 등 여러 장수가 성이 함락될 지경에 이르자 화약에 불을 붙여 자결한 건 맞다. 하지만 김언수는 "불에 몸을 던져 죽는 것은 적을 죽이다가 죽는 것만 못하다."라고 하며 끝까지 적과 맞서 싸우다 전사했다.
김준의 죽음에 대해서는 실록이 이렇게 기록하고 있다.

▶안주성(安州城)이 함락되던 날 김준(金浚)의 아들 유성(有聲)은 아비를 따라 불 속으로 뛰어들어 함께 죽었고, 김준의 첩인 양녀(良女) 김씨 성을 가진 여인은 적에게 잡히자 굴복하지 않고 '남편은 충신이 되었으니 나는 열녀(烈女)가 되겠다.' 하며 적에게 욕을 퍼붓다가 죽었습니다. —『인조실록』16권.

김준은 처자가 아니라 아들과 함께 분신 자결했으며, 부인이 아닌 첩이 적에게 잡혀서 죽었다.
지금까지 살펴본 다섯 명의 죽음을 다룬 『표준국어대사전』의 풀이는 틀렸거나 부정확하다. 다른 인물들의 풀이를 점검해 보면 이런 식의 오류가 적지 않을 것이고, 실제로 내가 직접 찾아낸 것만 해도 꽤 많다. 애초부터 인명을 국어사전 안에 지나치게 많이 끌어온 데서 빚어진 참사라고 하겠다.

2.

근대 이후의 역사

국권 찬탈의 시초가 된 한일의정서

일본에게 나라를 빼앗기는 과정에서 이루어진 을사조약을 말하는 사람은 많아도 그 전에 있었던 한일의정서에 관심을 갖는 사람은 그리 많지 않다. 중고교 시절 한국사 시간에 스쳐가듯 배우면서 그런 게 있었지, 하는 정도일 것이다. 한일의정서를 둘러싼 이야기를 국어사전 표제어를 바탕으로 해서 살펴보기로 하자.

¶**한일의정서(韓日議定書)**: 대한 제국 광무 8년(1904) 러일 전쟁 뒤에 우리나라와 일본이 맺은 조약. 전문 육 조(六條)로 되어 있는데, 일본은 대한 제국의 독립과 영토 보전·황실의 안전을 위하며 대한 제국은 이를 위한 일본의 신속한 조치가 필요한 경우에는 일본에게 충분한 편의를 제공하여야 하고, 이 협정의 취지에 위반되는 협약을 제3국과는 체결할 수 없다는 따위를 내용으로 한다. 일본은 이로 인하여 많은 토지를 군용지로 차지하였다.

¶**한일의정서(韓日議定書)**: 대한 제국기, 1904(광무 8)년에 러시아와 전쟁을 일으킨 일본이 한일 간의 공수 동맹(攻守同盟)을 전제로 하여 강제적으로 맺은 조약. 한국을 일본의 보호국으로 한다는 굴욕적인 내용의 협정이다.

『표준국어대사전』의 풀이가 상당히 자세한 편인데, 결정적인 오류

가 있다. 『고려대한국어대사전』이 '러시아와 전쟁을 일으킨'이라고
한 반면 『표준국어대사전』은 '러일 전쟁 뒤에'라고 했다. '뒤에'라
고 하면 전쟁이 끝난 다음이라고 해석하는 게 상식일 텐데, 실제로
는 러일 전쟁이 시작한 직후에 체결한 조약이다. 러일 전쟁은 개전
다음 해인 1905년에 끝났다.

당시 조선을 두고 열강이 각축전을 벌였다는 건 다 아는 사실이고,
러시아 역시 아관파천 사건에서 알 수 있는 것처럼 조선에 대한 영
향력을 강화하기 위해 애쓰고 있었다. 조선 왕실과 신하들도 러시
아와 일본 사이에서 줄타기를 하거나 친러파와 친일파로 갈려 대립
했다. 그러던 중 일본이 1904년 2월 8일 선전포고도 없이 러시아
군이 주둔하고 있던 뤼순(旅順)을 공격하면서 러일전쟁이 시작됐다.
당시 고종은 러시아와 일본 사이에서 중립을 지키려고 했으나 일본
으로서는 러시아와 가까운 거리에 있는 조선을 전초 기지로 삼아야
할 필요가 있었다. 그래서 뤼순을 공격한 바로 다음 날 제물포에
있는 러시아 함선 두 척을 격파하고 인천과 서울에 병력을 주둔시
켰다. 그런 다음 일본 공사 하야시 곤스케(林權助)를 앞세워 한일
간의 의정서 체결을 압박했고, 이에 반대하는 친러파 이용익을 일
본으로 납치하는 등 사전 작업을 병행했다. 이때 조선 측 서명자로
나선 인물이 외부대신 임시서리였던 이지용이고, 고종은 별다른 조
치를 취하지 않은 채 방관했다. 한일의정서를 체결한 건 2월 23일
이었고, 이후에도 고종은 이지용을 학부대신과 내부대신 등 중요한
직책에 기용했다.

한일의정서는 전체 6조로 되어 있는데, 대한 제국의 독립과 영토
보전을 확실히 보증한다고 하면서도 한편으론 유사시에는 언제든지
개입할 수 있으며, 이를 위한 편의를 대한 제국이 일본에게 제공해

야 한다고 되어 있다. 나아가 이를 위해 군략상 필요한 지점을 정황에 따라 차지하여 이용할 수 있다고 했다. 이런 조항에 의거해서 『표준국어대사전』이 '많은 토지를 군용지로 차지'했다고 했는데, 실제로는 경부·경의선 철도 부설권을 일본이 넘겨받았고, 평안도, 황해도, 충청도의 서해안 어업권을 확보해 갔다. 『고려대한국어대사전』에서는 그 대신 일본의 보호국으로 한다고 했지만 그 정도까지는 아니고 그에 준하는 정도였다. 의정서 체결 후 반발이 나오는 건 당연해서 조약을 폐기하라는 상소가 여러 건 올라왔고, 이지용의 집에 폭탄을 던지는 이들도 있었다.

한일의정서의 주인공 이지용은 어떤 사람일까?

¶**이지용(李址鎔):** 조선 시대의 대신(1870~?). 초명은 은용(垠鎔). 자는 경천(景天). 호는 향운(響雲). 을사오적의 한 사람으로, 1904년 외무대신 서리로서 한일 의정서에 찬성 조인하였으며, 이듬해 내무대신으로 을사조약에 조인하였다.

한일의정서 조인할 때의 직위를 외무대신 서리라고 했지만 정확한 명칭은 외부대신이며, 을사조약 당시에도 내무대신이 아니라 내부대신이었다. 사망 연도를 불명으로 처리했는데, 1928년에 사망했다.

이지용은 한일병합 이후 일본 정부로부터 백작의 작위와 은사금을 수여받았다. 그 돈을 도박으로 탕진하다 적발되어 태형을 받고 귀족 작위를 박탈당할 만큼 제멋대로 살았던 인물이다. 그 뒤에 특사로 작위를 회복한 다음 중추원 고문을 맡는 등 여전히 권력과 부를 누리며 살았으니 이완용 못지않게 오욕으로 점철된 인생이었다.

그런 반면 한일의정서 체결을 앞두고 일본으로 끌려간 이용익은 어땠을까?

¶**이용익(李容翊):** 구한말의 정치가(1854~1907). 궁중의 내장원경(內藏院卿)이 되어 국가 재정을 맡았다. 제정 러시아 정부가 용암포(龍巖浦)의 조차권(租借權)을 요구하였을 때에 이를 승인하도록 적극 활동하였으며, 1905년에 고려 대학교의 전신인 보성(普成) 전문학교를 설립하였다.

¶**이용익(李容翊):** 대한 제국기의 정치가(1854~1907). 궁중의 내장원경(內藏院卿)이 되어 국가 재정을 맡았다. 제정 러시아 정부가 용암포(龍巖浦)의 조차권(租借權)을 요구하였을 때에 이를 승인하도록 적극 활동하였다. 1904년에는 고려 대학교의 전신인 보성 학원(普成學院)을 설립하였다.

풀이에 나오는 것처럼 친러파였던 건 맞다. 이용익은 한미한 가문에 태어나서 출세한 입지전적인 인물이며, 금광 투자로 돈을 번 뒤 한양으로 와 민영익의 집에 기거하며 정치에 발을 들여놓았다. 그러다 임오군란 때 민영익과 민비를 도움으로써 신임을 얻었고, 이후 황실의 재정을 담당하는 역할을 맡았다. 이용익이 한일의정서 체결을 앞두고 일본으로 끌려간 건 고종이 러시아와 일본 사이에서 중립 선언을 하게끔 이끌었기 때문이다. 을사조약 당시에도 반대 의견을 내세워 파직당할 만큼 반일의식이 강했다. 그 뒤 러시아로 망명해서 국권 회복을 위해 노력하다 1907년에 블라디보스토크에서 죽었으며, 암살당했다는 설이 있다. 비록 친러파이긴 했지만 끝까지 나라를 지키려고 애쓰다 숨졌으며, 그런 면에서 이지용 같은 인물과 비교할 바가 못 된다.

보성전문학교 설립 시기는 『표준국어대사전』과 『고려대한국어대사전』이 다르게 기술했는데 『표준국어대사전』의 1905년이 맞으며, 고종이 설립 후원금을 대주었다. 헤이그 특사 파견 당시 처음에는 이용익을 보내려고 했을 만큼 고종의 두터운 신임을 받고 있었다.

보안회의 황무지 개척권 반대 운동

조선을 병참기지로 활용하기 위한 한일의정서를 체결한 이후 일본 측은 내정 개혁을 구실 삼아 이권을 하나씩 챙겨 가기 시작했다. 그런 흐름 속에 등장한 것으로 황무지 개척권을 넘기라는 요구가 있었다. 그해 6월 6일에 정식으로 대한제국 외부(外部)에 자신들의 요구안을 제출했으며, 나가모리(長森藤吉郎)라는 일본인을 내세운 다음 대한제국 정부가 그자에게 50년 동안 전국에 있는 황무지의 개척권을 위임하라는 내용이었다. 황무지 개척권을 확보하게 되면 일본인들을 집단 이주시킬 계획까지 갖고 있었다. 이 같은 내용을 전해 들은 조선 사람들이 가만히 있을 리 없었다. 전국에서 유생들이 반대 상소문을 올리고, 통문을 돌려 분노의 목소리를 모으는 한편 일부 사람들은 단체를 만들어 부당한 요구를 철회하라는 싸움을 시작했다.

¶**보안회(保安會)**: 대한 제국 광무 8년(1904)에 원세성(元世性)을 중심으로 하여 결성한 배일 단체. 활발한 운동을 전개하였으나 친일 단체인 유신회의 방해로 없어졌다.

『표준국어대사전』의 풀이인데, 무엇을 목표로 어떤 운동을 전개했는지에 대한 내용이 없다. 『고려대한국어대사전』은 '일본의 개척권 요구를 반대하던 배일 단체(排日團體)'라고 해서 조금 상세하게 풀이하긴 했으나 '개척권'이라는 말이 막연하게 다가온다. 황무지 개척권 요구라고 정확히 서술해 주는 게 필요했다.

국어사전에서는 원세성을 중심으로 조직했다고 하는데, 그 밖에도 송수만(宋秀萬), 신기선(申箕善), 송인섭(宋寅燮), 심상진(沈相震) 같은 사람들이 중심 역할을 했다. 이들은 종로에 있는 백목전(白木廛)에서 회를 결성한 다음 조그만 땅도 결코 넘겨줄 수 없다며 매일 규탄 집회를 갖겠다고 선언했다. 이에 호응한 가게들이 문을 닫고 전차 운행도 중단하는 등 황무지 개척권 반대 운동이 거세게 일어났다. 이 단체는 '보국안민(輔國安民)'을 위한 깃발을 들었다고 해서 이름을 보안회(輔安會)라 하기도 했다.

연일 반대 집회가 열리자 일본 측이 고종에게 압력을 넣어 정부가 해산 명령을 내리도록 했으나 보안회 집행부는 명령에 응하지 않고 성토대회 장소를 전동(典洞)에 있는 한어학교(漢語學校)로 옮겨서 계속 이어갔다. 그러자 일본 측은 자신들이 직접 치안을 담당하겠다며 무장 헌병과 경찰을 풀어 주동자들을 잡아가는 등 직접 탄압을 가하기 시작했다. 그러자 대한제국 정부는 일본 경찰의 철수와 보안회의 해산을 동시에 촉구했다. 그래도 보안회의 활동이 수그러들지 않고 〈황성신문〉과 〈대한매일신보〉 등이 계속 이 문제를 다루면서 여론이 점점 악화하자 정부는 결국 일본의 황무지 개척권 요구를 거절한다는 내용을 발표했다. 일본 측도 이에 동의했으나, 일시 철회에 불과했다. 1904년 7월을 전후해서 이루어진 일들이었다. 그 후 1908년에 동양척식주식회사가 설립되면서 일본이 애초에 목적했던 바를 이루어가기 시작했다.

그렇다 할지라도 보안회를 중심으로 펼친 황무지 개척권 철회 싸움의 의미가 줄어드는 건 아니다. 민중들의 자발적인 힘으로 일본의 경제 침략을 일차 저지했다는 사실만으로도 이후에 벌어질 항일운동의 구심점 역할을 톡톡히 해냈기 때문이다.

보안회 풀이 뒷부분에서 『고려대한국어대사전』도 똑같이 유신회의 방해로 없어졌다고 했는데, 잘못된 기술이다. 보안회는 정부의 해산 요구에 응했다가 곧바로 협동회(協同會)로 바꾸어 활동을 이어 갔다. 하지만 이미 황무지 개척권 요구를 기절한다는 정부의 발표가 난 다음이라 이후 활동은 흐지부지되고 말았다. 유신회는 친일파인 송병준(宋秉畯)이 1904년 8월 18일에 조직했다가 며칠 뒤에 일진회(一進會)로 이름을 바꾸었다. 그러므로 유신회라는 단체는 잠깐 이름만 걸었다 사라진 거나 마찬가지다. 유신회를 이어받은 일진회가 워낙 노골적으로 친일 성향을 보인 단체다 보니 보안회나 협동회의 활동을 방해했을 가능성은 있지만 크게 두드러진 역할을 했다는 기록은 찾기 힘들다. 유신회 창립이 8월 중순이고, 그때는 이미 보안회의 활동이 소강 상태로 접어들었을 시점이다.

외국어를 가르치던 근대 학교들

구한말에 일본과 청나라는 물론 서양의 각국이 조선으로 진출해 세력을 다투며 교역을 요구하고 심지어 국권을 넘보고 있었다는 건 다들 아는 사실이다. 그런 상황에서 조선 정부도 마냥 문을 닫아걸고만 있을 수는 없었고, 서양의 여러 나라와 수교를 맺기 시작했다. 그러자 외국어에 능통한 인력을 양성할 필요성이 제기됐고, 1895년 5월 10일 '외국어학교관제'를 공포함에 따라 외국어를 전문으로 가르치는 학교들이 생겨났다. 『표준국어대사전』에 나오는 아래 학교는 그렇게 해서 설립됐다.

¶**법어학교(法語學校)**: 〈역사〉 조선 고종 33년(1896)에 프랑스 사람인 모텔이 서울 박동(磚洞), 지금의 종로구 수송동에 세웠던 관립 불어 학교. 광무 10년(1906)에 폐교되었다.

프랑스를 당시에는 법국(法國)이라고 했으며, 법어학교라는 이름은 그로 인한 것이다. 짧은 풀이임에도 사실과 다른 대목이 많다. 정확한 학교 이름은 한성법어학교이고, 설립자는 모텔이 아니라 마르텔(Emile Martel, 1874~1949)이다. 마태을(馬太乙)이라는 우리 이름도 갖고 있을 정도로 마르텔은 조선에 애정이 많았으며, 법어학교가 문을 닫은 후 고국으로 돌아갔다가 돌아와 경성제대에서 프랑스어를 가르쳤다. 그 후 1943년경 중국으로 건너가 생활하는데(일제에 의해 추방되었다는 설이 있다), 1947년에 다시 한국으로 들어와 살다 1949년 서대문 자택에서 숨을 거두었다. 지금은 양화진의 외국인 묘지에 묻혀 있다.

법어학교에 대해서는 마르텔 본인이 작성한 기록이 남아 있다. 처음 학교 문을 연 건 당시 불란서 공사관이 있던 정동의 마르텔 자택의 식낭이었다. 국어사전 풀이에 나오는 박동은 수하동을 거쳐 세 번째로 정착한 곳이다. 현재 정동에 한성법어학교 터 표지석이 세워져 있다. 위 풀이에는 1896년에 세웠다고 했지만 표지석에는 1895년으로 되어 있으며, 『한국민족문화대백과사전』도 그렇게 기술하고 있다. 법어학교는 많은 인재들을 배출했는데, 사학자 이능화와 화가 고희동 등이 법어학교 출신이다. 특히 이능화는 어학 실력이 워낙 출중해서 졸업 후에 법어학교 교장까지 지냈다.

1906년에 폐교되었다는 풀이도 아주 틀린 건 아니지만 오해의 소지가 있다. 1906년에 공포된 '외국어학교령'에 따라 법어학교를 비롯해 다른 외국어학교를 모두 한성외국어학교로 통합하여 운영했기 때문이다. 이때 통합한 외국어학교는 일어학교, 영어학교, 한어학교, 법어학교, 아어학교, 덕어학교 등이다. 아어학교는 러시아, 덕어학교는 독일어를 가르치던 학교다. 그중에서 법어학교와 더불어 한어학교만 『표준국어대사전』에 실려 있다. 나머지 학교들은 어디로 갔을까?

¶**한어학교(漢語學校):** 〈역사〉 1897~1907년에 중국 어문학을 가르치던 학교. 베이징에서 교사를 초빙하여 중국어 통역관을 양성하고 중국 문학을 연구하게 하였다.

앞서 말한 것처럼 1906년에 모든 외국어학교를 한성외국어학교로 통합하는 법령이 공포되었으므로 풀이에 나오는 1907년이라는 연도는 틀렸다. 외국어학교가 표제어에 있으므로 어떻게 설명하고 있는지 알아보자.

¶**외국어학교(外國語學校)**: 1. 〈교육〉 외국어를 전문으로 가르치는 학교. 2. 〈역사〉 조선 고종 32년(1895)에 영어, 프랑스어, 러시아어, 중국어, 일본어 따위의 외국어를 가르치기 위하여 세운 국립학교. 한성 외국어 학교의 전신이다.

2번 풀이가 구한말에 세운 외국어학교들에 대한 설명이다. 하지만 여기에도 오류가 있다. 설립 연도를 1895년이라고 했는데, 일어학교는 1891년, 영어학교는 1894년에 설립했다. 1895년은 그 전에 이미 존재하던 외국어학교들에 대한 관리·감독의 필요성 때문에 '외국어학교관제'를 제정해서 공포한 해일 뿐이다. 관제 공포 이후 1896년에 아어학교, 1897년에 한어학교, 1898년에 덕어학교가 설립됐다. 국립학교가 아니라 당시에는 관립학교라고 했다는 사실도 덧붙인다.

여러 외국어학교를 통합한 한성외국어학교는 1911년에 폐교된다. 이유는 1911년에 공포한 조선교육령 때문이었다.

¶**조선교육령(朝鮮敎育令)**: 〈역사〉 1911년 8월 우리나라를 강점한 일제가 우리 민족에게 식민지 교육을 강요하기 위하여 정한 법. 식민지 동화 정책에서 비롯된 것으로 우리의 말과 글, 역사와 지리를 가르치지 못하게 하였다.

조선교육령은 전부 30개 조항으로 되어 있으며, 학제를 크게 보통교육, 실업교육, 전문교육으로 분류하여 모든 학교를 이에 맞게 통합하도록 했다. 국어사전의 오류는 끝이 없어서 여기도 잘못된 기술이 보인다. 우리의 말과 글을 가르치지 못하게 했다고 하는데, 사실과 다르다. 당시에 국어라고 부르던 일본어 시간이 많기는 했지만 조선어 시간이 별도로 있었으며, 역사와 지리도 가르쳤다. 조선교육령은 4차까지 개정되었고, 조선어 교육을 축소하거나 금지시키기 시작한 건 1938년 3차 개정을 할 때 조선어를 필수 과목에서 선택 과목으로 변경하면서부터였다. 그런 사실을 정확하게 밝히는 방식으로 서술했어야 한다.

을사오적 처단에 나선 기산도

1905년에 일본이 우리의 외교권을 박탈하는 내용의 을사조약을 강제로 맺게 했다. 본래 명칭은 '한일 협상 조약(韓日協商條約)'이며 훗날 을사년에 맺었다고 해서 을사조약 혹은 을사늑약이라고 부른다. 일본은 고종이 참여하지 않은 어전회의를 수차례 열어가며 체결을 강요했지만 고종은 끝내 이를 재가하지 않았다. 각부 대신이 참여한 회의에서 일부 대신이 반대했으나 학부대신 이완용(李完用), 군부대신 이근택(李根澤), 내부대신 이지용(李址鎔), 외부대신 박제순(朴齊純), 농상공부대신 권중현(權重顯)은 약간의 수정을 조건으로 찬성했다. 이들 다섯 명을 흔히 을사오적이라 부른다. 대표 서명은 외부대신 박제순과 일본의 특명전권공사 하야시가 했다. 반대 의사를 표시한 사람은 참정대신 한규설(韓圭卨), 탁지부대신 민영기(閔泳綺), 법부대신 이하영(李夏榮) 등이다. 그중에서도 가장 강력하게 반대한 사람은 한규설이었다. 민영기와 이하영은 나중에 일본에 협력하였으며, 국권 찬탈 후 일본으로부터 각각 남작과 자작의 작위를 받았다. 한규설을 『표준국어대사전』에서는 이렇게 기술하고 있다.

¶**한규설(韓圭卨):** 구한말의 무신(1848~1930). 자는 순우(舜佑). 호는 강석(江石). 1905년 의정부 참정(參政)이 되어 내각을 조직하였으나 을사조약에 반대하여 파면당하였다. 뒤에 중추원 고문 따위를

역임하였고 국권 강탈 후 일본이 준 남작 작위를 거절하였다.

한규설은 그 후 국채보상운동에 참여하였고, 1910년 이후에는 칩거하다 1920년에 월남 이상재 선생 등과 조선교육회(朝鮮教育會)를 창립하여 민립대학을 만들기 위해 애썼다. 을사조약과 관련해서 우리가 꼭 기억해 두어야 할 인물이다.

을사조약이 체결되자 각지에서 반대 운동이 일어났고, 장지연은 〈황성신문〉에 '시일야방성대곡(是日也放聲大哭)'이라는 논설을 발표하면서 조약에 찬성한 대신들을 성토했다. 그런가 하면 민영환, 조병세 등이 국권을 빼앗겼다는 울분을 참지 못하고 자결하였으며, 전국에서 의병운동이 활발하게 일어났다.
이 무렵 을사오적을 처단하자는 움직임이 일었는데, 『표준국어대사전』에 특별한 이름 하나가 보인다.

¶기산도(奇山度): 독립운동가(1869~?). 대한 제국 때에, 박인호 등과 대한 자강회를 조직하여 국권 회복에 힘썼다. 을사조약 후 암살단을 조직하여 군부대신 권중현을 저격하려다 실패하여 투옥되었다.

크게 알려진 분은 아니지만 을사오적을 처단하기 위해 나섰던 분은 맞다. 그런데 풀이 내용이 모두 틀렸다. 대한 자강회는 기산도와 관련이 없으며, 함께 거론한 박인호도 동학을 거쳐 천도교에서 활동하다 제4대 천도교 교주가 된 사람이다. 혹시 회원으로 가입했던 적이 있는지는 몰라도 웬만한 자료에는 그런 사실이 나오지 않는다. 대한 자강회는 1906년에 윤치호와 장지연 등이 중심이 되어 조직한 민중 계몽 단체다. 당시 법률이 정한 틀 안에서 연설회와 정부에 대한 건의와 청원 등 온건한 활동을 펼쳤다. 기산도가 고향인 전남 장흥에서 자강회(自强會)라는 단체를 만들었다는 말이 있긴 하지만 설사 그렇다 해도 '대한 자강회'와는 다르다.

『표준국어대사전』에서 '암살단'이라고 표현한 건 '자신회(自新會)'라는 단체를 말하는 듯하며, 이 단체 이름은 〈우리말샘〉에만 올라 있다.

¶**자신회(自新會):** 대한 제국 고종 44년(1907)에 나철, 오기호를 중심으로 을사오적을 암살하기 위해 결성한 단체. 자신들의 취지를 국내외에 알리고 실천에 옮겼으나 권중현을 부상시키는 데 그쳤다.

자신회 회원들이 권중현을 저격한 건 맞으나 기산도가 한 일은 아니었다. 권중현을 저격한 건 자신회 회원인 이홍래와 강상원 등이었다. 그리고 기산도가 처단하고자 했던 건 군부대신 이근택이었고, 1907년에 자신회가 만들어지기 이전인 1906년의 일이었다. 그러므로 자신회는 기산도의 의거에 영향을 받아 이후에 만든 단체라고 보는 게 합당하지 않을까 싶다.

기산도는 1906년 2월 16일 밤에 이범석, 이근철과 함께 이근택의 집을 습격했다. 칼로 10여 군데 이근택의 몸을 찔렀으나 치명상은 입히지 못했고, 도주했다가 이틀 후인 2월 18일에 검거되었다. 재판에서 2년 6월 형을 받았으며, 그 후로도 줄곧 독립운동가의 길을 걸었다. 1920년에 상해 임시정부에 보내는 군자금 모집 혐의로 다시 체포되었으며, 취조 중에 여덟 손가락에 못질을 당하고 심한 매

질로 절름발이가 될 정도였다. 그런 고문 속에서도 동지의 이름을 대지 않으려고 혀를 깨물며 저항했다. 3년 형을 선고받아 옥살이를 하고 나온 뒤에는 반신불수의 몸으로 떠돌이 생활을 하다 1928년 12월 4일 숨을 거두었다. 『표준국어대사전』에 출생 연도가 1869년 이라고 되어 있지만 실제로는 1878년이고, 사망 연도 미상이라고 되어 있는 것도 1928년 사망이라고 밝혀주어야 한다.

양아들 기노식 씨의 말에 따르면 죽기 전에 '유리개걸지사 기산도 지묘(流離丐乞之士 乞之士 奇山度之墓)'라고 새긴 나무 비석 하나만 세워달라고 했다고 한다. '유리개걸지사'란 '떠돌며 빌어먹는 선비' 라는 뜻이다. 많은 자료에 '유리언걸지사(流離焉乞之士)'라고 쓴 게 보이는데, 개(丐)와 언(焉)의 글자 모양이 비슷해서 혼동한 탓이다. '丐'는 '빌어먹다' 혹은 '거지'의 뜻을 가진 한자다. 1994년에 기산 도 의사 추모비 건립추진위원회에서 전남 고흥군 도화면 당오리에 추모비를 세우고 그와 함께 기산도 선생이 부탁한 글귀를 새긴 돌 비석도 함께 세웠다. 무덤은 이장하여 현재 국립서울현충원 독립유 공자 묘역에 안장되어 있다.

을사오적 중 『표준국어대사전』 풀이가 잘못된 인물 한 명만 더 살 펴보자.

¶**박제순(朴齊純):** 조선 고종 때의 문신(1858~1916). 호는 평재(平 齋). 이완용 내각의 내무대신을 지내면서 을사조약에 서명하여 을 사오적(乙巳五賊)의 한 사람으로 불린다. 1910년에는 한일 합병 조 약에 서명하였다.

을사조약 체결 당시 박제순은 지금의 외무부장관 격인 외부대신이었으며, 정부를 대표해서 조약서에 서명했다. 다섯 명의 대신 전체가 서명한 게 아니라는 얘기다. 이완용은 당시에 학부대신이었으며, 총리대신이 되어 내각을 총괄하기 시작한 건 1907년으로, 그때 박제순은 풀이에 있는 내무내신이 아니라 내부대신이었다. 그러므로 풀이에 있는 내용은 전후 관계가 바뀐 것이다. 또한 한일 합병 조약 당시에는 박제순이 아니라 총리대신이었던 이완용이 대표로 조약서에 서명했다.

보민회와 제우교

일제 짐략기에 만들어진 수많은 딘체 중에는 친일 단체도 있었고 항일 단체도 있었다. 이런 단체들에 대한 풀이가 엉터리로 되어 있는 게 많다.

¶**평화협회(平和協會):** 1910년에 심일택(沈日澤), 민영기(閔泳基) 등이 설립한 정치 계몽 단체. 국권이 강탈된 후 일제의 탄압으로 해체되었다.

'정치 계몽 단체'라는 간략한 설명과 함께 '일제의 탄압으로 해체되었다'고 서술함으로써 마치 항일 운동을 위해 설립한 단체인 것처럼 오해하기에 딱 알맞다. 1910년에 설립해서 그해에 바로 해산했으니 아주 잠시 있다 사라졌을 뿐인데 그런 단체 이름을 굳이 국어사전에 실었어야 했는지도 의문이지만 풀이도 그냥 넘어가기 어렵다.
평화협회의 본래 이름은 한국평화협회였으며, 심일택과 민영기는 친일에 앞장선 인물이다.

¶**국민협성회(國民協成會):** 1910년에 서창보(徐彰輔)가 '일진회'의 합병 청원서에 지지하고 병합을 추진하기 위해 결성한 친일 단체. 재정 문제와 함께 한국 평화 협회로 회원들이 흡수되면서 활동이

점차 줄어들었다. 9월에 일진회와 함께 해체되었다.

〈우리말샘〉에만 실려 있는 단체 이름인데, 풀이에 '한국 평화 협회'
가 보인다. 심일택이 바로 국민협성회에 속해 있었으며, 단체 활동
이 부진하자 1910년 5월 27일에 따로 나와서 만든 게 한국평화협
회였다. 국민협성회와 마찬가지로 한일병합을 순조롭게 추진하기
위해 만든 단체였음은 말할 것도 없다. 민영기는 경술국치 이후 병
합에 따른 공로를 인정받아 남작 작위와 은사금을 받은 대표적인
친일 인사였다.

일진회를 비롯한 대부분의 친일 단체는 한일병합이 완료되자 쓸모
가 없어지는 바람에 9월 들어 총독부의 해산령에 따라 한꺼번에 해
산했고, 한국평화협회도 그때 해산했을 뿐이다.

¶**보위단(保衛團):** 일제 강점기에, 항일 독립운동을 방해하고 백성
들을 억압·착취하기 위하여 일제가 조직한 반민족적인 군사 조직.

『표준국어대사전』에 나오는 단체 이름인데, 사료를 아무리 뒤져도
일제가 저런 명칭의 반민족적인 군사 조직을 만들었다는 걸 찾기
힘들었다. 마침 출처를 제시하고 있는데, 이문열의 장편소설 『황제
를 위하여』에 나오는 아래 대목이다.

▶그들은 연장회 또는 보위단의 이름으로 공공연히 인정되어 온 부
락 단위 무장 집단을 해체하기 시작했으며….

보위단은 본래 중국 농민들이 스스로를 지키기 위해 만든 자위 조

직으로 출발했으며, 연장회(連莊會)는 여러 개의 보위단을 합친 조직이다. 이들 단체는 나중에 중국 군벌 휘하에 들어가게 되며, 때로는 조선 사람들이 보위단에 들어가기도 했다.

¶대한 정의 군정사(大韓正義軍政司): 1919년 3월에 간도에서 구한국 군인과 보위단 군인이 중심이 되어 조직한 항일 독립운동 단체. 뒤에 대한 독립 군단으로 통합되었다.

풀이에 보위단이 나오는데, 앞서 설명한 것처럼 중국 보위단에 속해 있던 이들을 말한다. 1930년대에 간도 땅에 이주해서 살았던 여성 소설가 강경애가 쓴 중편소설「소금」이 있다. 간도에서 살아가는 조선 사람들의 삶을 그린 작품인데, 거기 이런 구절이 나온다.

▶이곳까지 와서 어떤 중국인의 땅을 얻어 가지고 농사를 짓게 되었으나 중국 군대인 보위단(保衛團)들에게 날마다 위협을 당하여 죽지 못해서 그날그날을 살아가곤 하였다.

만주에 이주해서 살던 이들이라면 누구나 알고 있는 유명한 조직이 보위단이었다. 『표준국어대사전』은 왜 보위단을 표제어로 올리면서 이상한 풀이를 달았을까? 내 짐작으로는 그 당시에 남만주 쪽에 있던 보민회(保民會)와 혼동한 게 아닌가 싶다.
1920년에 만주에서 조직한 보민회(保民會)라는 친일 단체가 있었다. 최정규(崔晶圭) 등 일진회 잔당들이 중심이 되어 만들었으며, 독립군의 상황을 정탐하여 밀고하는 동시에 무장 조직까지 두어 독립군을 토벌하고 자신들에게 비협조적인 양민들을 협박하거나 납치하고 심지어 살해하는 일도 자행했다. 이 때문에 보민회는 독립군의 중요한 투쟁 대상 중 하나였다. 만주보민회라고도 했다.

보민회를 조직하고 이끈 최정규는 일진회에서 갈라져 나온 제우교 신자였다. 그런데 제우교 풀이가 또 이상하다.

¶**제우교(濟愚教)**: 19세기 중엽에 탐관오리의 수탈과 외세의 침입에 저항하여 수운 최제우가 세상과 백성을 구제하려는 뜻으로 창시한 민족 종교. 유불도 삼교를 흡수하고 인내천 사상을 기본 교리로 삼아 민중으로부터 크게 환영을 받아 교세가 확장되었으나, 1894년 동학 농민 운동 이후에 정부의 탄압을 받았고, 제3대 교주 손병희 때 천도교로 이름을 바꾸었다.=동학.

동학의 풀이와 똑같이 기술했는데, 명백한 왜곡이다. 동학은 농민 봉기가 실패한 뒤 여러 갈래로 나뉘었고, 천명도(天命道), 원종교(元倧教), 대화교(大華教), 수운교(水雲教), 상제교(上帝教) 등 동학에서 갈라져 나온 교파 이름이 『표준국어대사전』에 꽤 많이 수록되어 있다. 이들은 동학에 뿌리를 두고는 있지만 정통 세력은 아니며, 크게 의미 있는 활동을 한 종교 단체들도 아니다. 그중에서 가장 널리 알려졌던 조직이 이용구가 세운 시천교다.

¶**시천교(侍天教)**: 최제우를 교조로 하는 동학 계통의 한 파. 이용구가 세웠는데, 그 교의는 천도교와 같으나 일제의 국권 강탈에 앞장섬으로써 백성의 불신을 사게 되었다.

여기서는 풀이를 제대로 했다. 이용구는 본래 동학교도로 손병희가 신뢰하던 인물이었다. 일본에 망명해 있던 손병희는 이용구를 시켜 국내에서 진보회(進步會)를 만들어 개화 운동을 하도록 했다. 그런데 이용구가 진보회를 일진회와 합치면서 친일 활동을 시작하자 이용구를 출교시킨 다음 동학을 천도교로 개칭했다. 그러자 이용구가 따로 만든 종교 단체가 시천교였다.

다시 보민회를 조직한 최정규로 돌아올 차례다. 최정규는 동학의 한 분파였던 제우교 신자였다. 제우교는 비록 최제우의 이름을 앞세워 교조로 삼긴 했으나 시천교와 마찬가지로 친일 성향의 종교 조직이었다. 일진회 출신의 김유영(金裕泳)이 초대 교령을 맡았으며, 교세를 넓히기 위해 최정규를 이끌고 만주에 와서 보민회를 만들었다. 만주에서 독립운동을 탄압하는 데 앞장선 보민회는 제우교도들이 중심이 되어 설립한 단체다. 그런 제우교를 동학의 다른 이름이라고 처리한 건 용납하기 힘든 일이다.

만주 침략 이전까지 간도 땅은 엄연히 중국이 지배하는 영토였다. 따라서 일본이 직접 군사 행동을 하는 게 어렵자 조선인들을 내세워 무장 항일 투쟁을 잠재우려 했고, 그런 목적으로 만든 게 보민회였다.

사회 교화 사업의 본질

국가라는 기구는 국민을 보호하는 기능과 국민을 억압하고 통제하는 기능을 동시에 가진다. 그래서 국가는 좋은 의미로든 나쁜 의미로든 체제를 안정시키려는 일에 많은 노력을 기울인다. 그 과정에서 국민을 끊임없이 체제에 알맞은 인간으로 교화(敎化)시키려는 욕망을 드러내며, 억압적인 국가에서는 그런 경향이 더욱 두드러진다.

¶사회 교화 사업(社會敎化事業): 〈교육〉 잘못된 사회 풍조를 바로잡고 좋은 풍속을 키우기 위하여 사회 대중을 지도하고 교육하는 사업.

지금 저런 사업을 한다고 하면 시대착오라고 반응할 사람이 많지 않을까? 좋은 풍속의 기준이라는 게 모호할 수밖에 없거니와 내가 교화의 대상이 되어야 한다고 생각하면 흔쾌한 마음으로 받아들이기 쉽지 않을 터이다. 그런데 저런 낱말이 어떻게 해서 교육 분야의 전문용어라는 자격을 얻어 『표준국어대사전』에 오르게 됐을까? 모든 말은 태어난 배경이 있기 마련이다. 누가 언제 저런 말을 만들어서 퍼뜨렸는지 탐사해 보도록 하자.
위 용어가 나오게 된 배경을 짐작할 수 있게 해주는 낱말이 〈우리말샘〉에 실려 있다.

¶**대동사문회(大東斯文會):** 〈역사〉 1919년 총독부에서 삼일 운동 이후의 여파를 진정시키기 위하여 조직한 친일 단체. 유교 인사들을 포섭하여 총독부의 사업을 보좌하는 사회 교화 활동과 연구 따위를 하였다. 기관지로 ≪대동사문회회보(大東斯文會會報)≫가 있다.

풀이에 '사회 교화 활동'이라는 구절이 보인다. 삼일 운동이 일어날 무렵만 해도 많은 수의 향교(鄕校)가 남아 있었다. 유교 문화가 여전히 커다란 영향을 미치고 있던 시기라고 하겠다. 그 당시 총독부가 악화된 민심을 돌리기 위해 문화정책을 시행했다는 건 익히 알려진 사실이다. 총독부는 이에 그치지 않고 대동사문회 등의 친일 단체를 만들어 유림(儒林)을 친일 쪽으로 끌어당겼다. 그래서 당시의 많은 향교(鄕校)들이 규약에 '사회 교화 사업'을 사업 목적으로 명시하기 시작했다. 이렇듯 조선 민중을 순치시키기 위한 불순한 의도가 내재된 게 그 당시 사회 교화 사업의 실체였다.
이를 위해 유교만 활용한 건 아니었다. 옛 신문 기사 하나를 보자.

▶총독부에서는 사회 교화 사업의 진흥을 기(期)키 위하야 문부성 독학관 교육박물관장 붕교원태랑(棚橋原太郎) 씨에게 의촉하야 조선 각지에 사회 교화에 관한 강연회를 개최한다 함은 기보(旣報)와 여(如)하거니와……. (동아일보, 1921.7.25.)

이를 위해 총독부 주도로 경성교화단체연합회, 조선교화단체연합회와 같은 여러 단체가 만들어졌다. 사회 교화 사업은 총독부가 총괄하는 조선 민중에 대한 우민화 정책이었다. 그런 용어를 굳이 국어사전에 실어야 했는지도 의문이지만 이왕 실을 거라면 역사적 배경이라도 충분히 담아서 풀이해 주었어야 한다.

이쯤에서 '정의 사회 구현'을 내세웠던 전두환이 떠오르는 것도 무리는 아니겠다. 조선총독부가 내건 '사회 교화 사업'과 전두환이 내건 '정의 사회 구현'은 본질상 크게 다르지 않다. 〈우리말샘〉에 아래 낱말이 실려 있다.

¶사회정화위원회(社會淨化委員會): 〈사회 일반〉 사회 정화 업무의 효율적인 수행을 위하여 1980년 11월 1일 발족된 국무총리 산하의 기구. 국민 의식 개혁 운동의 성격을 지니면서 동시에 각종 제도의 개선을 통한 반부패 환경을 조성하고자 하였다.

사업 이야기를 한 김에 다른 사업도 살펴보고 싶다.

¶사법 보호 사업(司法保護事業): 〈복지〉 범죄자나 범죄의 우려가 있는 비행자(非行者)를 갱생시키기 위하여 자유 사회의 안에서 이를 보호하고자 하는 사업.=갱생 보호 사업.

이 용어는 1942년 3월에 조선총독부제령 제9호로 제정하여 시행한 「조선사법보호사업령」에서 나왔으며, 이에 따라 사법보호회, 사법보호위원회, 사법보호조성회 등의 기구가 생겼다. 해방 후에도 같은 용어를 사용하다 1961년 9월에 「갱생보호법」을 제정하면서 '사법 보호'라는 용어 대신 '갱생 보호'라는 용어를 사용하기 시작했다. 『표준국어대사전』에는 '갱생 보호 사업'이라는 용어도 표제어로 올라 있으며, 풀이는 '사법 보호 사업'과 동일하다. 그렇다면 '사법 보호 사업' 풀이에서 예전에 사용하던 용어임을 밝혔어야 한다.

안창호 선생이 만든 단체들

항일 독립운동을 노선에 따라 몇 갈래로 나누곤 한다. 무장투쟁론, 준비론, 외교론 등으로. 그중에서 도산 안창호 선생은 실력양성론자 혹은 준비론자라는 이야기를 많이 듣는다. 그렇다고 해서 안창호 선생이 행한 독립운동의 의의가 깎이는 건 아니다. 안창호 선생은 독립협회 활동부터 시작해 신민회, 임시정부 활동을 거쳐 수양동우회 사건으로 옥고를 치르다 병보석으로 나와 이듬해에 사망할 때까지 일평생 조국 독립을 위한 길에 자신의 모든 것을 바쳤다. 안창호 선생이 관여한 몇 개의 단체를 국어사전 풀이에 나온 내용 중심으로 살펴보려고 한다.

¶**신민회(新民會)**: 1907년에 안창호가 양기탁(梁起鐸), 이동녕(李東寧), 이갑(李甲) 등과 함께 국권 회복을 목적으로 조직한 항일 비밀 결사 단체. 평양에 대성 학교, 정주에 오산 학교를 세우고 〈대한매일신보〉를 발행하는 등 꾸준히 항일 활동을 벌였으나, 1910년에 데라우치(寺內) 총독 암살 모의 사건으로 많은 회원이 투옥됨으로써 해체되었다.

『고려대한국어대사전』의 풀이도 비슷한데, 두 가지 점을 짚을 수 있다. 〈대한매일신보〉를 발행했다고 하는데, 문맥만 보면 마치 신민회가 〈대한매일신보〉를 창간한 것처럼 오해하기 쉽다. 〈대한매일신보〉는 신민회가 만들어지기 전인 1904년에 양기탁이 영국인 베델과 함께 한글과 영문으로 발간한 신문이다. 그 후 양기탁이 신민회에서 핵심적인 역할을 맡았고, 신문사 직원 다수가 신민회 회원이었기 때문에 내용과 논조 면에서 신민회의 기관지나 다름없는 역할을 하긴 했다. 하지만 사실 관계는 오해가 없도록 정확하게 기술해야 한다.

1910년에 해체되었다는 기술은 오류이며 1911년이 맞다. 데라우치 총독 암살 모의 사건은 흔히 105명이 1심에서 실형을 받았다고 하여 '105인 사건'이라고 한다. 1911년에 신민회 회원들을 대거 검거해서 신민회가 주동한 사건으로 몰아갔으며, 그로 인해 신민회는 일제에 의해 강제로 해체되었다. 105인 사건과 관련해서 고문받다 순국한 두 명이 『표준국어대사전』에 올라 있다.

¶김근형(金根瀅): 독립운동가(?~1911). 신민회(新民會)의 공보 기관인 태극 서관(太極書館)을 경영하면서 독립운동을 전개하였으며, 1911년 백오 인 사건과 관련, 일본 경찰에 체포되어 고문으로 죽었다.

¶한필호(韓弼昊): 독립운동가(1886~1911). 황해도 안악에 양산 중학교를 세워 애국 사상을 고취하고, 신민회에 가입하여 항일 운동을 전개하였다. 1911년 105인 사건으로 투옥되어 고문을 받다가 사망하였다.

안창호는 그 당시 시베리아를 거쳐 미국으로 망명했기에 검거를 피할 수 있었다.

¶**백오인사건(百五人事件)**: 1911년에 일본 경찰이 민족 운동을 탄압하기 위하여 안명근의 조선 총독 암살 미수 사건을 구실로 삼아 신민회 회원 105명을 체포하여 고문한 사건.

『고려대한국어대사전』의 풀이도 대동소이하다. 이런 식으로 기술하면 안 된다는 걸 보여주는 대표적인 사례다. '체포하여 고문한 사건'이라고 했는데, 그렇다면 고문만 하고 끝냈다는 건가? 체포된 사람만 600여 명이고 그중에서 105명이 1심에서 실형을 선고받은 사건이다.

일단 안명근을 『표준국어대사전』에서 어떻게 기술하고 있는지 보자.

¶**안명근(安明根)**: 독립운동가(?~?). 국권 강탈 후 만주에 무관(武官) 학교를 세우려고 자금을 조달하던 중에 체포되고, 1910년에 데라우치 마사타케(寺內正毅) 총독을 암살하려다 실패하였다.

여기서도 조선 총독 암살 미수 사건과 관련을 지었는데, 사실과 다르다. 안명근이 개입한 사건은 흔히 '안악 사건'이라 부른다. 안중근 의사의 사촌동생인 안명근은 만주에서 독립군을 양성하는 학교를 세울 목적으로 1910년에 황해도 일대에서 군자금을 모금했으며, 군자금을 대기로 한 사람이 밀고하여 체포됐다. 이 일로 일경이 안악을 비롯한 황해도 일대에서 관련자들을 검거해 고문하는 과정에서 신민회의 실체가 드러났고, 이어서 총독 암살 모의 사건으로 비화시켰다. 그러므로 두 사건은 연결이 되어 있긴 하지만 엄연히 다른 사건이며, 총독 암살 모의 건은 일제가 조작한 사건이다.

안명근은 그 사건으로 무기징역을 선고받고 복역하다 1924년에 가출옥한 후 다음 해에 만주로 향했다. 그곳에서 계속 독립운동을 하던 중 1927년 길림성 의란현(依蘭縣) 팔호리(八湖里)에서 병사했다. 국어사전에 생몰 연도가 미상으로 되어 있는데, 출생 연도는 1879년이다.

¶**청년학우회(靑年學友會)**: 1908년에 안창호(安昌浩)가 조직한 청년 운동 단체. 청년의 인격 수양, 단체 생활의 연마, 직업인 양성을 목표로 하였다.

¶**청년학우회(靑年學友會)**: 1908년 안창호(安昌浩)가 조직한 청년 운동 단체. 신민회(新民會)의 자매 단체로 후에 흥사단(興士團)의 모체가 되었다.

둘 다 1908년에 조직했다고 기술했지만 1909년 8월에 창립했다. 신민회가 비밀 조직이어서 공개적인 활동을 하기 어려워 외곽 단체로 만들었다. 『고려대한국어대사전』의 풀이에서 '신민회의 자매 단체'라는 풀이는 그런 측면에서 무리가 없어 보이고, 흥사단의 모체가 된 것도 맞다.

이번에는 흥사단을 알아볼 차례다.

¶**흥사단(興士團)**: 1913년 안창호가 미국 샌프란시스코에서 창립한 민족 부흥 운동 단체. 신민회의 후신으로 〈흥사단보〉를 발행하여 흥사단 안팎의 소식과 일반 교포의 계몽에 힘쓰다가, 8·15 광복 후 서울로 본부를 옮겼다.

'신민회의 후신'이라는 말이 걸린다. 신민회는 비밀 항일 결사체고, 흥사단은 공개 조직이며 계몽 활동을 앞세운 단체다. 신민회가 아니라 청년학우회의 후신이라고 해야 성격에 어울린다. 그런 면에서 볼 때 '민족 부흥 운동 단체'라는 표현도 과장된 감이 있으며, 『고려대한국어대사전』은 성격을 '사회 교육 기관'이라고 했다.

그런데 엉뚱한(?) 곳에서 흥사단이 등장하는 걸 보고 고개를 갸우뚱거려야 했다.

¶**김윤식(金允植)**: 조선 고종 때의 학자·정치가(1835~1922). 자는 순경(洵卿). 호는 운양(雲養). 온건 개화파로 갑오개혁 이후 외무대신을 지냈으며, 김가진과 흥사단을 조직하였다. 저서에 『운양집』, 『속음청사』 따위가 있다.

안창호가 아니라 김가진과 흥사단을 조직했다니? 뭔가 조합이 안 맞는다는 생각을 했다. 궁금증을 안고 찾아보다 안창호가 만든 흥사단 이전에 같은 이름을 가진 단체가 1907년에 만들어졌다는 사실을 알게 됐다. 이때 흥사단을 만든 중심 인물은 『서유견문』으로 유명한 유길준이었으며, 김윤식이 단장, 유길준이 부단장을 맡았다. 흥사단의 주요 활동은 모든 국민을 선비로 만든다는 '국민개사(國民皆士)'를 목표로 한 교육사업과 계몽운동이었다. 그런 취지를 실현하기 위해 기호학교와 융희학교를 세웠으며, 두 학교를 통합해서 중앙학교를 만들었고, 지금 서울에 있는 중앙중고등학교로 이어졌다.

유길준과 김윤식이 만든 흥사단이 있었다는 사실을 아는 사람은 극히 드물 텐데, 안창호의 흥사단은 앞선 흥사단의 설립 취지와 정신을 이어받아서 만든 단체다.

경학사와 신흥무관학교

1909년 봄 항일 비밀 결사체인 신민회 간부들이 모여 국내에서 항일운동을 전개하는 게 힘들다는 판단을 내리고 중국 적당한 곳에 항일운동의 기지를 만들 것을 결의했다. 이에 따라 이회영 등을 만주로 파견해 장소를 물색하도록 했고, 이들이 선택한 곳은 류허현(柳河縣)의 삼원보(三源堡) 일대였다.

¶**삼원보(三源堡):** 국권 강탈 이후에, 이시영·이상룡(李相龍) 등이 무장 독립 전쟁을 수행하기 위하여 간도에 설치한 기관. 주로 근대적 민족 교육과 군사 훈련에 주력하였다.
¶**삼원보(三源堡):** 일제 강점기, 서간도에 설치한 독립운동 기지.

삼원보는 지명(地名)이고, 그곳에 항일운동가들이 집단 이주하여 한인촌을 만들었다. 그러므로 『표준국어대사전』에서 '기관'이라고 한 건 맞지 않는 표현이며, '근대적 민족 교육과 군사 훈련에 주력'했다는 표현도 적절하지 않다. 그런 역할을 맡은 기관은 따로 있으며, 삼원보(三源堡)는 그 후 삼원포(三源浦)로 지명이 바뀌었다.

¶**경학사(耕學社):** 1911년에 이시영, 이동녕, 이상룡(李相龍) 등이 중심이 되어 지린성(吉林省) 류허현(柳河縣)에서 조직한 민단적(民團的) 성격을 띤 항일 자치 단체. 1914년에 부민단으로 계승되었다.

¶**경학사(耕學社):** 1910년에 이시영, 이동녕, 이상룡 등이 중심이 되어 만주 요령성(遼寧省) 유하현(柳河縣)에 설립한 민간단체의 성격을 가진 항일 독립운동 단체. 신흥 강습소를 설치하고 인재 양성에 힘썼으나 중국인의 오해와 경비 부족으로 1911년에 해체되었다.

설립 시기와 류허현이 속한 지역 이름이 서로 다른데, 일단 설립 시기는 1911년이다. 두 사전이 지린성과 요령성으로 다르게 표기한 건 류허현이 속한 지역을 포함하는 성의 경계가 달라졌기 때문이다. 옛 신문기사들을 보면 류허현이 속한 지역을 봉천성(奉天省)이라고 소개하고 있다.

▶중국 봉천성 류하현 삼원보라는 곳에는 오래전부터 조선인 부락이 되야 한족회(韓族會)라는 자치단체를 조직하고 조선 독립의 음모를 하는 중인대 근일 그 디방의 시찰하고 도라온 사람의 말을 드른즉 동 디방은 적은 한국이 된 듯한 감상이 잇서 사태가 매우 중대하다고 한다. ―동아일보, 1920.8.21.

그 당시는 봉천성이라 불렀던 지역을 1928년부터 랴오닝성(遼寧省)이라는 이름으로 바꾸었다. 그리고 류허현은 지금 지린성에 속해 있다. 중국 정부가 성의 경계 구역을 조정하면서 그리 된 모양이다. 그러다 보니 류허현이 속한 성 이름이 기록자에 따라 봉천성, 랴오닝성, 지린성으로 제각기 달라지게 되었다. 독립운동가들이 많이 활동했던 지역이 지린성(吉林省), 랴오닝성(遼寧省), 헤이룽장성(黑龍江省)인데, 이 셋을 묶어 흔히 동북삼성(東北三省)이라 부른다.

그렇다면 경학사의 해체 시기는 어떻게 된 걸까? 조선인들이 삼원보로 집단 이주하자 본래 그 지역에 살던 중국 한인들의 반발이 무척 심했다. 외지인들이 대거 들어와서 땅을 사들이니 그런 반응은 자연스러웠을 것이다. 그래서 이회영이 당시 중국의 실력자 위안스카이(袁世凱)를 찾아가 도움을 청한 끝에 중국 한인들의 반발을 잠재울 수 있었다.

삼원보에 정착한 독립운동가들이 그저 농사나 짓고 살기 위해 들어간 건 아니므로, 독립운동을 위한 기지 건설에 착수하기 시작했고, 그래서 처음으로 만든 단체가 경학사였다. 하지만 설립 이후 계속된 가뭄과 중국 당국이 토지 매매를 차단하는 등의 조치로 인해 운영에 어려움을 겪어야 했다. 경학사 해산 시기는 기록자에 따라 1912년(『한국민족문화대백과사전』)과 1914년(『다음백과』)으로 갈리며, 『고려대한국어대사전』이 1911년이라고 한 건 일단 틀렸다. 부민단이 경학사를 계승한 건 맞고, 부민단 결성 시기는 1912년이다. 그러므로 경학사라는 명목상 이름이 1914년까지 유지되었는지는 몰라도 실질적으로는 1912년에 부민단에 흡수되었다고 보는 게 맞을 듯하다. 그리고 부민단은 1919년에, 동아일보 기사에 나오는 한족회(韓族會)로 통합되었다.

『고려대한국어대사전』의 '경학사' 풀이에 '신흥 강습소'가 나온다. 신흥 강습소는 국어사전 표제어에 없고 '신흥 학교'가 〈우리말샘〉에 나온다.

¶**신흥 학교(新興學校)**: 1911년에, 신민회가 만주 삼원보에 세운 학교. 이동녕·김창환 등에 의해 운영되었으며, 이후 신흥 무관 학교로 개편되어 독립군을 배출했다.

경학사를 설립할 때 부설 기관으로 학교를 세울 것을 결의했는데, 그렇게 해서 만들어진 학교가 신흥 강습소였다. 신민회는 1911년 초에 105인사건으로 회원들이 대거 검거되면서 와해되고 있었다. 따라서 신민회가 신흥 강습소를 만들자는 결의를 할 수 있는 상황이 아니었다. 경학사 창립식 때 교육기관을 세우자고 한 데 따른 것이고, 굳이 신민회를 결부시키자면 신민회 간부 출신들이 경학사를 세우면서 동시에 신흥 강습소를 만들었다고 해야 한다. 신흥 강습소는 이후 신흥 학교라는 이름을 거쳐 신흥무관학교가 된다. 그러므로 신흥 학교가 1911년에 세워졌다고 한 건 오해의 소지가 있다. 1911년 6월 10일, 삼원보의 추가가(鄒家街) 마을 허름한 옥수수 창고에서 개교한 신흥 강습소는 1912년에 통화현 합니하(哈泥河)로 이주한다. 그 후 강습소 체제에서 벗어나 신흥 학교, 신흥 중학교 등으로 불리다가 1919년에 다시 류허현 고산자(孤山子) 부근의 하동(河東) 대두자(大肚子)로 본부를 옮겨 신흥무관학교라는 이름을 사용하기 시작했고, 합니하(哈泥河)에 있는 학교는 분교로 삼았다. 이와 함께 통화현 쾌대무자(快大茂子)에도 분교를 두었다. 그만큼 조국 독립의 꿈을 이루기 위해 신흥 무관 학교를 찾아오는 청년들이 많았기 때문이다.

¶**신흥 무관 학교(新興武官學校):** 1919년에 만주 류허현(柳河縣)에 세운 독립군 양성 기관. 서로 군정서에 속하였으며, 이시영이 교장을 맡았다.

『고려대한국어대사전』의 풀이도 비슷한데, 신흥 강습소부터 출발한 이력을 추가해 주었으면 하는 아쉬움이 있다. 신흥 무관 학교는

1920년에 폐교했으며, 그때까지 약 2,000명의 졸업생을 배출했다. 신흥 무관 학교 졸업생들은 주로 서로 군정서에 파견되어 군사 활동을 했으며, 청산리 전투 등에서 공을 세웠다. 이청천(훗날 지청천으로 개명), 이범석 장군 등이 신흥 무관 학교에서 교관을 지냈으며, 졸업생으로는 김원봉과 김산 등이 유명하다.

그런데 이시영이 교장을 맡았나는 건 사실일까? 교장을 지낸 분이 여럿인데, 이시영은 교장을 맡은 적이 없다. 신흥 무관 학교로 개편했을 때의 교장은 이세영(李世永)이었다. 이세영은 돌림자는 비슷하지만 이시영 일가와는 관련이 없다. 『표준국어대사전』에 이시영의 이름이 올라 있다.

¶**이시영(李始榮):** 정치가·독립운동가(1869~1953). 자는 성옹(聖翁). 호는 성재(省齋)·시림산인(始林山人). 1910년에 국권이 강탈되자 남만주로 이주하여 신흥 무관 학교를 창설하고 독립군의 양성에 힘썼다. 3·1 운동 후 상하이 임시 정부 법무 총장, 재무 총장을 지냈다. 광복 후 초대 부통령에 당선되었으나, 이승만 대통령의 통치에 반대하여 사직하였다.

여기서는 신흥 무관 학교를 창설했다는 말만 있다. 신민회 간부들이 삼원보에 독립군 기지를 만들고자 했을 때 막대한 자금을 댄 건 이시영 일가였다. 대대로 명문가 집안이었고, 이조판서를 지낸 이유승을 아버지로 둔 이시영의 여섯 형제는 서로 뜻을 모은 뒤 60여 명의 식솔을 이끌고 만주로 건너가 항일 독립운동에 모든 것을 바쳤으며, 만석지기에 이른다던 전 재산을 팔아 삼원보 기지 건설에 보탰다. 여섯 형제는 첫째 이건영(李健榮), 둘째 이석영(李石榮),

셋째 이철영(李哲榮), 넷째 이회영(李會榮), 다섯째 이시영(李始榮), 여섯째 이호영(李護榮)이었다. 이중 이시영, 이회영 두 분만 국어사전에 이름을 올렸는데, 나머지 네 형제도 모두 독립운동을 하다 돌아가셨다. 그야말로 노블레스 오블리주를 철저하게 실천한 가문이었다. 가장 재산이 많았던 이석영은 여든 살의 나이에 상하이의 빈민가를 떠돌며 콩비지로 연명하다 아사했다고 한다. 그리고 막내인 이호영은 신흥 무관 학교 일을 돕다 이후 다물단 등에서 활동했다는 정도만 알려졌을 뿐, 본인을 비롯해 가족 전체가 언제 어디서 죽었는지도 모른다.

¶**이회영(李會榮)**: 독립운동가(1867~1932). 호는 우당(友堂). 1908년에 안창호, 이동녕과 함께 청년 학우회를 조직하여 무실역행을 행동 강령으로 구국 운동에 나섰다. 장훈(長薰) 중학교를 설립하여 근대 교육의 보급에도 힘썼다.

여기서도 청년 학우회 창립 시기를 1908년이라고 했지만 1909년이 맞고, 이회영이 청년 학우회와 관련해서 크게 활동한 이력은 나타나지 않는다. 그보다는 신민회와 신흥 무관 학교 이력을 넣어 주는 것이 나았으며, 인생 후반기에는 무정부주의를 받아들여 그와 관련된 단체들에서 활동했다. 1932년에 밀정의 첩보 때문에 체포됐고, 일경은 유치장에서 목을 매 자살했다고 발표했으나 고문 끝에 숨졌을 것으로 보는 이들이 많다.

장훈(長薰) 중학교를 설립했다는 풀이는 믿기 어려우며, '우당 이회영 기념관' 홈페이지(www.woodang.or.kr)에 나온 연보에도 장훈 중학교와 관련한 내용은 없다. 이회영 선생이 교육에 관심이 많았던 건 분명하지만 대표적인 건 상동교회 안에 둔 상동청년학원의 학감으로 활동한 일 정도다. 상동교회는 1888년에 감리교 의료선교사인 목사 스크랜턴(Scranton, W. B.)이 서울 남대문로에 세운 교회로, 그곳에서 헤이그 밀사 파견을 논의하고 신민회 모임도 하는 등 항일 저항 운동의 근거지 역할을 했다. 그 무렵 장훈이라는 이름을 가진 학교로는 1907년에 충남의 유학자 집안 출신 박헌정이 세운 경성장훈학교가 있었고, 현재 서울 신길동에 있는 장훈고등학교가 명맥을 잇고 있다. 인터넷에 떠도는 글 중에 이회영 선생이 장훈중학교에서 교사를 했다는 말이 나오기는 하지만 공식 자료를 찾아보기는 힘들다. 잠시 교사 생활을 했을 가능성까지 배제할 수는 없으나 학교를 설립했다는 건 낭설이다.

해방 후 이시영 선생은 신흥 무관 학교의 전통을 잇기 위해 동분서주했고, 그런 노력 끝에 1947년에 신흥전문학관이 생겼으며, 1949년에 배영대학관과 합치면서 2년제 신흥초급대학이 설립되었다. 그 후 조영식 씨가 인수하여 1952년에 4년제 신흥대학으로 확대시켰으며, 1960년에 경희대학교로 이름을 바꾸었다. 현재 경희대학교 민주동문회에서는 경희대학교의 전신이 신흥 무관 학교라는 사실을 공식화하기 위한 연혁 복원 사업을 펼치고 있다.

흰옷을 버리라고?

우리 민족을 흔히 백의민족(白衣民族)이라 일컬어 왔다는 걸 모르는 사람은 없다. 그런데 유구한 역사와 정신이 깃든 흰옷을 버리고 색깔 있는 옷을 입자는 운동을 전개한 적이 있다는 걸 아는 사람은 얼마나 될까? 『표준국어대사전』에 그런 운동을 가리키는 용어가 실려 있다.

¶**색의운동(色衣運動)**: 경제적 또는 미적 견지에서 흰옷을 입지 아니하고 색깔 있는 옷을 입을 것을 장려하는 운동.

아무리 전문용어 사전이 아니고 낱말 풀이를 위주로 하는 국어사전이라 할지라도 이런 식으로 성의 없이 풀이하면 안 된다. 최소한 언제 어떤 집단이 주도한 운동인지 정도는 짧게라도 밝혀주어야 한다. 저 운동은 일제 식민지 시기에 일어났다. 표제어 선정과 뜻풀이에 대한 불만은 잠시 미루고 색의운동이란 게 벌어지게 된 연유를 찾아가 보자.

일부에서는 일제 당국이 흰옷에 깃든 조선인들의 정신을 말살하려고 일부러 백의를 입지 못하도록 했다는 주장을 편다. 그런 측면이 아주 없는 건 아니겠으나 실제와는 다소 거리가 있는 것도 사실이다.

〈우리말샘〉에 다음과 같은 표제어가 실려 있다.

¶**백의금지(白衣禁止):** 흰색 옷의 착용을 금지하는 법령. 고려 충렬왕 때 오행설의 방위 개념에서 동방의 색인 청색을 숭배하고 서쪽에 해당하는 백의는 금지하였고, 조선 명종 때에는 흰색은 상복이기 때문에 금지하였다.

지속적이지는 않았으나 근대 이전에도 흰옷을 입지 못하도록 한 적이 있었음을 알 수 있다. 그러다가 다시 국가 차원에서 흰옷을 입지 못하도록 한 건 구한말 때였다. 1894년에 시행된 갑오개혁 당시 의복 제도 간소화를 통해 흰옷 대신 검정 두루마기를 입도록 했다. 일제 식민지 시기에 독립지사들이 대부분 검정 두루마기를 입고 다녔던 게 이런 조치의 영향을 받은 것이다.

이후에도 의복을 간소화하거나 서양식 양복을 입자는 주장이 꾸준히 제기되었으며, 이는 서양의 근대 문명을 받아들이자는 흐름과 맥을 같이 하는 측면이 있었다. 1904년에는 동학의 3대 교주가 된 손병희 주도로 근대적인 방식으로 생활을 개선하자는 취지를 내세워 신도들에게 흑의를 입고 머리를 자를 것을 권유하기도 했다.

그렇다고 해서 흰옷을 버리고 흑의나 색의를 입자는 흐름이 금방 전국적으로 퍼진 건 아니었다. 오랜 관습을 버리는 게 쉽지 않았을 뿐더러 그런 흐름에 대한 반발도 많았다. 그러다가 1920년대 중반 이후에 다시 흰옷을 버리자는 운동이 청년 단체와 종교계 등을 중심으로 활발하게 일어난다. 동학에서 이름을 바꾼 천도교 안에 여성 신도들로 이루어진 내수단(內修團)이라는 단체가 있었다. 이 단체가 1928년에 총회를 열어 생활 개선 운동의 일환으로 결의한 게 색복(色服) 입기와 옷에 단추 달기 등이었다. 같은 시기에 좌우 합작의 민족운동 단체인 신간회에서도 백의(白衣) 폐지와 색의(色衣)

입기 운동을 펼쳤다. 이들이 내세운 근거로는 흰옷은 금방 더러워져 자주 빨아야 하고, 방망이질이나 다듬이질을 자주 하다 보니 옷이 쉽게 닳아서 비경제적이며, 그 과정에서 여성들의 노동력이 낭비된다는 것 등이었다. 그래서 아동운동가 방정환은 『신여성』 1931년 5월호에 흰옷의 비경제성을 들어 백의망국론을 펴기도 했다.

이렇듯 민간 주도로 진행되던 색의 입기 운동이 1930년대로 들어서면서 관 주도 운동으로 변화하기 시작한다. 각 지역에 '색의장려회' 혹은 '색복장려회'라는 이름의 단체들이 만들어지고, 염색 강습회를 열어 흰옷 대신 다양한 색으로 물들인 옷을 입도록 권장했다. 이때 가장 앞장선 인물이 전북지사와 경북지사를 지낸 김서규라는 사람이었다. 그 당시 조선총독부에서 농촌진흥운동의 일환으로 색복 착용을 장려했는데, 그런 시책을 충실히 이행한 인물이다. 김서규는 『친일인명사전』에 등재되었을 만큼 대표적인 친일 인사다.

관이 주도하는 운동은 강제성을 띠게 마련이며 그에 따른 부작용도 심했다. 백의를 입은 사람은 관청에 출입하지 못하도록 하는가 하면 색복장려운동을 주도하는 선전원들이 장터 등에서 흰옷 입은 사람을 쫓아가 옷에 먹물을 뿌리는 일도 있었다. 그러다 보니 흰옷 입는 사람들이 줄어들기는 했으나 일제에 대한 불만과 반감도 그에 따라 커졌다.

총독부가 색복 착용을 권장한 이유는 여러 가지가 있을 텐데, 그중에는 다양한 색의 옷을 입도록 함으로써 의류산업과 염색산업을 발전시키려는 의도도 있었을 것이다. 겉으로는 색옷이 가진 능률성과 효율성을 내세웠지만, 일부에서 해석하듯 조선 민족의 색깔을 지우려는 의도가 아주 없었다고 하기는 어렵다. 그렇다 할지라도 민족성 말살이 최우선 목표는 아니었을 것이고, 앞서 살펴본 것처럼 처음에는 근대화를 주창한 계몽주의자들이 시작한 운동이기도 했다.

그 무렵 색의(色衣)와 색복(色服)이라는 용어가 비슷한 빈도로 사용되었다. 일부에서 색복은 일본 사람들이 만들어서 들여온 용어라고 하는데, 우리 옛 문헌에서도 색복이라는 한자어가 쓰인 걸 찾을 수 있다. 문제는 『표준국어대사전』의 표제어로 '색의운동'을 올렸는데, 이 용어는 당시에 아주 드물게 사용된 반면 '색의장려운동' 혹은 '색복장려운동'이라는 용어를 많이 썼다. '장려'라는 말을 넣어 주는 게 용어의 의미를 이해하는 데도 훨씬 도움이 된다. 풀이에 나온 '경제적 또는 미적 견지에서'라는 구절도 썩 마음에 들지는 않는다. 깔끔한 우리말식 표현도 아니거니와 담고 있는 내용도 허술하기 때문이다.

국채 보상 운동과 물산 장려 운동

구한말과 식민지 시기에 걸쳐 경제적인 측면에서 일본에 예속된 상태를 벗어나야 한다며 추진한 운동으로 국채 보상 운동과 물산 장려 운동이 있다.

¶**국채 보상 운동(國債報償運動)**: 대한 제국 때에, 일본으로부터 빌려 쓴 1,300만 원을 갚기 위하여 벌인 거족적인 애국 운동. 융희 원년(1907)부터 이듬해까지 국권 회복을 위한 투쟁의 일환으로, 대구의 서상돈 등이 주동하고 〈제국신문〉, 〈황성신문〉, 〈만세보〉 등이 적극 지지하여 모금 운동을 벌였으나, 통감부의 압력과 일진회의 방해로 중지하였다.

일제는 차관 공여라는 명목으로 여러 차례에 걸쳐 대한제국에 돈을 빌려주었다. 이 돈을 갚자는 취지로 펼친 운동인데, 특이한 단체 이름 하나가 국어사전에 올라 있다.

¶**끽연 금지회(喫煙禁止會)**: 융희 원년(1907)에 대구에서 조직되어 금연을 통한 저축으로 일본에 진 빚을 갚자는 국채 보상 운동을 벌인 구국 운동 단체. 일제의 탄압으로 실패하였으나 이후 민족 운동의 기반이 되었다.

국채 보상 운동은 대구에서 시작됐다. 이 운동을 주도한 사람은 대구에서 광문사(廣文社)라는 회사의 사장인 김광제(金光濟)와 부사장인 서상돈(徐相敦)이었다. 이들은 '국채일천삼백만환보상취지서(國債一千三百萬圜報償趣旨書)'라는 격문을 만들어 전국에 발송했다. 국어사전 풀이에 화폐 단위를 '원'이라고 했지만, 당시에 사용한 단위는 '환(圜)'이었다.

격문의 주요 내용은 '대한 국민 2000만 명이 담배를 끊어 1개월간 담배 값 20전씩을 3개월 저축하면 1,300만환이 되므로 전국민이 3개월간 단연(斷煙)하여 그 돈으로 이완용(李完用) 내각이 일본으로부터 차관한 1300만환을 갚'자는 것이었다. 그렇게 해서 만들어진 단체가 끽연 금지회였고, 이에 호응해서 전국에서 수많은 단연회(斷煙會)가 만들어졌다. 금연으로 모은 돈뿐만 아니라 여인들은 비녀와 가락지를 판 돈을 보내오기도 했다.

『표준국어대사전』 풀이에 여러 신문사가 지지했다고 했는데, 가장 중요한 신문사 이름이 빠졌다. 양기탁과 영국인 베델이 세운 대한매일신보가 국채 보상 운동의 중심지 역할을 했으며, 『표준국어대사전』에 양기탁과 베델이 나란히 올라 있다.

¶**양기탁(梁起鐸)**: 독립운동가 · 언론인(1871~1938). 호는 우강(雩岡). 1905년에 〈대한매일신보〉를 창간하여 주필에 취임하였다. 신민회를 조직하고 미국 의회 의원단에 독립 진정서를 제출하는 등 항일 운동에 헌신하였다.

¶**베델(Bethell, Ernest Thomas)**: 영국의 언론인(1872~1909). 런던 데일리 뉴스의 특파원으로 우리나라에 와서 양기탁과 함께 〈대한매

일신보〉를 발행하여 일본의 침략 정책을 비판하였다.

양기탁 풀이에 대한매일신보 창간 연도를 1905년이라고 했으나 1904년에 창간했다. 그리고 베델은 런던 데일리 뉴스의 특파원이 아니라 데일리 크로니클(Daily Chronicle)의 특별통신원 자격으로 러일전쟁을 취재하기 위해 들어왔다. 이후 양기탁과 대한매일신보를 창간하고 일본을 비판하기 시작했으며, 이로 인해 많은 고초를 겪었다.

국채 보상 운동이 시작되자 대한매일신보사는 국채보상지원금총합소를 설치해서 모금한 돈을 받아 관리했다. 그러자 통감부가 운동을 방해하기 위해 비열한 공작을 펼쳤다. 『표준국어대사전』은 풀이에서 '통감부의 압력'이라고 서술했지만 단순한 압력이 아니었다. 베델이 모금한 돈 삼만 환을 빼돌려 유용했다는 혐의를 씌우더니 주필 겸 총무로 있던 양기탁을 구속했다. 나중에 양기탁은 무죄를 선고받았으나 이 사건을 계기로 국채 보상 운동은 힘을 잃고 중단되었다.

잠시 대한매일신보는 『표준국어대사전』에서 어떻게 풀이하고 있는지 보자.

¶대한매일신보(大韓每日申報): 대한 제국 광무 8년(1904) 7월 18일에 양기탁이 영국인 베델과 함께 한글과 영문으로 발간한 항일 신문. 1910년 국권 강탈과 더불어 일본 통감부에 넘어가 〈매일신보〉로 이름이 바뀌고 총독부의 기관지가 되었다.

여기서는 창간 연도를 제대로 표기했으나 뒤의 문장은 오류다. 통감부는 국권 강탈 이전에 있던 기관 이름이기 때문이다. 일본의 탄압과 모함을 받은 베델은 1908년에 금고 3주를 선고받아 상하이에 있는 영국 영사관으로 가서 구금되었고, 다시 돌아온 뒤에 자신의 명예를 회복하기 위한 소송을 벌여 승소하기도 했다. 하지만 안타깝게도 1909년에 갑작스러운 심장마비로 사망했다. 이후 양기탁도 대한매일신보에서 손을 떼었으며, 신문사 운영권은 알프레드 만함(Alfred Marnham)에게 넘어갔다가 1910년 5월에 통감부의 손으로 들어갔다. 통감부가 있을 때만 해도 여전히 대한매일신보라는 이름을 유지했으며, 경술국치로 총독부가 들어선 뒤에 매일신보로 이름을 바꾸었다.

이번에는 물산 장려 운동을 살펴볼 차례다.

¶**조선 물산 장려회(朝鮮物産獎勵會):** 1920년대에 국산품 장려 운동을 통하여 경제 자립 정신을 함양하기 위하여 조직한 민족 운동 단체.

¶**조선 물산 장려 운동(朝鮮物産獎勵運動):** 일제 강점기에, 우리 민족이 펼친 경제 자립 운동. 1922년 조만식을 중심으로 평양에 설립한 조선 물산 장려회를 계기로 서울의 조선 청년 연합회가 주동이 되어 전국적 규모의 조선 물산 장려회를 조직하고, 국산품 애용·소비 절약·자급자족·민족 기업의 육성 따위를 내걸고 강연회와 시위·선전을 벌였다. 1932년 이후 일제의 탄압으로 명맥만 유지하다가, 1940년 조선 물산 장려회가 강제로 해산되어 끝났다.

'조선 물산 장려 운동' 항목 풀이에 1922년이라 나오고, '조만식' 항목에서도 그렇게 기술했는데, 평양에서 조선 물산 장려회를 설립한 건 1920년이다. 국어사전을 들추다 보면 연도 표기가 틀린 게 너무 많이 나온다.

풀이에 국산품이라는 말이 나오는데, 당시에 국산품이라는 말을 아예 안 쓴 건 아니지만 토산품(土産品)이라는 말을 주로 썼다. 조선 물산 장려회에서 발표한 행동 강령에도 토산품을 이용하자고 되어 있다. 1929년부터 시작된 세계 대공황 시기에 일본 정부가 대대적인 국산품 애용 운동을 펼쳤다. 조선 총독이던 사이토(齋藤實)가 1930년에 국산품을 애용하자는 담화문을 발표했으며, 일본 본토에서는 산업관리국 산하에 국산애용위원회라는 기구를 두기도 했다. 그러므로 국산품을 애용하자는 운동이라고 하면 자칫 오해를 살 수도 있다. 그 당시에는 이미 나라가 사라졌고 국어라고 하면 일본어를 뜻했으므로, 국산품 대신 토산품이나 조선 물품이라고 하는 게 타당하다.

국채 보상 운동과 마찬가지로 물산 장려 운동도 큰 성과를 거두지 못한 채 흐지부지됐다. 총독부의 방해도 있었지만 운동이 고조되던 시기에 잘못된 방식의 운동이라는 비판도 많이 나왔다. 물산 장려 운동은 일본인 기업가들이 조선으로 진출하기 시작하자 위기의식을 느낀 조선인 기업가들이 많이 참여했는데, 거기서 비롯되는 문제점들이 있었다. 민중들의 생활 조건 개선보다는 기업인들의 이익 추구에 동원되는 측면이 강하다는 게 비판의 주요 내용이었다. 가난한 사람들은 그런 운동이 있기 전부터 토산품만 사용해 왔으며, 결국 중산 계급 이상을 대상으로 하는 자기만족적인 운동이 될 수밖에 없을 거라고도 했다. 물론 민족기업을 키우는 효과가 없었던 건 아니지만, 물품을 생산하는 기업들이 공급을 늘리는 대신 가격을 올리면서 기업가와 상인들 배만 불린다는 비판도 있었다는 사실을 함께 기억할 필요가 있다.

식민지 시기의 구호 제도

어느 시대에나 빈민은 존재하기 마련이다. 빈민을 방치하면 자칫 사회문제로 번질 소지가 있으므로 적절한 구호 대책을 수립하는 건 국가의 기본 의무라서 시대별로 다양한 구휼제도를 만들어 시행해 왔다. 국가가 그런 역할을 방기하거나 제대로 담당하지 못할 때는 민간에서 그런 역할을 맡기도 했다.

일제 식민지 시대에는 어땠을까? 국어사전 안에서 당시의 상황을 파악할 수 있게끔 하는 용어를 찾아보았다.

¶**보호구속(保護拘束)**: 일제 강점기에, 구호가 필요하다고 인정되는 사람을 보호할 목적으로 행하던 구속.

'구속'이라는 낱말이 주로 부정적인 뜻으로 쓰이다 보니 선뜻 '구호'라는 낱말과 어울리는 쌍으로 다가오지 않는다. 이럴 경우 대체로 일본에서 건너온 용어일 가능성이 높다. 추측대로 일본에서 만들어 시행했던 정신위생법 조문에 같은 용어가 나온다. 거기서 규정하고 있는 보호구속의 내용은 이렇다.

▶자신을 해하거나 타인에게 해를 끼칠 우려가 있는 정신장애인으로 입원을 요하는 자가 있는 경우, 즉시 그자를 정신병원에 수용할 수 없는 부득이한 사정이 있을 때에는 정신장애인의 보호의무자는

도도부현지사의 허가를 얻어 정신병원에 입원시킬 때까지 정신병원 이외의 장소에서 보호구속을 할 수 있다.

정신병원 이외의 장소에서 보호구속을 한다는 건 결국 임의로 만든 시설에 감금한다는 의미다. 실제로 외부와 차단된 사택에 1~2평 정도의 좁은 감치실을 만들어 가둔 다음 신체를 마음대로 움직이지 못하도록 구속복을 입히거나 팔다리에 수갑과 쇠사슬을 묶어 도망치지 못하도록 했다. 정신장애인에 대한 인권 개념 자체가 없었다고 할 수 있는데, 일본에서 보호구속 제도가 폐지된 건 1965년의 일이다.

이 제도가 그대로 식민지 조선에 도입되었으며, 이를 알려주는 당시의 신문기사가 있다.

▶치안상으로 보아 다른 사람에게 위해를 가하는 등의 악질인 정신병자가 현재 전조선에… 2,800명이라는 다수에 달하나 이들을 수용할 기관이나 병원으로는 경성제대부속병원 한 곳뿐… 그들을 보호하는 하등의 법규도 없어 다만 경찰법 처벌 규측을 적용하야 보호구속을 하는데 불과하므로 아무 효과를 얻지 못하야 일반의 우려하는 바 되어 잇엇든바 총독부 위생과에서도 이 점을 고려하야 명년도 예산에는 약 20만 원을 게상하야 그들을 보호할 시설을 하기로 하고 동시에 이에 관한 법규 즉 간호법 같은 것을 제정하고저 준비 중에 잇다 한다.
–동아일보, 1935.5.9.

이와 같은 내용에 비추어 보면 『표준국어대사전』에 실린 '보호구속'

에 대한 풀이가 얼마나 허무맹랑한지 알 수 있다. 구호가 필요한 게 아니라 치료가 필요한 것이며, 보호가 아니라 감금이라고 해야 본뜻에 맞는다.

¶**수산장(授産場):** 직업이 없거나 생활이 곤란한 사람에게, 일자리 나 기능 습득의 기회를 주는 보호 시설.

지금 이런 명칭을 사용하는 시설은 없다. 그렇다면 언제 사용하던 말인지 밝혀주었어야 한다. 이 말은 일본에서 사용하던 용어를 가져온 것으로, 나중에 수산장이라는 단독 명칭으로 사용하기도 했지만 애초에는 은사수산장(恩賜授産場)이라는 이름으로 출발했다. 은사(恩賜) 혹은 은사금(恩賜金)이라는 용어 역시 일본 사람들이 만들어 쓰던 말이다. 본래 일왕이 내려주던 물품이나 금품을 뜻하던 용어로, 고종이 조선을 대한제국으로 개칭하면서 우리도 따라서 사용하기 시작했다.

경술국치를 당하던 1910년 8월 29일, 조선총독부는 임시은사(臨時恩賜)에 관한 규정을 관보에 공포하고 시행했다. 내용은 조선 병합에 따른 민심의 이탈을 방지하고 수습하기 위해 일본 정부가 은사금을 내놓기로 했다는 건데, 이 자금 중 일부를 수산장(授産場)을 설치하여 운영하는 데 쓰도록 했다. 그렇게 해서 경성을 비롯해 전국 각지에 잇따라 은사수산장이라는 이름의 시설이 만들어졌다. 경성에는 단성사가 있던 묘동에 은사수산장을 세웠으며, 그래서 이곳을 식민지 시기에는 수은동(授恩洞)이라는 행정 지명으로 만들어 불렀다. 은사수산장에서는 주로 누에치기나 가마니짜기, 양계와 축산 등에 관한 기초 지식과 기능을 전수하는 역할을 했다. 일부 하충민에게 도움이 된 건 사실이나 조선 민중들의 불만을 잠재우기 위한 회유책으로 고안된 것이었다.

¶**인보관(鄰保館):** 인보 사업과 빈민 구제를 목적으로 세운 단체. 또는 그런 집. 늑보린관.

사회복지를 전공한 사람들에게는 익숙한 용어일 테지만 그렇지 않은 사람들에게는 생소하게 다가오는 용어다. 일단 풀이에 나오는 '인보 사업'부터 걸릴 텐데, 인보(鄰保)라는 한자어는 중국과 우리도 예로부터 써왔다.

¶**인보(鄰保):** 1. 가까운 이웃집이나 이웃 사람. 중국 당나라 때 한 집의 이웃 네 집을 '인(鄰)'이라 하고, 그 집을 보탠 다섯 집을 '보(保)'라 하는 주민 조직이 있었던 데서 유래한다. 2. 가까운 이웃끼리 서로 도움. 또는 그런 목적으로 세운 단체. 3. 〈역사〉조선 초기에, 향촌을 통제하고 호적을 작성하기 위하여 10호(戶) 또는 여러 호를 하나로 묶은 편호 조직.

무척 자세하게 풀이했다. '인보'와 '인보관' 사이에 내용상 유사성은 있지만 역사 배경은 사뭇 다르다. 인보관은 일본이 서양에서 시작한 빈민 구호 기관을 본떠서 설치한 단체나 시설을 뜻하는 말로 쓰기 시작했다. 일본이 모델로 삼은 건 1884년 런던에 세워진 토인비홀(Toynbee Hall)이다. 산업혁명 이후 도시로 인구가 몰리면서 빈민가가 형성되자 가난한 노동자들의 생활 환경을 개선시키고 무료 법률 상담, 실태조사, 아동과 병자의 보호 등을 목적으로 세운 기관이다. 이 운동은 이후 미국으로 건너가 확산했으며, 이런 인보 사업을 뜻하는 외래어도 국어사전에 실려 있다.

¶**세틀먼트(settlement):** 복지 시설이 낙후된 일정 지역에 종교 단체나 공공 단체가 들어와 보건, 위생, 의료, 교육 따위의 다양한 활동을 통하여 주민들의 복지 향상을 돕는 사회사업.

이제 우리나라의 인보 사업에 대한 이야기로 들어갈 차례다. 연구 자들에 따라 우리나라 최초의 인보관으로 1906년 미국 감리교 여 선교사 놀스(M. Knowles)가 세운 원산의 반열방(班列房)이나 역시 미국 선교사가 1921년에 세운 태화여자관을 들기도 한다. 하지만 인보관이라는 명칭을 직접 사용한 건 총독부가 1929년 경성에 세운 동부인보관이 처음이다. 이후 북부, 마포, 성동, 영등포 지역에도 인보관을 세웠으며 1954년에 문을 닫았다. 일본에서는 지금도 인보 관이라는 명칭을 사용하고 있으며, 우리는 복지관이라는 명칭을 쓴 다.
인보관을 세우기 전에 총독부는 잠시 방면위원이라는 제도를 시행 하기도 했다. 이 말도 국어사전에 나온다.

¶**방면위원(方面委員):** 1853년에 프로이센에서 창설한 구빈 제도. 또는 그 인적(人的) 기관. 일정한 지역 안에서 거주자의 생활 실태 를 조사하여 가난한 사람들을 보호하고 지도하였다.

여기서는 프로이센이 창설한 제도라는 설명만 나온다. 이 제도 역 시 일본에서 받아들였으며 식민지 조선에도 도입해서 시행했다.

▶방면위원들이 빈민을 위하야 각 가뎡을 방문하고 불용품(不用品)의 동정을 엇는다는 것은 긔보한 바와 갓거니와 예령과 가티 지난 십오 십육 량일간을 활동한 결과 북부(北部)에서는 일백칠십구호에서 사백칠십구 뎜 동부(東部)에서는 이백삼십호에 오백칠십오 뎜 합계 일천오십사 뎜을 모핫는데 동위원들은 십칠일과 시팔일까지 활동허야 더 엇고저 활동 중인바 들어온 물품의 종류를 보면 외투, 내의, 가구, 상의 등 각종이라는 바 모집을 마치는 대로 위선 동북부에 산재한 빈민들에게 분배할 예뎡이라더라.
–동아일보, 1928.12.18.

기사 내용을 보면 빈민들에게 구호품을 모아 전달하는 활동을 펼쳤음을 알 수 있다. 방면위원 제도는 1927년에 도입했으며 인보관과 함께 빈민 구제 활동을 했다. 국어사전에 이왕 '방면위원'이라는 표제어를 올렸으면 이런 내용까지 담아냈어야 한다.

카드에도 계급이 있다?

자본주의 사회는 기본적으로 빈부 격차가 심한 계급사회다. 그래서 자본가 계급, 시민 계급, 노동자 계급 같은 말들이 귀에 익숙하다. 그런데 『표준국어대사전』에서 너무 낯선 계급 명칭을 만나는 순간 저런 말이 있었나 싶은 당혹감이 찾아들었다.

¶**카드계급(card階級)**: 빈민 조사 카드에 기록되어 있는 사람들.

분명히 요즘 쓰는 말은 아닐 것이라는 심증은 있지만, 저 말이 쓰인 용례를 찾는 게 쉽지 않았다. 일본에서 쓰는 말인가 싶어 일본어사전과 야후 재팬 등을 뒤져봐도 눈에 띄지 않았다. 그러다 발견한 게 일제 식민지 시기에 나온 신문기사였다.

▶급격히 현대적 성격을 형성하여 가는 도시 경성에서 "태양 없는 생활"을 영위하는 세민층 소위 카-드계급에 공동주택을 제공하려는 따뜻한 계획이 경성부 당국의 손으로 진행되고 잇다.
―동아일보, 1940.6.21.

여기에 '카-드계급'이라는 말이 나온다. 그러면서 기사는 '세궁민이 가장 많이 거주하는 성동(城東), 서부(西部) 용강(龍江) 등지의 부유지 혹은 국유지를 택하여 우선 오백 호 정도'를 지을 계획으로 예산을 편성하기로 했다는 소식을 전하고 있다. 당시에는 집이 없어 토막(土幕)을 짓고 사는 사람들이 많았다. 식민지 시기에 조선 민중들이 겪어야 했던 빈민들의 생활상이 얼마나 참혹했는지는 누구나 알고 있고, 그런 참상을 그린 문학 작품도 많다. 그런 가운데 경성부가 빈민, 기사에 나오는 표현을 따르면 세민층에게 집을 지어주기로 했다는 선 총독부가 빈민 구제책에 대해 최소한의 고민은 하고 있었음을 보여준다.

당시의 신문기사들을 보면 세민(細民), 세궁민(細窮民), 세민층(細民層), 세민가(細民街) 같은 말들이 나오는데, 이들 낱말은 모두 국어사전에 표제어로 등재되어 있다. 세민(細民)과 함께 빈민(貧民)이라는 말도 그 당시에 널리 쓰이기는 했다. 하지만 '빈민가'나 '빈민굴' 같은 말은 안 보이고 대신 '세민가'와 '세민굴'이라는 말을 썼다. 이렇듯 같은 대상을 가리키는 말도 시대에 따라 변한다는 사실을 여기서도 확인할 수 있다.

요즘은 세민 대신 영세민(零細民)이라는 말을 주로 쓴다. 세민(細民)이라는 한자어는 조선왕조실록에도 쓰인 기록이 있지만 영세민이라는 말은 해방 이후부터 나타나기 시작한다. 세민 앞에 '영(零)' 자를 붙임으로써 세민을 강조하거나 세민보다도 가난한 사람들을 지칭하기 위해 만든 말로 보인다.

식민지 시기에 빈민들의 수를 조사해서 카드에 기록했다는 내용이 당시의 기록에 남아 있다. 이런 카드를 '세민표(細民表)'라 불렀는데, 이 말은 국어사전에 없다. 계속해서 신문기사 내용을 더 살펴보자.

▶최근 부내 각 방면위원들의 조사에 의하면 지난 7월말 현재 부내

의 카드에 등록한 제1종, 제2종 세민은 다음과 같이 7천3백22호의 3만1천8백48인이엇다.

이를 작년 7월말 현재 5천8백59호의 2만5천98인에 비교하면 다음과 같이 호수에 잇어서는 1천5백22호 그 인구에 잇어서는 6천7백50인이 각각 격증되엇다. ―동아일보, 1934.9.8.

이 수치는 당시 경성부 내에 거주하던 전 조선인의 12%에 해당한다고 한다. 이 수치도 적은 건 아니지만 해가 바뀌면서 수천 명씩 계속 늘어났다. 그만큼 당시에 얼마나 많은 사람들이 빈궁의 골짜기로 내몰리고 있었는지 알게 해준다.

기사에서 세민카드에도 1종과 2종 두 가지가 있다고 했다. 제1종 세민은 '시급한 구제는 필요치 않으나 일상생활이 구차한 사람들'을 가리키며, 제2종 세민은 '제1종 세민보다도 더욱 빈궁하여 다른 사람들의 자비와 때때로 구제에 힘입지 않으면 살아가기 어려운 사람들'을 가리킨다. 요즘으로 치면 기초생활수급자들이라고 하겠는데, 지금도 차상위와 차차상위 등으로 구분하듯 빈곤의 차이에 따라 등급을 나누는 건 당시도 마찬가지였다.

경성부가 지어주기로 한 공동주택은 요즘의 임대주택이나 임대아파트쯤에 해당한다고 보면 되겠다. 아무리 식민지 치하일지라도 총독부가 빈민들의 주거 문제를 그냥 방치할 수는 없었을 것이다. 안 그러면 폭동이나 방화와 같은 일이 벌어질 수도 있으므로 사전에 그런 사태를 방지하기 위해 유화책을 쓴 셈이다.

'카드계급'이라는, 당시 역사를 전공한 이가 아니라면 들어본 사람도 거의 없을 낱말을 찾아서 표제어로 올려둔 노고는 칭찬할 만하다. 하지만 딱 거기까지다. 자주 하는 말이지만 특정 시대에만 쓰이던 낱말이라면 그 시기를 풀이에 반영해서 밝혀주는 게 국어사전 사용자들에 대한 배려일 수 있다. '세궁민'이나 '세민가' 같은 낱말의 풀이도 마찬가지다. 가난한 사람들 얘기를 했으니 참고삼아 부자를 뜻하는 말 중에서 정체가 이상한 낱말이 우리 국어사전에 올라 있다는 사실을 덧붙인다.

¶복복장자(福福長者): 매우 행복한 부자(富者).

아무리 봐도 우리가 쓰던 말이 아닌 듯한데, 일본어사전에도 보이지 않는다. 대신 일본어사전에 대복장자(大福長者)와 만복장자(萬福長者)가 표제어에 있고, 사전에는 안 보이지만 미복장자(米福長者), 자복장자(子福長者) 같은 말들을 쓰고 있다. 그리고 우리 국어사전에는 복복(福福)이 표제어에 없지만 일본어사전에는 독립된 표제어로 올린 다음 부유하다는 뜻을 가진 낱말로 소개하고 있다. 짐작건대 복복장자(福福長者)라는 말은 누군가 일본식 용법을 빌려서 만든 말이 아닐까 싶다.

¶금만가(金滿家): 큰 부자.

〈우리말샘〉에 있는 말인데, 일본 사람들이 만들어서 사용하는 낱말이다. 저 낱말을 가져다 쓰는 이들이 더러 있으나 일본 한자어라는 사실만큼은 알고 있으면 좋겠다.

기생들의 파업을 불러온 조흥세

예나 지금이나 세금은 원성의 대상이 되곤 했다. 가혹하게 세금을 거두어들인다는 뜻을 지닌 가렴주구(苛斂誅求)라는 한자 성어가 아무런 이유 없이 생겼겠는가. 정당하게 부과하는 세금도 내고 싶지 않은데 하물며 부당하다고 생각되는 명목으로 세금을 내라고 하면 반발이 생기는 건 당연하다. 식민지 시기에도 다양한 세금을 부과했는데, 특이하다고 여길 만한 세금 종류가 국어사전에 등장한다.

¶**골패세(骨牌稅):** 〈법률〉 예전에, 골패·화투·마작 따위에 매기던 물품세. 일제 강점기에 골패세령으로 시작하여 1950년에 물품세법에 흡수되었다.

골패세는 1931년에 신설되었으며, 해방 후에도 한동안 존속했다. 골패세는 애초 일본에서 1902년에 먼저 만들어 실시했는데, 그로 인해 화투 판매량이 뚝 떨어지자 조선으로 대량 수출하기 시작했다고 한다. 개화기 무렵에 일본에서 건너온 화투와 중국에서 건너온 마작이 사람들 사이에 널리 퍼지며 도박이 성행했다는 건 대부분 알고 있는 얘기다. 그런 상황에서 골패세를 도입한 건, 도박을 줄여보겠다는 측면도 있었겠지만 세수를 늘이기 위한 의도가 담겨 있으리란 것 역시 분명했다.
골패세가 도박을 줄이기 위해서라는 표면적인 명분을 내세웠다면 다음 세금은 어떻게 이해해야 할까?

¶**조흥세(助興稅):** 일제 강점기에, 기생이 받는 사례금에 경성부에서 부과하던 세금.

조선총독부는 기존에 있던 기생조합 대신 자신들의 방식대로 권번(券番)을 만들어 모든 기생들이 그곳에 적을 두도록 했다. 권번은 기생을 양성하는 동시에 기생이 요정에 나가는 걸 감독하고, 화대(花代)를 받아 주는 역할을 했다. 기생은 명월관 같은 요정에 나가면 자신들이 보낸 시간만큼 계산해서 놀음차 혹은 화채(花債)라고 하는 일종의 봉사료를 사례금으로 받았다. 그 돈에 대해 세금을 매기겠다는 게 조흥세로, 1920년 6월에 공고하여 7월 1일부터 시행했다.

그 전에 경성부는 미리 기생들의 화채를 인상했다. 화채를 올리면 당연히 기생들에게 유리할 것 같았지만 기생들은 오히려 손님이 줄어들 것을 우려해 반대했다. 더구나 화채 인상은 곧이어 실시할 조흥세를 더 걷기 위한 사전 조치라는 의심을 받기에 충분했다. 그러자 기생들은 화채 인상이 기생들을 위한다는 건 허울뿐이며, 그로 인해 손님은 줄고 조흥세라는 세금까지 내게 됐으니 다시 화채를 인하하라며 경성부에 진정서를 내며 반발했다. 동시에 파업, 즉 요정에 나가지 않는 실력 행사를 통해 조흥세를 기생이 아닌 유흥업소의 업주가 부담하는 것으로 결정하게 만들었다. 그렇게 되자 유흥업주들은 조흥세에 해당하는 몫을 손님들에게 전가하는 일이 종종 발생했고, 그로 인해 크고 작은 시비가 벌어지곤 했다.

경성부에서 시작된 조흥세는 다른 도시들로 퍼져갔으며, 1930년대 후반까지 조흥세 문제가 당시의 신문 기사에 자주 오르내렸다. 그러므로 풀이에서 '경성부에서 부과하던 세금'이라고 한 건 제대로 된 설명이 아니다. '경성부에서'라고 한 부분을 빼든지, '경성부에서 시작하여 전국으로 확대하여 부과하던'이라고 정확하게 서술했어야 한다.

조흥세와 관련하여 재미있는 기사 하나 소개한다.

▶대구부 재무과에서는 하서정(下西町)에 있는 금호관(琴湖館)이란 요리집의 체납된 조흥세 7백여 원을 증수하기 위하야 동 요리점에 외상을 지고 잇는 약 20여 명의 손님에게 채권차압을 단행하엿다고 한다.
차압을 당한 사람들은 모다 상당한 신분을 가진 사람들인데 요리점이나 부당국자로부터 하등의 독촉 한 번도 없이 돌연히 차압만 단행하여 일반의 요리점을 타매하며 동시에 부당국에 대한 비난의 소리가 높다. ─동아일보, 1935.5.28.

기사 제목이 '요정의 조흥세 때문에 단골손님들이 봉변'이라고 되어 있다. 금호관이라는 요리점이 일부러 체납했는지, 세금을 내기 어려울 정도로 경영이 어려워서 그랬는지는 모르겠으나, 그로 인해 차압을 당한 단골손님들이 뜻밖의 봉변을 당한 건 분명해 보인다. 물론 외상을 지고 갚지 않은 그들에게도 책임이 없다고 할 수는 없는 노릇이다. 당시에 요정이나 요리점 업주들은 조흥세에 불만이 많았다. 그래서 조흥세 폐지에 대한 요구도 많았으나 받아들여지지 않았다.

서북청년회

세월호 참사 이후 유가족들이 광화문에 텐트를 쳤을 때 보수 우파 쪽 사람들이 와서 항의하곤 했다. 그때 느닷없이 서북청년단 재건위원회는 이름의 단체까지 등장해서 사람들을 놀라게 했다. 해방직후에 활동했던 단체가 왜 70년 가까이 지난 시점에 등장한 걸까? 더구나 각종 테러를 일삼고, 제주에서 4.3 사건이 터졌을 때 민간인 학살에 앞장섰던 단체 아닌가? 서북청년단 구국결사대장을 자임한 정함철이라는 사람은 남로당의 공산주의로부터 대한민국을 지켜내기 위해 활동한 게 서북청년단이며, 그런 정신을 이어받아야 한다고 주장했다. 그 당시 제주에서 있었던 민간인 학살은 우리 현대사에서 유례를 찾아보기 힘들 만큼 잔인한 일이었음은 부정할 수 없는 역사적 사실이고, 정부에서도 4월 3일을 '4·3 희생자 추념일'로 정해 희생자들의 넋을 달래며 기리고 있다. 그래서 서북청년단이라는 이름이 단체가 등장하자 보수 진영에서조차 어리둥절하며 부담스러워했다.

¶**서북청년회(西北靑年會)**: 1946년 11월, 서울에서 조직된 반공 청년 단체. 월남한 청년들로 구성되어 반공 운동의 선봉이 되었으며, 1948년 '대동청년단'에 통합되었다.

『표준국어대사전』의 풀이인데, 『고려대한국어대사전』의 풀이도 비숫하다. 우선 2010년대에 등장한 서북청년단에서 보는 것처럼, 많은 이들이 서북청년단으로 알고 있지만 정확한 명칭은 '서북청년회'였다.

국어사전의 풀이에서 문제가 되는 건 대동청년단에 통합되었다는 기술이다. 이 부분은 오해의 소지가 있다. 서북청년회의 일부가 대동청년단으로 간 건 맞지만 그걸 통합이라고 하기는 어렵기 때문이다. 중앙집행위원장을 맡고 있던 선우기성 등 집행부 일부가 임시 중앙집행위원회를 열어 대동청년단으로 합류할 것을 결의했다. 그러자 통합에 반대하는 문봉제 등이 다시 소집한 총회에서 대동청년단 합류 무효를 선언하고 선우기성 등을 제명했으며, 문봉제를 새로운 위원장으로 선출했다. 이 일이 있은 건 1948년이 아니라 대동청년단이 결성된 1947년의 일이다. 그 후 서북청년회는 1948년 12월 19일에 조직된 대한청년단으로 통합되었다. 따라서 공식 통합은 대동청년단이 아니라 대한청년단과 했으며, 최소한 내부 분열이 일어나 대동청년단과 대한청년단으로 나뉘어 통합했다는 식으로 기술해야 한다.

서북청년회가 공식 해산한 건 1949년의 일이다. 정부가 1949년 10월에 법령을 공포하여 남로당을 비롯한 정당과 130여 개 사회단체의 등록을 취소시켰을 때 서북청년회도 함께 등록 취소를 당했다.

해방 직후 좌우익을 막론하고 수많은 청년 단체들이 생겼으며, 그중 상당수는 명망 있는 정치인들의 노선에 따라 이합집산을 거듭했다. 대동청년단 쪽으로 간 서북청년회의 초기 집행부원들이 김구 노선을 지지했다면 나중에 대한청년단 쪽으로 긴 사람들은 이승만을 지지했다.

¶**대동청년단(大同青年團):** 1947년에 지청천을 중심으로 결성된 청년 운동 단체. 1948년 정부 수립 후 대한청년단에 통합되어 그 중추 세력이 되었다.

¶**대동청년단(大同青年團):** 1947년 9월에 지대형(池大亨)을 중심으로 한 청년 운동 단체. 해방 후의 혼란기에 많은 활약을 하다가 1948년 대한청년단에 통합되었다.

『고려대한국어대사전』에서 대동청년단을 만든 중심 인물을 지대형이라고 했는데, 지대형은 지청천의 본명이다. 식민지 시기에 항일 운동을 할 때는 이청천이라는 이름을 사용했고, 대동청년단을 만들 때까지도 이청천이라고 했다. 그러므로 지청천이나 지대형 대신 이청천이라고 했어야 한다.

1948년에 앞으로는 본명인 지대형을 쓰기로 했다는 내용이 경향신문에 나오기는 했으나 어떤 이유인지 별반 사용하지 않다가 1950년에 국회의원에 출마하면서 지청천이라는 이름을 사용했다. 그 후 지청천이라는 이름이 굳어졌으며, 국가보훈부를 비롯한 대부분의 공식 자료들은 지청천으로 표기하고 있다. 이청천이라는 이름을 사용하게 된 까닭에 대한 글이 그 무렵 신문에 나왔다.

▶조국광복의 뜻을 품고 30년 전 압록강을 건너 망명의 길을 떠날 때 어머니 성을 따라 이씨라 하고 강 건너는 달밤이 낮과 같이 밝았으며 청천백일과 같이 공평무사한 지성으로 혁명운동에 이바지할 것을 맹서하여 청천이라 이름 지었던 것이라고 한다.
-경향신문, 1948.12.22.

¶**대한청년단(韓靑年團)**: 1948년 12월에 우익 청년 단체들을 통합하여 결성한 청년 운동 단체. 6·25 전쟁 때 국민 방위군에 편입되어 활약하다가, 제2대 대통령 선거 후 내분으로 해산하였다.

사실 관계는 틀린 게 없으나 내용이 부실하다. 대한청년단은 이승만이 대통령이 된 후 여러 청년 단체를 하나로 묶어 좌익 청년 단체들에 맞서도록 하겠다는 의지를 표명하면서 정부의 힘을 빌려 강압적으로 통합한 단체다. 이때 이범석이 1946년에 만들어 이끌고 있던 조선민족청년단(일명 '족청')은 통합을 거부했는데, 이 단체도 결국 압력에 못 이겨 다음 해인 1949년에 대한청년단으로 통합됐다. 창립 선언문을 시작하며 "우리는 총재 이승만 박사의 명령에 절대 복종한다."라는 말을 넣었을 정도로 이승만의 전위대 역할을 한 어용 단체였다. 회원이 200만에 이를 정도였다고 하니 기세가 얼마나 대단했는지 알 수 있다. 단체 안에서 내분이 심해지자 1953년 9월 10일에 이승만이 민병대를 창설한다며 대한청년단을 해산시켰다.

실향사민이라는 말

한국전쟁이 끝난 다음 휴전협정에 따라 남과 북이 포로 교환을 했다는 사실은 많은 사람이 알고 있다. 전쟁이 끝나면 억류했던 전쟁 포로들을 본국으로 돌려보내야 한다는 건 제네바협정 등에서 규정한 기본 원칙이다. 그래서 한국전쟁 직후에도 그런 식의 포로 교환이 이루어졌다. 하지만 포로가 아니라 남과 북이 민간인들도 교환했다는 사실은 그리 알려지지 않았다.

『표준국어대사전』에만 나오는 낯선 낱말이 있다.

¶**실향사민(失鄕私民):** 전시에 본의 아니게 나라 밖에 나가 있으면서 본국의 보호를 받아야 하는 민간인.

뜻풀이가 참 모호하고 어렵다. '본의 아니게 나라 밖에 나가 있'다는 건 어떤 상황을 말할까? 언뜻 탈출이나 추방이라는 말부터 떠오르지만 그런 의미로 쓴 것 같지는 않다. 이 낱말은 한국전쟁과 관련해서만 쓰인 용어지만 뜻풀이에는 그런 내용이 없고 더구나 풀이도 얼토당토않게 되어 있다. '실향민'이라는 말을 모를 사람은 없지만 '실향사민'이라는 말은 이 자리에서 처음 접하는 사람이 대부분일 거라 생각한다. 그런 낱말을 이토록 허술하게 풀이할 바에야 아예 안 싣는 게 나았다.

한국전쟁을 끝내기 위해 북한 및 중국 측과 유엔군 측은 정전협정을 맺기 위한 회담을 지루하게 이어갔다. 그리고 마침내 1953년 7월 27일 역사적인 협정문에 조인하게 되었다.

¶**한국휴전협정(韓國休戰協定)**: 3년 동안에 걸친 6·25 전쟁의 전투 행위를 중지하기로 한 협정. 1953년 7월 27일 유엔군 측과 북한 측 사이에 조인되었으며, 군사 분계선과 비무장 지대의 확정, 정전 (停戰)의 구체적 조치, 전쟁 포로에 관한 조치 따위를 내용으로 하고 있다.

이 협정의 정확한 명칭이 어떤 건지 아는 사람도 극히 드물 것이다. 정식 명칭은 '국제연합군 총사령관을 일방으로 하고 조선인민군 최고사령관 및 중국인민지원군 사령원을 다른 일방으로 하는 한국군사정전에 관한 협정'으로 무척 길다. 명칭을 잘 보면 '한국군사정전에 관한 협정'으로 되어 있다. 그렇다면 휴전협정이 아니라 정전협정이라고 게 불러야 타당할 듯한데, 어찌 된 일인지 모두 휴전협정이라고만 한다. 또 하나의 문제는 위 풀이에 유엔군 측과 북한측 사이에 조인되었다고 한 부분이다. 중국군 측을 포함해 삼자가 맺은 협정이므로 그에 맞도록 풀이했어야 한다.

실향사민이라는 용어는 1952년 1월 8일 제66차 정전회담에서 처음 나왔다. 북쪽이 고향이지만 남쪽에 머물고 있는 실향민과, 반대로 남쪽이 고향이지만 북쪽에 머물고 있는 실향민들을 각자 자기 고향으로 돌려보내기 위한 논의를 하는 자리였다. 이때 남한은 납북자 문제를 거론했고, 북한은 납북자란 있을 수 없으며 모두 자발적으로 북한으로 넘어온 사람들이라고 맞섰다. 이런 줄다리기 끝에 나온 용어가 유엔군 측에서 제시한 'displaced civilians'이고 이걸

번역한 말이 '실향사민(失鄕私民)'이었다. 나름대로 중립적인 용어를 채택한다고 한 셈인데, 이때의 어설픈 봉합이 지금까지 풀리지 않는 천만 이산가족의 비극을 낳았다.

정전협정은 5개 조 63개 항으로 이루어져 있으며, 59항에 실향사민 처리 방침을 담았다. 내용은 군사분계선 너머에 있는 남쪽과 북쪽의 사민(私民) 중에서 귀향을 원하는 이들을 조사하여 고향 땅으로 보내도록 하고 있다. 이때 실향민을 둘로 분류했는데, 자국민과 외국인이었다. 소수지만 외국인으로 남한에서 북한으로, 북한에서 남한으로 터전을 옮긴 사람들이 있었기 때문이다. 그래서 자국민에 대한 규정에 이어 '외국적의 사민(私民)'에 대한 규정을 덧붙였다. 『표준국어대사전』의 풀이에서 '나라 밖에 나가 있으면서 본국의 보호를 받아야 하는 민간인'이라고 한 구절은 바로 이 지점에서 나왔을 것이다. 어처구니없는 일이다. 어쨌든 그런 다음 이를 추진하기 위한 기구로 '실향사민 귀향 협조위원회(Committee for Assisting the Return of Displaced Civilians)'를 구성하도록 규정했다. 이 기구에도 유엔군, 북한, 중국 측 대표만 참여하고 남한 측은 배제했다. 이렇듯 정전협정과 관련한 모든 논의 기구에서 남한은 철저히 빠져 있었다.

논의에서 배제당한 남한은 국회에 별도로 '납치 인사 귀환 대책 위원회(대표: 임홍순, 정일형)'를 구성하고 납북인사들의 송환을 주장했다. 북한은 이에 대해 납치 사실이 전혀 없다는 태도로 나왔고, 지금도 그런 입장은 마찬가지다. 그런 상황에서 남한 정부가 북한에서 내려온 실향민들을 고향으로 돌려보내는 데 적극적일 리 없었다. 결과는 어떻게 되었을까?

▶지난 3월 1일 판문점 남방 5백메-타 지점에서 외국인 실향사민 19명을 인수한 유엔 측은 예정대로 2일 오전 10시 월북 희망자 37명을 판문점 북방 5백메-타 지점에서 북한 괴뢰군 측에 인도하였는데 이것으로 우리에게 큰 실망과 분노를 주었고 어구조차 애매한 실향사민 교환은 끝난 것이다. -경향신문, 1954.3.4.

북한은 자신들 주장대로 자국민은 모두 자의에 의해 북한으로 온 사람들이라며 외국인 중 희망자만 내려보냈다. 남한도 홍보를 제대로 하지 않아 그런 제도가 있다는 사실조차 몰랐던 사람들이 대다수였다. 그렇게 해서 천만 이산가족의 한이 지금껏 이어지고 있다. 이 문제는 그 후 미해결의 과제로 줄곧 제기되었다. '한반도 통일을 위한 변호사 모임'과 '6·25전쟁납북인사가족협의회'는 한국전쟁 중 북한이 남한 인사들을 납치해 갔다며 김정은 노동당 제1비서를 국제형사재판소(ICC)에 제소하기도 했다. 그런 사실을 알리는 기사의 한 대목이다.

▶김 변호사는 "1953년 휴전협정문에서 북한의 납치에 대해 '납치 (abduct, kidnap)'란 단어를 쓰지 않고 '실향사민'(失鄕私民 · displaced civilian · 고향을 잃은 민간인이라는 뜻)이란 모호한 단어를 사용한 것이 북한이 전쟁 당시 납치 문제에 대해서는 모르쇠로 일관하게 만든 단초를 제공했다"고 밝혔다. -동아일보, 2013.11.18.

이들 단체는 정부에 대해서도 강력한 조치를 취해 달라는 요청을 하고 있지만 북한이 납북자를 인정하지 않고 있는 상황이라 남한 정부로서도 뾰족한 수가 없기는 하다. 하루빨리 남북한 간에 평화

체제가 구축되고 자유왕래가 이루어져야 해결의 단초를 마련할 수 있을 것이다.

참고로 국방부 자료에 따르면 휴전협정 후 남한에서 북한으로 송환한 포로는 북한군과 중국군을 합쳐서 83,258명이고, 북한에서 남한으로 송환한 포로는 한국군과 유엔군을 합쳐서 13,469명이었다.

유엔 묘지와 적군 묘지

모든 전쟁은 파괴와 죽음을 낳는다. 파괴는 나중에 복구할 수도 있지만 죽음은 복구할 수 없다. 죽음의 흔적은 다만 무덤으로 남을 뿐이며, 무덤조차 남기지 못한 죽음도 허다하다. 한국전쟁 때 희생당한 군인들을 위한 묘지로 국립 현충원이 있다는 걸 모를 사람은 없다. 그밖에 두 군데가 더 있는데, 부산에 있는 재한 유엔 기념 공원과 파주에 있는 적군묘지다.

¶**재한 유엔 기념 공원(在韓UN紀念公園):** 부산광역시 남구 대연동에 있는 공원. 6·25 전쟁에 참가하였던 유엔군을 안치한 곳으로, 1955년 11월 유엔 총회의 결정에 의하여 설치되었다. 2001년 3월 '유엔 묘지'에서 현재의 명칭으로 바뀌었다.

부산에 사는 사람들은 알지만 타지 사람들에게는 낯선 곳일 수 있다. 풀이에서 '참가하였던 유엔군을 안치한 곳'이라고 한 표현은 '참가하였다 사망한(혹은 전사한) 유엔군을 안치한 곳'이라고 해야 제대로 된 표현이 된다. 1955년에 설치되었다는 내용도 수정할 필요가 있다. 유엔군 사령부가 여기저기 흩어져 있던 시신들을 모아 합동 묘지를 처음 조성한 건 1951년이기 때문이다. 그러다 1955년에 한국 정부가 유엔에 묘지가 있는 땅을 유엔에 영구기증하기로 하면서 유엔 총회에서 이를 받아들여 관리하기로 결정했다. 1955년은 묘지의 소유권과 운영권이 유엔으로 넘어간 해일 뿐이고, 그런 조치를 취하기로 한 이유는 유엔군이 잠들어 있는 묘지를 국제 사회가 인정하는 성지로 만들고자 했기 때문이다. 처음 조성했을 때의 명칭은 '유엔 묘지'가 아니라 '재한 유엔 기념 묘지(United Nations Memorial Cemetery in Korea)'였다. 일반인들이 줄여서 '유엔 묘지'라고 부르긴 했지만 사전에서는 정확한 명칭을 사용해야 한다.

이곳에는 11개국 2천여 명의 전사자가 안장되어 있으며, 11개국에는 한국군 전사자도 포함되어 있다. 한국군은 주로 카투사 출신으로, 소속이 미군 부대로 되어 있었기 때문이다. 공원 관리는 11개국으로 구성된 유엔기념공원 국제관리위원회가 맡고 있으며, 운영비도 11개국이 공동으로 부담하고 있다.

¶**적군묘지(敵軍墓地):** 구상(具常)이 지은 시. 6·25 전쟁 중에 죽은 북한 인민군의 묘지에서 그들의 비참한 죽음과 전쟁의 참상을 고발한 작품이다. 1956년에 『자유문학』에 발표하였다.

표제어와 풀이를 보면서 고개를 갸웃거려야 했다. 당연히 묘지에 대한 풀이가 나올 줄 알았는데 뜻밖에도 시에 대한 풀이가 나왔기 때문이다. 그런데 제목이 좀 이상하긴 하다. 이 시는 가끔 수능에도 나올 만큼 많이 알려진 작품이다. '초토(焦土)의 시'라는 제목으로 쓴 15편의 연작시 중 8번 작품이며, 부제가 '적군묘지 앞에서'다. 풀이에 나온 대로 1956년에 발행한 『자유문학』 창간호에 발표한 건 맞고, 그때 제목이 '적군묘지'였다. 이어서 바로 그해 말에 '초토의 시'라는 제목으로 시집을 내면서 연작시 중의 한 편으로 넣었고, 앞서 말한 대로 부제를 '적군묘지 앞에서'라고 붙였다. 그렇다면 시의 제목을 무어라 할 것인가 하는 점이 문제가 될 수 있겠는데, 시인이 최후로 손 봐서 발표한 걸 기준으로 삼는 게 관례다. 구상(1919~2004) 시인은 한국전쟁 때 종군작가단으로 참여해서 전장을 돌아다녔다. 그때 북한군 병사의 무덤이 있는 곳을 보았고, 그 인상이 강렬해서 나중에 시로 썼을 것이다. 당시에 구상 시인이 본 게 하나의 무덤인지, 여러 개의 무덤이 모여 있던 곳인지는 모르겠다. 다만 시에 '돌아가야 할 고향 땅은 삼십 리'라고 한 구절이 나오는 것으로 보아 휴전선 가까운 곳이었음을 짐작하게 해준다.

경기도 파주시 적성면에 흔히 '적군묘지'라고 부르는 곳이 있다. 시에 나오는 것처럼 휴전선 가까운 곳인데, 정식 명칭은 '북한군 중국군 묘지'다. 한국전쟁 때 숨진 북한 인민군과 중국군의 시신을 모아 안장한 곳이다. 이 묘지를 조성한 건 1996년으로, 당연히 구상 시인이 시를 쓸 무렵에는 묘역이 없었고, 나중에 사람들이 구상 시인의 시에 나오는 제목을 떠올려서 정식 명칭 대신 '적군묘지'라 부르기 시작했던 게 아닐까 싶다.

묘지 입구에 간단한 안내판을 세워 두었는데, 거기에 "제네바 협약과 인도주의 정신에 따라 1996년 6월에 묘역을 조성"했다고 적혀 있다. 이와 함께 나중에라도 유해 송환을 하게 될 것을 대비해 한군데로 모아 놓은 측면도 있다. 크게 1묘역과 2묘역으로 구분해서 1묘역에는 북한군, 2묘역에는 중국군과 북한군의 시신을 안장했다. 일부를 제외하고는 대부분 전사자의 이름을 몰라 무명인으로 처리했다. 그리고 한국전쟁 때 전사한 인민군뿐만 아니라 이후에 남한으로 간첩이나 무장공비로 파견됐다 사망한 이들의 시신도 함께 묻혀 있다. 이들의 묘석은 모두 북쪽을 향하도록 배치했다.

2013년 박근혜 대통령이 중국을 방문했을 때 한국전쟁에 참전했다 전사한 중국군의 유해를 중국에 송환하겠다는 제안을 했고, 그 제안이 받아들여져서 다음 해인 2014년 적군묘지에 있는 중국군 유해를 모두 송환했다. 이어서 다른 지역에 묻혀 있던 중국군 시신도 발굴해서 순차적으로 송환했고, 2021년까지 모두 8차례에 걸쳐 이루어졌다. 따라서 지금 파주의 적군묘지에는 북한군 유해만 남아 있다. 북쪽에도 당연히 남한군의 유해가 묻혀 있을 텐데, 아직 남북 간에는 유해 송환을 위한 절차조차 논의하지 못하고 있는 실정이다.

<부록>

1

행적을 다르게 기술한 사람들

¶**강석원(姜錫元):** 독립운동가(?~?). 1920년에 광주 청년 동맹에 가담하였고, 1929년 광주 학생 항일 운동 때 검거되었으며, 성진회 (醒進會) 사건으로 징역 2년을 선고받았다.

국립대전현충원에 안장되어 있으며, 1908년 8월 21일 출생, 1991년 1월 7일 사망으로 기록되어 있다. 광주청년동맹은 1927년 11월 26일에 창립했으므로 1920년에 가담했다는 건 성립하지 않는다. 이후에 가담했을 수는 있으나 창립 당시 발표한 위원 명단에는 강석원이라는 이름이 없다. 국가보훈부 독립유공자 공훈록에 따르면 '1927년 10월에는 광주소년동맹위원장에 임명되어 활약하였다'라고 되어 있는데, 두 단체를 착각해서 그랬을 수는 있으나 역시 1920년이라는 연도는 어디서 가져왔는지 모르겠다. 1920년이면 강석원이만 12세였을 때. 성진회 관련 문헌에서도 강석원의 이름은 찾을 수 없다. 광주의 학생운동 조직이었던 성진회는 이후에 독서회라는 이름으로 조직을 변경했으며, 독서회 회원들이 광주 학생 항일 운동에서 중심 역할을 맡았다.

강석원은 1929년 11월에 일경에 쫓겨 서울로 올라간 다음 학생전위

동맹의 간부들과 서울 지역 학생들의 거사 계획을 추진하는 한편 항일 궐기를 촉진하는 격문 약 2만 장을 비밀리에 인쇄하여 전국에 발송했다가 일경에 발각되어 붙잡혔다. 그로 인해 광주지방법원에서 치안유지법 위반으로 징역형을 선고받았으며, 형량은 2년이 아니라 1년이었다.

¶**권동진(權東鎭):** 독립운동가(1861~1947). 호는 애당(愛堂)·우당(憂堂). 천도교의 도호(道號)는 실암(實菴). 1884년 갑신정변 때 손병희, 오세창 등과 일본으로 망명하였다. 3·1 운동 때에 민족 대표 33인 가운데 한 사람이었으며, 그 후에도 적극적으로 항일 운동을 하였다.

갑신정변이 아니라 1895년에 일어난 명성황후 시해 사건에 연루되어 일본으로 망명했다. 당연히 손병희, 오세창과 함께 망명한 게 아니라 그 후 일본에 온 그들을 만나 교류했으며, 이때의 만남을 계기로 동학에 입도했다. 손병희는 동학에 대한 탄압을 피하기 위해 1901년에 망명했으며, 오세창은 1902년에 유길준이 일본사관학교 출신들이 만든 일심회와 손을 잡고 의친왕을 새로운 왕으로 옹립하려다 발각됐을 때 함께 가담한 혐의를 받아 망명했다.

¶**김두한(金斗漢):** 정치가(1918~1972). 김좌진의 아들로 일제 강점기 말기부터 주먹 힘으로 세간의 주목을 받았고 광복 후 한독당(韓獨黨) 재정 위원, 대한 민주 청년 연맹 부위원장 등을 지냈으며 반탁(反託) 운동과 노동 운동에 참여하였다.

김두한은 논란이 많은 인물이다. 이 자리에서 김두한이라는 인물에 대한 모든 걸 다룰 수는 없으나 한 가지 꼭 짚어야 할 건 있다. 풀이에 나오는 노동운동에 참여했다고 기술한 부분이다. 노동운동을 했거나 관심이 있는 사람이라면 대체 무슨 소리냐고 펄쩍 뛸 일이다.

김두한과 노동을 관련지어 이야기할 때 가장 많이 회자되는 건 1946년에 일어난 철도파업 때의 일이다. 당시 김두한이 가입한 단체는 풀이에 나와 있는 대한민주청년연맹이 아니라 대한민주청년동맹이었으며, 직책도 부위원장이 아니라 감찰부장이었다. 대한민주청년동맹은 우익 청년 단체였으며, 김두한은 자신이 거느리던 대원들을 데리고 철도파업을 분쇄하는 데 앞장섰다. 그 과정에 폭력이 동원되었음은 물론이다. 그러니 노동운동을 파괴하는 데 참여했다면 몰라도 그냥 노동운동에 참여했다고 하는 건 왜곡이라고 할 만하다. 그 무렵의 김두한은 우익 편에 서서 각종 테러에 앞장서는 정치깡패 집단의 우두머리 역할을 했다는 평가가 사실에 가깝다. 살인 테러 혐의로 미 군정 치하에서 사형 선고를 받았다가 정부 수립 후 풀려났을 정도다.

그렇다면 『표준국어대사전』에서는 왜 김두한을 노동운동에 종사한 것처럼 기술했을까? 철도파업을 주도한 세력은 좌익 계열의 조선노동조합전국평의회(약칭 전평)이었고, 이에 대항하기 위해 우익 쪽에서 만든 단체가 대한독립촉성노동총연맹이었다. 이 단체는 1948년에 대한노동총연맹(약칭 대한노총)으로 명칭을 변경했으며, 김두한이 이때 대한노총에 들어가 최고위원을 지냈다. 하지만 단체에 들어갔다는 사실만 가지고 그 사람의 행동을 평가할 수는 없는 일이다. 정부 수립 후 이승만 대통령이 총재를 할 정도로 대한노총은 철저한 어용조직이었다. 철도파업을 깨는 데 주도적인 역할을 했던 김두한이 이 단체에서 어떤 역할을 했을지는 충분히 짐작할 수 있는 일이다. 혼란이 일상이었던 해방 직후의 정국은 법보다 물리적 힘이 지배하던 시기였고, 김두한은 그런 정세 속에서 행동대장의 역할을 해내기에 적합한 인물이었다. 노동운동에 참여했다고 기술할 게 아니라 그냥 대한노총에서 간부를 맡았다고만 해도 충분한 일이었다.

¶**남상덕(南相惪):** 대한 제국 때의 의병(1881~1907). 시위대 참위(侍衛隊參尉)로 있다가 1907년 한일 신협약으로 군대가 해산되자 1,000여 명의 군사를 이끌고 일본군과 교전하여 지휘관 가지하라(梶原)를 비롯한 300여 명을 사살하고 전사하였다.

300여 명을 사살했다면 역사에 길이 남을 대단한 전과를 올린 전투인데, 과연 사실일까? 여러 의병 투쟁을 비롯해 청산리 전투나 봉오동 전투에서도 그 정도의 인원을 사살한 적은 없다. 국가보훈부 기록에는 수많은 일병을 사살했다고 되어 있으며, 『한국민족문화대백과사전』에는 4명을 사살했다고 나온다. 항전 준비를 하던 중 일본군이 먼저 공격해서 시작된 전투였으며, 무기와 전투 장비가 일본군이 훨씬 우수한 상황인 데다 나중에는 우리 측 탄약이 다 떨어져서 백병전을 치러야 할 정도였다. 그런 상황에서 300여 명을 사살했다는 건 지나친 과장이고, 오히려 우리 측이 105명의 전사자를 냈다.

¶**민영휘(閔泳徽):** 조선 고종 때의 문신(1852~1935). 초명은 영준

(泳駿). 자는 군팔(君八). 호는 하정(荷汀). 갑신정변을 진압하였고, 국권 강탈 후 일본 정부의 자작(子爵)이 되었으며, 천일 은행(天一銀行)과 휘문 학교를 설립하였다.

벼슬자리에 올랐을 때 한동안 민영준이라는 본래 이름을 썼고, 실록에 민영휘라는 이름이 나오기 시작하는 건 1901년부터다. 그래서 간혹 민영준과 민영휘를 다른 사람으로 착각하기도 한다. 민영휘가 갑신정변을 진압했다는 건 확실한 얘기가 아니다. 민비가 청나라의 위안 스카이에게 요청해서 청나라 군대가 갑신정변의 주역들을 보호하던 일본군을 몰아냈다. 따라서 진압의 주체는 청나라 군대였고, 넓게 잡으면 민비도 포함시킬 수는 있다. 이때 민비가 민영휘를 통해 청나라에 도움을 요청했다는 식의 얘기가 떠돌지만 구체적 근거는 모호하다. 이후 동학 농민 운동이 일어났을 때는 민영휘가 청나라의 위안 스카이에게 원군을 요청했다.
민영휘가 휘문 학교를 설립한 건 맞지만 천일 은행과는 관련이 없다. 천일 은행의 정식 명칭은 대한 천일 은행이었으며, 1899년에 대한제국 관료들과 실업가들이 공동으로 출자해서 설립했다. 초대 은행장을 맡은 민병석 등이 주도했으며, 상업은행의 전신이다.
민영휘는 민비의 외척으로 세도를 부리며 재물을 긁어모으는 데 몰두해서 몇 차례 유배를 가기도 했다. 대한제국 시기와 일제 식민지 시기를 거치는 동안 조선 제일의 갑부가 되었다. 권력형 부정부패자의 전형으로, 이완용보다 더한 친일파라고 하는 이들도 있다.

¶**박희도(朴熙道):** 독립운동가(1889~1951). 3·1 운동 때에 33인 가운데 한 사람으로 독립 선언에 참가하여 2년 형을 받고 나온 후에

월간지 『신앙 생활』의 주필로 있었고, 1929년에 경성 보육 학교를 설립하였다.

그 당시 『신앙 생활』이라는 잡지는 없었으며, 박희도가 관여한 건 1922년에 창간한 최초의 순간(旬刊) 잡지 『신생활(新生活)』이다. 사회주의 성향이 강해서 창간호부터 발매 금지를 당하는 등 줄곧 어려움을 겪었다. 경성 보육 학교라고 한 것도 중앙 보육 학교라고 해야 하며, 1928년에 설립했다.

¶**어윤중(魚允中):** 구한말의 문신(1848~1896). 자는 성집(聖執). 호는 일재(一齋). 강화도 조약 후에 일본을 시찰하고 개화사상을 고취하였으며, 탁지부 대신을 지냈다. 아관 파천 때 친러 세력에게 피살되었다.

아관 파천 직후에 죽은 건 맞지만 친러 세력에 피살된 건 아니다. 그 당시 어윤중은 고향인 충북 보은으로 피신하던 중이었고, 용인을 지날 때 예전부터 산송(山訟) 문제로 원한을 품고 있던 향반 무리가 머슴을 풀어 살해했다.

¶**이세영(李世永):** 독립운동가(1869~1938). 자는 좌현(佐顯). 호는 고광(古狂)·고광자(古狂子). 을사조약이 체결되자 참모장이 되어 홍주, 남포에서 의병을 일으켰으나 패전하여 황주로 유배되었다가 풀려났다. 뒤에 신흥 무관 학교 교장과 상하이(上海) 임시 정부 참모부 차장을 지냈다.

을사조약이 체결된 후 홍주에서 의병을 일으킨 건 맞지만 남포는 그 이전의 일이다. 이세영은 을사조약 체결 이전인 1895년 민비 시해 사건이 일어나자 홍주에서, 다음 해에는 남포에서 의병을 일으켰다. 그런 후 을사조약이 체결되자 다시 홍주에서 의병을 일으켰다가 황주로 유배를 갔다. '상하이(上海) 임시 정부 참모부 차장'도 정확한 서술이 아니다. 국가보훈부의 독립유공자 공훈록에 따르면, 참모부 차장을 한 건 상하이 임시정부가 세워지기 전에 있었던 한성 임시정부에서 맡은 직책이고, 상하이 임시정부에서는 노동부 차장을 맡았다.

¶이봉창(李奉昌): 금정청년회(錦町靑年會), 한인애국단(韓人愛國團) 등에서 활약한 우리나라의 독립운동가(1900~1932). 1932년 1월 8일 히로히토에게 수류탄을 던졌으나 실패하고 체포된 후 순국했다. 1962년 건국 훈장 대통령장이 추서되었다.

『고려대한국어대사전』의 풀이다. 『표준국어대사전』에는 '금정청년회'라는 말이 안 나온다. 이 단체는 1995년에 총무처 정부기록보존소 부산지소가 일본에 보관되어 있던 비밀 문서를 입수했다며 공개한 자료에 등장한다. 거기에 이봉창 의사가 용산 철도국에 근무할 때 항일 단체인 금정청년회를 결성했다는 내용이 나온다는 것이다. 금정은 일제 때 용산을 가리키던 지명이다.
이봉창 의사의 의거가 워낙 큰 사건이다 보니 일본 경찰 당국이 이봉창 관련한 모든 행적을 조사했을 테고, 그 과정에서 금정청년회가 나왔을 것이다. 일본 경찰 당국이 그걸 항일단체로 몰아갔을 수는 있는데, 실제와는 다르다. 금정청년회는 이봉창 의사가 가입하기 전부터 있었고, 당시 신문에도 여러 차례 나올 만큼 공개적인 단체였다. 사회봉사 활동을 주로 했고, 항일 활동을 했다는 건 근거가 없다.

이봉창이 철도국을 그만둔 것도 조선인에 대한 차별 때문이 아니라 여자와 마작을 좋아해서 큰 빚을 지는 바람에 퇴직금을 받기 위해 그만두었다는 말이 있다. 일본으로 건너간 것도 새로운 기회를 잡기 위한 방편 정도였으며, 그때까지 항일 의식 같은 건 전혀 없었다는 게 학계의 통설이다.

이봉창 의사는 용산 철도국을 그만두고 일본에 건너가 일본인의 양자가 되어 '기노시타 쇼조(木下昌藏)'라는 일본식 이름을 지을 만큼 일본을 좋아했다. 그러던 중 1928년 일왕인 쇼와 즉위식 때 구경하러 갔다가 한글로 된 편지를 지니고 있었다는 이유로 일 주일 동안 구금되었다. 그때 비로소 자신은 어쩔 수 없는 조선인이고, 일본으로부터 차별받는 존재라는 걸 깨달으면서 민족의식을 지니게 되었다. 그러므로 그 이전에 항일 운동을 하는 단체에서 활동했다는 건 이치에 맞지 않는다. 금정청년회를 한인애국단과 나란히 놓음으로써 마치 항일단체처럼 보이도록 할 이유가 없다.

¶**이종훈(李鍾勳)**: 독립운동가(1855~1931). 호는 정암(正庵). 3·1 독립 선언 때 민족 대표 33인의 한 사람으로, 동학에 들어가 1894년 동학 농민 운동 때 선두에서 활약하였으며, 손병희·권동진 등과 함께 천도교 개편에 힘썼다. 고려 혁명 위원회를 조직하여 항일 운동을 계속하다가 만주에서 병사하였다.

당시 신문기사에 따르면 만주에서 돌아와 가회동 자택에서 사망했다.

¶**장덕진(張德震):** 독립운동가(?~1924). 미국 의원단의 내한에 맞추어 독립의 결의를 내외에 알리고자 황해도 일대의 일제 기관 파괴를 시도하였다. 그 후 상하이에서 독립운동을 계속하였다.

고향이 황해도일 뿐이고, 황해도가 아니라 평안남도 경찰부에 폭탄을 던져 일경 2명을 폭사시켰다. 같이 거사한 안경신 여사만 체포되었고, 안경신은 사형 선고를 거쳐 그 후 10년 형을 받았으나 출옥 이후 행방이 묘연해 사망 일시도 알지 못한다. 장덕진은 상하이에서 중국인에게 저격당해 숨졌다. 설산 장덕수의 막냇동생이다.

¶**정운복(鄭雲復):** 언론인·민족 운동가(?~?). 서우 학회를 조직하고, 한북 학회(漢北學會)와 함께 서북 학회를 결성하여 민족 계몽과 항일 운동을 전개하였다. 〈제국신문〉의 주필과 사장을 지냈으며 평생 항일 운동에 헌신하였다.

1879년생이며 1920년 12월 5일에 병사했다. 〈제국신문〉이 반일 논조를 띤 신문이긴 했지만 그 후 정운복은 한일 병합을 지지하는 발언을 하는 등 노골적인 친일 행위를 하기 시작했다. 1918년에는 조선총독부의 경무부 촉탁으로 임명되었고, 그해에 일본 시찰을 다녀와서 일선융화(日鮮融和)와 같은 조선총독부의 논리를 홍보하고 다녔다. 정부가 조사해서 발표한 친일반민족행위진상규명 보고서에 이름이 올라 있으며, 대표적인 친일 인사다. 그런 사람을 평생 항일운동에 헌신했다고 하는 건 어불성설이다.

¶**정재홍(鄭在洪)**: 독립운동가(?~1907). 을사조약이 체결된 후에, 이토 히로부미(伊藤博文)가 우리나라에 왔을 때에 암살하려다 실패하고 자결하였다.

당시 황성신문 기사에 따르면 정재홍 의사는 박영효 귀국을 환영하는 연회장에서 육혈포로 자신의 배를 쏴서 자결했다. 나라를 위해 자신의 한 몸을 버리겠다는 내용의 유서가 품 안에서 발견됐으므로 순국은 맞는다. 하지만 이토 히로부미가 연회에 참석할 걸 예상하고 쏘아 죽이려 했으나 참석하지 않아 자결했다는 건 야사에 지나지 않는다.

¶**지운영(池運永/池雲英)**: 조선 고종 때의 관리·서예가(1852~1935). 호는 설봉(雪峯)·백련(百蓮). 고종 21년(1884)에 사대당의 밀명으로 일본으로 건너가 김옥균, 박영효 등을 암살하려다 붙잡혀 영변(寧邊)에 유배되었다. 유불선에 두루 통하였고, 시, 서예, 그림에 뛰어나 삼절(三絕)이라고 불리었다.

김옥균 암살 시도는 1884년이 아니라 1886년이다. 지석영의 형이며, 일본에서 사진술을 배워와 고종과 왕세자의 사진을 찍기도 했다.

¶**한상호(韓相浩)**: 독립운동가(1899~1921). 3·1 운동 후 철혈 광복단(鐵血光復團)을 조직하였으며, 1921년에 독립운동 자금을 마련하기 위하여 조선은행 회령 지점을 습격하였으나 실패하고 체포되어 사형당하였다.

1921년이 아니라 1920년 1월의 일이며, 조선은행 회령 지점을 습격했다는 것도 사실과 다르다. 조선은행 회령 지점에서 만주의 용정(龍井)으로 운반 중인 현금을 화룡현(和龍縣) 동양리(東陽里)에 매복하고 있다가 습격해서 호송하던 일경을 사살하고 탈취했다. 실패가 아니라 성공한 거사였으며, 블라디보스토크 신한촌으로 가서 그 돈으로 제고슬로바키아제 무기를 구입해서 북로군정서에 제공했다. 그런 후 12월에 밀정의 밀고로 윤준희, 임국정과 함께 붙잡혔다가 다음 해에 사형당했다.

<부 록>

2

사망 이유가 잘못 기술된 사람들

¶**김도원(金道源):** 독립운동가(1895~1923). 3·1 운동 후 대한 독립 보합단을 조직하고, 군자금 모금을 위하여 활약하였으며, 무장 암살단을 조직하기도 하였다. 1920년에 대한 독립 보합단 특파 대장으로 서울에 잠입했다가 밀고되어 서대문 형무소에서 옥사하였다.

옥사라고 하면 그냥 감옥에서 죽었다는 말인데, 정확한 표현으로 기술해 주어야 한다. 김도원은 단순히 옥사한 게 아니라 교수형을 당했다.

▶서대문 감옥에서 경성복심법원 강본(岡本) 검사가 립회하고 사형을 집행하엿는바 피고는 입감한 후에 불서(佛書)를 만히 읽어 불교에 대한 신앙이 매우 잇슴으로 종용히 염불을 외이며 사형을 당하고 유언으로 댱문의 유언장을 남기엇는대 그 요지는 인생유애(人生唯愛) 사업유인(事業唯忍), 인생은 오즉 사랑이요 사업은 오즉 참는 것이라 하는 것이라. 그 엄숙하고 종용한 태도에 립회하엿든 검사도 부지중 눈물을 흘리엇다는대 교수대에 목을 매인 지 십일 분 만에 절명되엿더라. —동아일보, 1923.4.8.

¶**김복한(金福漢)**: 구한말의 의사(義士)(1860~1924). 자는 원오(元五). 호는 지산(志山). 여러 차례 을사오적의 처단을 상소하고 광무 10년(1906)에 홍주(洪州)에서 의병을 일으켰으며, 1919년에는 유림(儒林) 대표로 파리 강화 회의에 독립 청원서를 발송하고 체포되어 복역하다 옥사하였다.

1919년에 체포되어 옥살이를 한 건 맞다. 그전에 이미 여러 차례 투옥당하느라 너무 몸이 망가져 거동이 힘들 정도였다. 재판에서 징역 1년을 선고받았으며, 4개월 남짓 만에 풀려났다가 나중에 병사했다.

¶**김수민(金秀敏)**: 구한말의 의병장(?~1908). 일명 수민(守民). 동학 농민 운동 때 농민군에 가담하였고, 융희 1년(1907)에 13도 총도독(十三道總都督)으로서 의병을 모집하여 일본군을 공격하였으며, 화약·탄약 만드는 기술이 뛰어났다. 항일 투쟁 중 체포되어 옥중에서 자결하였다.

1908년에 죽었다고 했지만, 정확한 시기는 1909년이며, 자결이 아니라 교수형을 당했다. 13도 총도독이었다는 기술도 그대로 믿기 어렵다. 1907년에 이은찬(李殷瓚), 이구재(李九載) 등이 의병을 모집한 다음 경북 문경의 유학자 이인영(李麟榮)을 총대장으로 내세운 13도 창의군을 결성하고 전국 연합 부대를 편성하려 했다. 이들은 모두 양반 가문 출신으로 평민 출신 의병장인 신돌석, 홍범도, 김수민 등을 받아들이지 않았다. 김수민 부대가 13도 창의군과 협력하여 전투를 치르긴 했어도 13도 총도독이라는 직책을 맡았다는 기록은 김수민을 체포한 일본 측 자료에도 나오지 않는다. 김수민은 국가보훈부가 2017년 8월의 독립운동가로 선정하였으며, 당시 보훈처가 발표한 공적 자료에는 '1909년 10월 14일 교수형을 선고받고 동년 12월 17일 순국하였다'라고 되어 있다.

¶**안규홍(安圭洪)**: 대한 제국 때의 의병장(1879~1909). 자는 제원(濟元)이고, 호는 담산(澹山). 별명은 계홍(桂洪)·안담살이·안진사. 융희 2년(1908)에 보성에서 의병을 일으켜 일본군 수비대와, 일진회를 습격하였고, 체포되어 옥사하였다.

안규홍은 2001년 5월의 독립운동가로 선정됐다. 별명 중에 안담살이가 있는데, 담살이는 머슴살이를 뜻하는 말이다. 별명처럼 안규홍은 20년 동안 보성에서 머슴살이를 하다 의병장이 된 사람이다. 의병부대를 이끌고 많은 전과를 올렸으나 일본군의 공세가 심해지면서 의병 세력이 약화되자 부대를 해산하고 고향으로 돌아가던 중 체포되었다. 옥사가 아니라 김수민과 마찬가지로 교수형을 당했다. 교수형을 당한 건 1911년 5월 5일이었다.

¶**최익현(崔益鉉)**: 구한말의 문신·학자·애국지사(1833~1906). 자는 찬겸(贊謙). 호는 면암(勉菴). 대유학자(大儒學者)로 대원군을 탄핵하였으며 갑오개혁 때 단발령에 반대하였다. 을사조약을 반대하여 의병을 일으켰으며 유배지 쓰시마섬[對馬島]에서 단식사(斷食死)하였다. 저서에 『면암집(勉菴集)』 따위가 있다.

최익현이 쓰시마섬으로 끌려간 건 8월 28일이다. 도착 직후 감금소에서 관을 벗기고 머리를 자르려고 하자 이에 항의하며 단식에 들어갔다. 3일 만에(2일이라는 말도 있다) 사과를 받고 단식을 풀었다. 그 후 풍토병에 걸려 고생하다 다음 해인 1907년 1월 1일에 사망했다. 단식사(斷食死)라는 말이 나온 건 잘못된 소문이 퍼진 탓이다.

¶**홍영식(洪英植)**: 구한말의 문신(1855~1884). 자는 중육(仲育). 호는 금석(琴石). 박영효, 김옥균 등과 독립당을 조직하고, 이듬해 우정국의 낙성식을 계기로 갑신정변을 일으켜 혁신 내각의 우의정이 되었으나, 삼일천하로 끝나고 대역 죄인으로 몰려 처형되었다.

처형당했다는 말은 군율이나 형법에 따라 이루어진 죽음을 뜻할 때 사용한다. 하지만 홍영식은 처형이 아니라 피살당했다. 갑신정변이 실패로 돌아가면서 김옥균이나 박영효 등은 일본 공사관으로 피했으나 홍영식과 박영교는 고종 곁에 남아 있었다. 청나라 군사들이 고종을 데려가려 하자 항의하며 막아서던 중 조선 병사들에게 죽임을 당했다. 실록에는 고종이 죽이라고 명했다는 말도 없다.

¶**황병길(黃炳吉)**: 독립운동가(1867~1920). 시베리아로 망명하였다가 안중근 등과 함께 귀국하여 항일전(抗日戰)에 참가하였다. 스스로 조직을 만들어서 독립운동을 전개하다가 1920년 북로 군정서(北路軍政署)에 가입하여 청산리 싸움 후 일본군에게 체포·처형되었다.

주로 연해주와 중국 훈춘 등지에서 독립운동을 했으며, 청산리 싸

움과는 관련이 없다. 일본군에게 체포되어 처형당한 게 아니라 도
피하는 과정에서 누적된 피로와 급성 폐렴 등으로 인해 사망했다.
국가보훈부 독립유공자 공훈록에는 출생 연도가 1885년으로 나와
있다.

<부록>

3

엉뚱한 날에 사망한 사람들

『표준국어대사전』에 무척 많은 독립운동가와 애국지사 이름이 실려 있는데, 생몰 연대를 잘못 기록하거나 미상으로 처리한 경우가 많다. 얼마나 잘못됐는지 다른 자료들을 찾아서 비교해 보았다. 참고한 자료는 여러 백과사전과 국가보훈부 기록, 서울과 대전의 국립현충원 기록, 신문기사 등이었다. 가장 정확한 건 당시의 신문기사들이고, 그에 비추어 검토한 결과 백과사전과 국가기관의 기록에도 오류가 많다는 걸 확인했다. 그런 기록의 부실함이 국어사전에 그대로 반영되어 있는 셈이다.

¶**고두환(高斗煥):** 독립운동가(1894~1932). 대한 독립단에 가입하여 활약하다 국내에 들어와 군자금을 모았다. 황해도 구월산에서 일본 경찰과 교전하다가 체포되어 무기 징역을 선고받았다.

고두환은 1932년 12월 15일 출소했다. 당시 신문기사에는 '건강을 상하지 않고 씩씩한 몸'으로 나왔다고 했다. 그랬는데 그해가 며칠 남지도 않은 상황에서 사망했다고 보기는 어렵다. 국가보훈부를 비롯해 대부분의 기록에는 사망 연도를 미상으로 처리하고 있다.

¶**권병덕(權秉悳):** 독립운동가(1867~1944). 호는 청암(淸菴)·정암(貞菴)·우운(又雲). 3·1 운동에 민족 대표 33인 가운데 한 사람으로 참여하였다. 저서에 『조선 총사(朝鮮總史)』, 『이조 전란사(李朝戰亂史)』, 『궁중 비사(宮中祕史)』 따위가 있다.

2017년 3월에 이달의 독립운동가로 선정하며 1868년 출생, 1943년 사망이라고 발표했다.

¶**김동수(金東秀):** 독립운동가·종교인(1891~1967). 일명 일두(一斗). 호는 추산(秋山). 을사조약이 체결되자 강원도 원주에서 의병을 일으켰으며, 국권이 강탈되자 합방 반항회를 조직하였다. 만주로 망명하여, 유생(儒生) 대한 독립단을 결성하여 구국 운동을 전개하였다.

김일두라는 이름으로 더 알려져 있으며, 국가보훈부 독립유공자 명단에도 김일두로 올라 있다. 전주덕진공원에 '의사 추산 김일두 선생 기적비(義士秋山金一斗先生紀蹟碑)'가 서 있으며, 비문에 1955년에 사망한 것으로 기록되어 있다.

¶**김병조(金秉祚):** 독립운동가·목사(1876~1947). 호는 일재(一齋). 독립 선언서에 서명한 33인 가운데 한 사람으로, 만주에서 〈한족신문(韓族新聞)〉을 발행하였으며, 8·15 광복 후 북한에서 조만식과 함께 조선 민주당을 창설하고, 지하 운동을 벌이다가 시베리아에 유배되어 죽었다.

국가보훈부와 『한국민족문화대백과사전』에는 1948년 사망으로 나오며, 1947년이 아닌 건 확실하다. 1948년에 김구가 북한에 구금되어 있는 조만식, 김병조 등의 석방을 바란다고 했다는 내용이 신문기사에 나오기 때문이다. 한편 중앙일보 1993년 8월 14일 자 신문에 카자흐공화국 김국후 특파원이 보내온, 김병조의 사망에 관한 기사가 실렸다. 꽤 긴 내용인데, 일부를 옮기면 다음과 같다.

▶김 목사의 사망 사실은 …시베리아에 유형돼 8년간 수용되었다가 풀려나 카자흐공화국 알마아타에 살고 있는 이영환 옹(74)에 의해 확인됐다.
이옹은 …레소트 구역 북방수용소 B5호 휴양소에 이감됐는데 그곳에 먼저 수용돼 있던 김 목사를 만났다. 김 목사는 2년 후인 50년 5월 초 바이칼호 부근 수용소로 이감되었고 …52년 여름 바이칼호 부근 수용소에서 이감돼 온 한 조선인이 "김 목사가 그해 봄 숨져 바이칼호 부근 언덕에 다른 사람들과 함께 묻혔다"고 전해줬다고 말했다.

이런 증언이 얼마나 정확한지 확인할 수는 없으나 유해조차 발굴하지 못하고 있는 현실은 안타까운 일이다.

¶김보형(金寶炯): 독립운동가(1894~?). 3·1 운동에 참가한 후 만주로 망명하여 의용군 조직과 군자금 모금에 힘썼다. 고려 혁명당에 가입하여 활동하다가 체포되어 복역하였다.

1977년 1월 3일에 자택에서 사망했다는 신문 부고 기사가 있으며,

당시 82세라고 했다. 출생 연도는 국가보훈부 독립유공자 공훈록에 1896년으로 나온다.

¶**김승학(金承學)**: 독립운동가(1881~1965). 자는 우경(愚敬). 호는 희산(希山). 국권 강탈 후 만주로 망명하여 상하이(上海) 임시 정부에서 항일 독립운동을 전개하였고, 임시 정부 기관지인 〈독립신문〉 사장을 지냈다. 저서에 『대한 독립사』가 있다.

1964년 12월 17일에 사망하여 24일에 시청 앞 광장에서 사회장을 치렀다.

¶**김익상(金益相)**: 독립운동가(1895~1925). 1921년에 조선 총독부에 폭탄을 던졌고, 1922년에 일본 육군 대장 다나카 기이치(田中義一)를 암살하려다 실패하여 체포되었다.

자료마다 사망 시기가 다르게 기록되어 있지만 1925년은 아니다. 국가보훈부의 독립유공자 공훈록에는 1941년에 사망한 것으로 기록되어 있으며, 『한국민족문화대백과사전』에서는 일본 형사에게 연행된 뒤 소식이 없어 암살당했을 거라는 추측만 있다고 했다. 독립운동가 이강훈에 따르면 1942년경 용산경찰서에 연행 중 한강에 투신해서 순국했다고 한다. 조선일보 1936년 8월 7일 자 기사에 수감 중이던 김익상이 형무소에서 출옥해 고향으로 돌아갔다는 내용이 실렸다. 그 후의 행적에 대해서는 자세히 밝혀진 게 없으나 1936년 이후까지 생존해 있었음은 분명하다.

¶**김정혜(金貞蕙):** 여성 교육가(1868~1915). 본성은 양(梁). 1908년에 개성의 송계 학당(松桂學堂)을 인수하여 젊은 미망인을 위한 배움터를 마련하고 신학문을 배우도록 하였으며, 1910년에 학부의 설립 인가와 함께 정화(貞和) 여자 중·상업 고등학교로 발전시켰다.

1910년에 설립 인가를 받아 세운 학교는 '개성정화여자보통학교'였다. 그 뒤 1948년에 '개성정화여자실업중학교'로 되었다가, 한국전쟁 이후 서울에서 '정화여자중·상업고등학교'로 바뀌었다. 1915년이 아니라 1932년 12월 17일 병환으로 사망했다.

¶**나중소(羅仲昭):** 독립운동가(1866~1925). 자는 영훈(泳薰). 호는 포석(拋石). 1919년에 만주에서 김좌진 등과 북로 군정서를 창설하여 참모장이 되었고, 청산리 대첩에도 참가하였다.

1928년에 사망했다. 당시 신문기사에는 이렇게 나왔다.

▶북만 일대에서 ○○단의 군정서 장교로 있든 중 군대에 쫏기어 돈화현 산중에서 여생을 보내다가 지난 8월 18일에 세상을 떠낫다는데 슬하에는 자녀도 업시 단신으로 망명 중 별세한 가련한 형편이라더라. ―동아일보, 1928.10.11.

¶**노백린(盧伯麟):** 독립운동가(1874~1925). 호는 계원(桂園). 안창호 등과 신민회를 조직하여 국권 회복을 위해 활동하다가, 1914년에 하와이에 건너가 국민 군단(國民軍團)을 창설하였다. 3·1 운동 때 상하이 임시 정부에 가담하여 군무총장을 지냈다.

1926년 1월 22일 오전 상하이에서 사망했다. 국내에 소식이 전해지자 경성 등 각지에서 추도회를 열려 하였으나 일경이 허가를 내주지 않아 무산됐다는 기사가 여러 편 나왔다. 1993년에 유해를 봉환하여 서울국립현충원 임정묘역에 안장했으며, 출생일은 1875년 1월 10일로 기록되어 있다.

1914년에 하와이에 건너가 국민 군단(國民軍團)을 창설했다는 건 사실과 다르다. 국민 군단은 박용만(朴容萬)이 1914년에 창설했으며, 노백린은 1916년에 하와이로 망명하여 국민 군단의 별동대 주임을 맡았다. 하와이로 건너간 시점에 대해 기록마다 차이가 있긴 하지만 여러 정황상 1916년이 맞다. 서울 중앙고등학교 교정 안에 '노백린 장군 집터' 표지석이 있는데, 거기에 '장군이 1916년 망명할 때까지 거주하던 집터'라고 적혀 있다.

¶**노임수(盧琳壽)**: 구한말의 의병장(1876~1911). 1905년에 을사조약이 체결되자 일본군과 싸우다가 잡혀 교수형을 당하였다.

국가보훈부 기록을 비롯해 『한국민족문화대백과사전』 등 대부분의 자료에 1909년에 교수형을 당한 걸로 나온다.

¶**박정양(朴定陽)**: 조선 고종 때의 대신(1841~1904). 자는 치중(致中). 호는 죽천(竹泉). 고종 18년(1882)에 신사 유람단의 일원으로 일본을 시찰하였다. 진보적인 개화사상을 가진 온건 중립파로, 이상재 등의 개화파 인사들을 돌보았다.

1905년에 사망했으며, 신사 유람단으로 일본에 간 건 1881년이다.

¶**백관수(白寬洙):** 민족 운동가·언론인(1889~?). 호는 근촌(芹村). 1919년에 도쿄에서 조선 청년 독립단을 조직하여 그 대표로 독립 선언문을 발표하고 투옥되었다. 〈동아일보〉 사장을 지냈으며, 광복 후 제헌 국회 의원에 당선되었으나 6·25 전쟁 때 납북되었다.

북한의 평양 신미리 애국열사릉에 무덤이 있으며, 묘비에 '1950년 10월 25일 서거'라고 적혀 있다.

¶**송학선(宋學先):** 독립운동가(1893~1926). 조선 총독 사이토 마코토(齋藤實)를 암살하려다가 경성부 의원을 사이토로 잘못 알고 살해한 죄로 체포되어 사형되었다.

신문기사에 1927년 5월 19일에 사형당했다고 나오며, 국가보훈부 기록에는 1897년 출생으로 나온다.

¶**신명균(申明均):** 국어학자·교육자(1889~1941). 국어 연구에 힘써 장지영, 이윤재와 함께 '조선어 연구회'를 창립하였고, 시조집·가사집·소설집 따위를 출판하였다.

민족문제연구소 연구위원인 박용규 역사학자가 각종 사료를 조사해서 국가보훈부에 유공자 신청할 때 사망 일시를 1940년 11월 20일로 했고, 그대로 인정받았다. 박용규의 조사 결과에 따르면 1940년에 접어들면서 일제의 창씨개명 강요가 심해지면서 그런 횡포에 항의하는 차원에서, 대종교를 믿고 있던 종교인으로서 대종교 창시자 나철의 사진을 품고 자결했다고 한다.

시조집, 가사집, 소설집을 출판했다는 건 좀 더 자세히 풀이했어야 한다. 본인의 창작물로 오해하기 쉬운데, 조선 시대 작품들을 모아 엮은 것이다.

¶**안세환(安世桓):** 독립운동가(1892~1927). 1911년 105인 사건으로 체포되었으며, 3·1 운동 때는 민족 대표 이승훈을 도와 활약하다 가 투옥되었다.

생몰 연대가 모두 틀렸다. 신문기사에 의하면 1926년 4월 21일 밤 10시에 평원군 순안면 남창리 자택에서 숨졌다고 나온다. 부음 기 사에서 동아일보는 1884년 출생이라 했고, 조선일보는 당시 41세라 했으니 1886년(만으로 계산하면 1885년)이 되므로 1892년과는 거 리가 있다. 기사에 따르면 감옥 생활 이후에 정신이상 상태가 되어 5~6년 간 광인(狂人)처럼 평양 시내를 떠돌아다니며 비참한 생활 을 했다고 한다.

¶**오인수(吳寅秀):** 독립운동가(?~?). 자는 경수(敬秀). 의병장으로 활약하였으며, 1905년에 의병 300명을 이끌고 안성(安城), 죽산(竹山) 등지에서 일본군과 싸우다 잡혀서 8년간 옥고를 치른 후 만주 로 망명하였다.

해주 오씨 문중에서 경기도 용인에 '의병장 해주 오공 인수 삼대 독립항쟁 기적비'를 세웠다. 삼대라고 한 건 오인수의 아들 오광선 과 손녀 오희영, 오희옥에 이르기까지 독립운동에 참여했기 때문이 다. 비문에 1868년 2월 2일 출생, 1935년 10월 23일 사망이라고 적혀 있다.

¶**오화영(吳華英):** 독립운동가(1890~1959). 일명 하영(夏英). 호는
국사(菊史). 3·1 운동 민족 대표 삼십삼인 가운데 한 사람이고, 신
앙 부흥 운동과 민족정신 함양에 노력하였다. 광주 학생 항일 운동
에 연루되어 제포되있으며, 6·25 전쟁 때 납북되었다.

북한의 보도에 따르면 1960년 9월 2일에 평양시 남산병원에서 사
망했으며, 신미리 애국열사릉에 안장되어 있다. 1959년 사망설은
북한에서 귀순한 이동준 씨의 증언에서 비롯한 것으로 보인다.(경
향신문, 1959.2.6.). 이동준 씨에 의하면 오화영 선생이 대동강에서
투신 자살했다는 말을 들었다고 한다. 직접 목격하거나 확인한 사
실이 아니므로 신빙성이 적다. 북한에 있는 묘비에 1960년 사망이
라고 적혀 있으며, 국가보훈부 독립유공자 공훈록에도 1960년이라
고 되어 있다.

¶**이성구(李成九):** 독립운동가(1896~1933). 호는 우문(又文). 상하
이(上海)의 독립신문사에 있으면서 병인 의용대(丙寅義勇隊)에 가입
하여 상하이의 일본 영사관에 폭탄을 던진 혐의로 복역하던 중에
사망하였다.

국가보훈부 기록에 1934년 3월 16일 신의주지방법원에서 징역 7년
형을 받고 옥고를 치르던 중 혹독한 고문의 여독으로 경성 감옥에
서 순국했다고 기록되어 있다. 1934년에 재판을 받았다는 신문기사
가 있다.

¶**장선희(張善禧):** 독립운동가(?~?). 3·1 운동이 일어나자 대한 애국 부인회를 조직하여 투옥된 애국지사들의 가족을 돕고 상하이 임시 정부와 연락하면서 독립운동을 벌였다.

1970년 9월 1일 동아일보 기사를 보면 '최후의 작품을 만들기 위해 매화꽃을 매만지던 장선희 여사가 지난 28일 77세를 일기로 별세했다'라고 나온다. 그러면서 대한애국부인회 활동으로 4년간 옥고를 치렀다는 내용과 함께, 평생을 조화(造花)와 자수(刺繡) 분야에 매진하여 수많은 제자를 길렀다는 소식을 전하고 있다. 장선희 여사는 동경여자미술전문학교 출신이며, 1893년 2월 19일에 출생하여 1970년 8월 28일에 사망했다.

¶**전덕원(全德元):** 독립운동가(?~?). 호는 호은(湖隱)·정송(挺松). 을사조약이 체결되자 각지에 격문을 보내어 의병을 일으켰으며, 만주로 건너가 조선 독립단을 조직하고 의군부를 만들어 일본의 관청을 파괴하는 따위의 독립운동을 계속하다가 옥사하였다.

옥사했으면 사망 기록이 안 남았을 리 없다. 국가보훈부 기록에는 1877년 11월 18일 출생하여 1943년 10월 8일 사망한 것으로 나온다.

¶**정재관(鄭在寬):** 독립운동가(1880~1930). 미국에 건너가 〈공립신보(共立新報)〉의 주필이 되었으며, 재미(在美) 한인 국민회를 조직하여 독립운동을 하였다.

1922년 2월 1일(음력)에 사망했다는 동아일보 기사가 있으며, 미국에서 활동하다 러시아의 블라디보스토크로 건너와 독립운동을 이어 갔다.

¶**조소앙(趙素昻):** 우리나라의 독립운동가·정치가(1887~1959). 소 앙은 호이며 본명은 용은(鏞殷)이다. 3·1 운동 이후 중국으로 망명하여 임시 정부의 국무 위원을 지냈다. 1928년에 한국 독립당을 창당하였으며 단독 정부 수립에 반대하여 김구 등과 남북 회담에 참석하였다. 제2대 국회 의원에 출마하여 당선되었으나, 6·25 전쟁 때 납북되었다.

『고려대한국어대사전』의 풀이인데, 1959년이 아니라 1958년에 사망했으며, 『표준국어대사전』은 제대로 기술했다. 한국 독립당을 창당한 시기도 1928년이 아니라 1930년이다.

¶**조병갑(趙秉甲):** 조선 고종 때의 탐관(?~?). 고종 29년(1892) 고부 군수로 부임하여 만석보(萬石洑)를 증축하면서 임금을 주지 않았으며, 부친의 비각을 세운다는 명목으로 금품을 강제로 징수하는 따위의 온갖 폭정을 자행하였다. 그의 폭정은 동학 농민 운동을 일으킨 직접적인 원인이 되었다.

양주 조씨 족보에 1884년 5월 15일 출생, 1912년 5월 23일 사망으로 되어 있다. 동학 농민 운동 후에도 계속 출세해서 1898년에는 고등재판소 판사가 되어 동학 지도자 최시형에게 사형선고를 내린 재판관 중의 한 명이 되었다.

¶**차도선(車道善):** 독립운동가(?~?). 1907년 함경북도 북청 후치령에서 홍범도, 송상봉(宋相鳳) 등과 의병을 일으켜 혜산진과 갑산에서 적군을 격파하였다. 만주로 건너가 포수단을 조직하여 독립운동을 하였다.

『표준국어대사전』에 인명과 함께 '나는 홍범도에 뛰는 차도선'이라는 속담이 실려 있다. 홍범도와 함께 포수들을 모아 산포대(山砲隊)를 조직해서 활동했으며, 당시에는 홍범도만큼 이름을 떨쳤던 분이라는 걸 알 수 있다. 위 풀이에는 생몰 연대가 미상으로 되어 있으나 국가보훈부 독립유공자 공훈록은 1863년 1월 29일 출생, 1939년 2월 8일 사망으로 기록했다. 그런데 정작 공훈 내용에는 '무송현(撫松縣)에서 약 5백 명의 독립군을 모집하여 훈련시키는 등 무장 항일투쟁을 계속하였으나 이 이후의 행적에 대해서는 알려지지 않고 있다'라고 했다. 어찌 된 일일까?

1994년에 국가보훈부는 중국에 '해외 안장 독립유공자 묘소 실태조사반'을 보내 아홉 분의 묘소를 확인했다. 당시 소식을 전한 기사에 차도선이 나온다.

▶차도선 선생의 묘소는 묘비도 없는 데다 잡초가 뒤덮여 봉분 자체가 구별되지 않을 정도로 황폐해 있었다.

—조선일보, 1994.10.19.

기사와 함께 별도로 아홉 명의 약력을 정리해서 소개했는데, 차도선의 생몰 연대는 미상으로 처리했다. 묘비가 없으니 생몰 연대를 알아낼 길이 없었을 것이다. 그런데 다음 해에 일곱 분의 유해를 고국으로 모셔왔다는 소식을 전하는 기사(조선일보, 1995. 6. 22.)에 차도선의 생몰 연대가 적혀 있다. 어떤 자료를 바탕으로 해서 생몰 연대를 알아냈는지 모르겠으나, 국가보훈부는 그 기사를 토대로 한 게 아닌가 싶다.

¶**최성모(崔聖模):** 독립운동가(1873~1936). 3·1 운동 때 민족 대표 33인의 한 사람으로, 독립 선언서에 서명하고 체포되어 2년 형을 치렀으며, 만주로 건너가 목회 활동과 독립운동을 하였다.

국가보훈부를 비롯해 『한국민족문화대백과사전』 등 대부분의 자료에서 1937년 3월 14일 사망으로 기록했다. 만주 생활은 그리 길지 않았으며, 주로 목회에 전념하고 독립운동에는 별다른 관여를 하지 않았다. 말년에는 줄곧 수원에서 요양 생활을 하다 사망했다.

¶ **최진동(崔振東):** 독립운동가(?~1945). 일명 명록(明錄/明祿)·희(喜). 만주로 망명하여 1920년 봉오동 전투 때 안무(安武)와 함께 일본군과 싸워 큰 승리를 거두었다.

유족들의 증언에 따르면 1882년생이며, 1941년 11월 25일에 만주에서 병사했다고 한다. 현지에 있던 유해를 2005년에 국내로 봉환하여 국립대전현충원에 안장했다.

¶**황신덕(黃信德):** 교육자·사회 운동가(1898~1984). 호는 추계(秋溪). 중앙 여중·고등학교를 설립하고 교장으로 취임하였으며, 애국부인회 중앙 위원, 과도 정부 입법 의원, 여성 문제 연구 회장을

지내고 추계 학원 이사장과 가정 법률 상담소 이사장을 역임하였다.

1983년 11월 22일 자택에서 사망했다는 신문기사가 있다. ●